感谢科技部国家重点研发计划项目（2018YFB1402700）的支持

金融科技+大数据案例分析

主　编　唐方方　宋　敏

副主编　王　澳　李旭超　安桐瑶　郭傲雪　李金钊

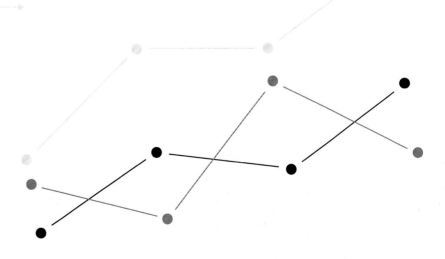

WUHAN UNIVERSITY PRESS
武汉大学出版社

图书在版编目(CIP)数据

金融科技+大数据案例分析/唐方方,宋敏主编;王澳等副主编.—武汉:武汉大学出版社,2022.12(2024.2 重印)

ISBN 978-7-307-19379-6

Ⅰ.金… Ⅱ.①唐… ②宋… ③王… Ⅲ.金融—科学技术—数据处理—案例 Ⅳ.F830

中国版本图书馆 CIP 数据核字(2022)第 106064 号

责任编辑:黄金涛 责任校对:李孟潇 版式设计:马 佳

出版发行:**武汉大学出版社** (430072 武昌 珞珈山)
 (电子邮箱:cbs22@whu.edu.cn 网址:www.wdp.com.cn)
印刷:武汉邮科印务有限公司
开本:720×1000 1/16 印张:17.5 字数:251 千字 插页:3
版次:2022 年 12 月第 1 版 2024 年 2 月第 3 次印刷
ISBN 978-7-307-19379-6 定价:85.00 元

作者简介

唐方方

北京大学国家发展研究院经济学、金融学及营销学教授，入选爱思唯尔（Elsevier）中国高被引学者榜单"商业，管理和会计"类（2014-2020）与"理论经济学"类（2021）。师从博弈论宗师泽尔腾（Reinhard Selten）和海萨尼（John C. Harsanyi）教授，两位恩师与"美丽心灵"纳什教授（John F. Nash）分享1994年诺贝尔经济学纪念奖。德国波恩大学数量经济学与信息科学博士。1997年获实验经济学会Heinz Sauermann奖（两年一度）。获颁过多个教学奖（从本科到EMBA），教授过数以千计的本科、硕士、博士生以及企业管理人员和政府官员。上海交通大学管理学院工学硕士（系统工程），成都科技大学应用数学系理学学士（运筹学）。在各种国际学术期刊上发表学术论文五十余篇，合作者包括赛勒教授（Richard Thaler，2017年诺贝尔经济学奖得主，行为金融之父）、克内齐教授（Jack Knetsch，国际著名环境经济学家）等。

宋敏

武汉大学经济与管理学院教授、院长。曾担任香港大学经济与工商管理学院教授、中国金融研究中心主任。在 *Journal of Financial Economics*、*Economic Journal*、*Journal of Business*、*Journal of Development Economics*、*Journal of Comparative Economics*、*American Journal of Agricultural Economics* 等国际著名经济金融杂志发表论文四十余篇，在《中国社会科学》《经济研究》《经济学季刊》《经济学报》《经济学动态》《数量经济与技术经济研究》《中国金融学》《管理世界》《新华文摘》《中国社会科学文摘》等权威核心中文期刊发表数十篇论文。

王澳

对外经济贸易大学2017级文学学士，北京大学国家发展研究院2018级经济学（双学位）学士，现于美国宾夕法尼亚大学攻读理学硕士。

李旭超

武汉大学经济系副教授，武汉大学中国与全球化研究中心执行主任，武汉大学新民营经济研究中心副主任。

安桐瑶

中国政法大学2017级法学学士，北京大学国家发展研究院2018级经济学（双学位）学士，现于北京大学国际法学院攻读法律硕士（非法学）。

郭傲雪

北京大学2018级哲学学士，北京大学国家发展研究院2019级经济学（双学位）学士，现于北京大学汇丰商学院攻读金融硕士。

李金钊

中国政法大学2017级法学学士，现于中国政法大学刑事司法学院攻读诉讼法学硕士。

撰稿人

主　编　唐方方　宋　敏
副主编　王　澳　李旭超　安桐瑶　郭傲雪　李金钊

各章撰稿人如下：
第一章　大数据技术在商业健康保险中的应用
编写人员：李诗嘉　戴雨辰　陈思雅　陈祖杰　刘光伟

第二章　互联网银行行业分析——以微众银行为例
编写人员：丁小萌　柳　博　冯　凡　刘津汀　朱　钰

第三章　区块链技术在银行间跨境支付中的应用
编写人员：安桐瑶　任晓楠　郑晓蒙　冯晓莉　李若璞

第四章　第三方支付平台发展模式分析——以拉卡拉为例
编写人员：李亚强　王　澳　张丛琳　李铭姗　戴自霖

第五章　中外移动支付发展现状及未来创新发展模式探讨
编写人员：马智武　周静雅　王佳伟　徐　容　胡可可

第六章　IPFS及Filecoin的应用可行性分析
编写人员：赖富捷　胡黔江　沈泽盛　谭王威　章沈键

第七章　区块链在互联网食品企业的质量安全管理方面的应用
编写人员：贾丁玮　李金晟　王震宇　吴慧敏　陈远航

第八章　基于平台大数据构建用户画像的应用研究
编写人员：王子澳　宋金铎　贾志超　简小虎　王子逍

第九章　大数据时代下K12在线教育行业的发展模式分析
编写人员：袁　泉　倪欣业　汪彦卓　蔡惠聪

第十章　法律科技公司商业模式分析
编写人员：谭　瑶　王新宇　马俊杰　蒋航天　常馨予

其中，安桐瑶修改了第三章部分章节、第九章、第十章，郭傲雪修改了第一章、第七章、第八章部分章节，李金钊修改了第二章、第五章，罗涵修改了第八章部分章节，王澳修改了第三章部分章节、第四章、第六章并对所有章节进行了整合
另外，本书版权归主编和作者们所有

前　　言

大约在 2010—2011 年的某个时间段(具体细节我已经记不得了),有一个本科生小组来找我担任他们的课题研究指导,好像是为了参加北京大学的一项活动。他们选择的题目是研究虚拟货币,这份 2011 年最终报告的纸质版我一直都收藏着,长期放在我当时在北大朗润园 606 办公室的宽大书桌上(那时林毅夫教授去世界银行时把旧书桌和三大柜图书资料留在了该房间)。为什么我会专门保留下来了这份研究报告呢? 要知道,我指导过的学生课题研究和研究生论文等,恐怕有成百之数了,但这份报告确实是很特别的:这个小组主要研究的是"Q 币",就是在某公司的游戏中使用的虚拟货币,尽管他们也顺带研究了比特币之类当时还非常小众、实在不起眼也没多少人注意的"虚拟货币"。这份报告的主要内容是探讨 Q 币这种虚拟货币可能会对货币政策产生的影响,今天回过头来看,大家可能会发笑的"玄虚"题目。但当时同学们是非常认真的,我也很认真地鼓励大家"大胆假设、小心求证",没有任何参与者是"游戏"的态度,因为我们当时确实认为这些"虚拟货币"如此快速地发展下去,难免会多多少少影响到"真正的货币",自然也会对"真正的"货币的相关政策起到或多或少的一些影响吧。作为学术探讨,总是会有一些提前量的,才有前瞻意义嘛,否则总是事后来诸葛亮大吹一把,除了让自己心理上舒服了觉得过瘾了,其实又有何干呢? 秉承北大学术传统,我一向鼓励同学们勇敢地探索新生事物,研究一下"虚拟货币"有何不可?

当然,我们没有一个人在当时能够想象得到,那个主要的研究对象 Q 币不过只是一个小池塘,而当时顺带对比研究了一下的比特币,后来却成了一个翻江倒海的世界级现象。仅仅十年之后，在 2021 年 5 月 10 日，Coingecko 数据显示，全球加密货币总市值约为 2.55 万亿美元，已超越美元货币流通量，因为根据美联储经济数据库（FRED）在 2021 年 4 月 29 日公布的数据，美元流通量约为 2.15 万亿美元。在这些数字（虚拟）货币中，比特币的市值最高，在当时超过了 1.1 万亿美元，以全球上市公司市值计算，比特币能排到第六，仅次于苹果、微软、亚马逊、谷歌等科技巨头。

在这十年中，关于比特币崩盘的记载是这样的："2010 年，比特币崩盘，跌到 10 美元；2011 年，比特币泡沫破裂，跌到 100 美元；2012 年，比特币完蛋，跌到 500 美元；2017 年，比特币骗局终结，跌到 4000 美元。2021 年 5 月 19 日，比特币又崩盘了，跌到 32814 美元。"在书写本文时，比特币上涨到了 51000 美元以上（2021 年 9 月 3 日，周五：51026.24 美元）。

更加重要的是，作为比特币基础的伴生技术——区块链技术，在这十年间飞速发展，已经成为了金融科技中极其重要的底层技术之一。尽管 Q 币没有真正影响到金融的发展，包括区块链、大数据这些金融科技方面的巨大技术进步，却是实实在在地影响到了几乎每一个人和每一家企业，例如第三方支付、移动支付、跨境支付、互联网银行（本书第 3~6 章），再如大数据用户画像、保险行业中的大数据应用（本书第 2 章，第 9 章，第 10 章）等。

新冠肺炎疫情在 2020 年初突然爆发，为了切断可能的传播链，一些地方进行了封闭，导致 2020 年春季学期我们都只能以网课形式进行教与学。我在北大该学期的《互联网金融与大数据》课程也是网课，但大多数同学们仍然能够非常认真地进行学期小组课题研究和报告，其中的一些优秀报告在我们反复几轮修改之后，形成了本书。真是要特别感谢互联网，这位默默地陪伴和支持我们的好伙伴，没有互联网技术的支撑，本书根本不可能成型，因为至今我都没有见到本书参与者中的绝大部分，所有参与者的名字对于我们主编团队来说，都是极其亲切但又是那么"虚拟"：这些同学们都已经毕业离开学校了，祝贺也祝福他们，希望大家都平安、健康、快乐，也期待有一天在某个地方或许能够见到"真身"。

　　本书是宋敏教授和我讨论、建构的金融科技案例分析的系列丛书之一，也是我们和武汉大学出版社的黄金涛编辑合作的又一部作品，由衷地感谢黄老师的辛苦工作。这个领域发展极快，而且我们的时间、精力和能力也有局限，这些研究必定会有种种不足之处，在所难免。但只要能够给此领域的老师同学们以及相关从业人员有所参考和启发，就很欣慰了。

　　再次感谢每一位参与的同学，尽管没有你们的"画像"，但书中的文字、图表和分析，就是你们给自己的"大数据画像"。再次感谢互联网，没有这个"虚拟"的空间，大家的生活可能已经无法想象了，而且这还只是金融和实业升级换代的又一个周期的起始。有幸生活在这样一个大时代，见证历史，与有荣焉。

唐方方

2021 年 9 月 3 日深夜

目　录

第一章　"大数据+健康管理"的商业健康保险新模式研究

　　——以 Clover Health 为例 ……………………………………… 1

　第一节　引言 ……………………………………………………… 1

　第二节　中美商业健康保险行业背景 …………………………… 1

　第三节　大数据技术在医疗健康管理领域的应用 ……………… 5

　第四节　美国商业健康保险公司 Clover Health 案例分析 …… 8

　第五节　Clover Health 运营模式与国内同行的对比分析 …… 15

　第六节　"大数据+健康管理"模式在我国应用的现有态势 …… 17

　第七节　"大数据+健康管理"模式在国内应用的展望和建议 … 21

第二章　互联网银行行业分析

　　——以微众银行为例 …………………………………………… 30

　第一节　互联网银行的发展概况 ………………………………… 30

　第二节　微众银行的发展现状分析 ……………………………… 39

　第三节　互联网银行的国内外对比分析 ………………………… 46

　第四节　微众银行在发展中存在的问题和挑战 ………………… 53

　第五节　微众银行未来可行的发展策略 ………………………… 57

第三章　区块链技术在银行间跨境支付中的应用 …………… 64

　第一节　跨境支付 1.0 时代 ……………………………………… 64

　第二节　跨境支付 2.0 时代：区块链解决银行间跨境支付的

　　　　　国外企业案例 …………………………………………… 68

第三节　跨境支付 2.0 时代：区块链解决银行间跨境支付的

国内企业案例 …………………………………………… 74

第四节　跨境支付 3.0：央行数字法币的发展现状分析及

未来展望 ……………………………………………… 78

第四章　第三方支付平台发展模式分析

——以拉卡拉为例 …………………………… 84

第一节　第三方支付行业现状 ………………………………… 84

第二节　拉卡拉简介 …………………………………………… 88

第三节　产品分析 ……………………………………………… 90

第四节　拉卡拉与 Square 作为第三方支付平台对比 …………… 95

第五节　未来展望与思考 ……………………………………… 103

第五章　中外移动支付发展现状及未来创新发展模式探讨 ……… 107

第一节　移动支付存在的问题及面临的挑战 ………………… 107

第二节　中外移动支付平台的商业模式对比分析 …………… 110

第三节　移动支付+公共服务 ………………………………… 114

第四节　移动支付+区块链 …………………………………… 118

第五节　中外移动支付的创新路径 …………………………… 123

第六章　IPFS 及 Filecoin 的应用可行性分析 …………………… 127

第一节　IPFS 简介 …………………………………………… 127

第二节　Filecoin 简介 ………………………………………… 134

第三节　IPFS/Filecoin SWOT 分析 ………………………… 137

第四节　IPFS/Filecoin 实际应用 …………………………… 142

第七章　区块链在互联网食品企业的质量安全管理方面的应用

——以三只松鼠为例 ………………………………… 149

第一节　研究背景 ………………………………………………… 149

第二节　互联网食品零食企业代工贴牌运营模式分析 ………… 152

第三节　三只松鼠自身特点 ……………………………………… 156

第四节　区块链在食品领域的应用研究 ………………………… 163

第五节　针对三只松鼠问题的"区块链+"实现机制 …………… 167

第六节　总结 ……………………………………………………… 171

第八章　基于平台大数据构建用户信用画像的应用研究 ………… 176

第一节　信用风险与个人征信系统 ……………………………… 176

第二节　用户信用画像相关内容介绍 …………………………… 185

第三节　信用评分与信用体系 …………………………………… 195

第四节　"芝麻信用"评估体系与分析 ………………………… 206

第五节　对互联网征信的评价 …………………………………… 221

第九章　大数据时代下 K12 在线教育行业的发展模式分析 ………… 225

第一节　用户概况 ………………………………………………… 225

第二节　市场情况 ………………………………………………… 228

第三节　K12 在线教育与传统教育模式对比 …………………… 231

第四节　盈利模式 ………………………………………………… 234

第五节　XYZ 竞争分析 …………………………………………… 239

第六节　在线教育行业分析总结 ………………………………… 244

第十章　法律科技公司商业模式分析 ……………………………… 250

第一节　法律科技行业概览 ……………………………………… 250

第二节　传统法律服务和法律科技 ……………………………… 251

第三节　法律科技公司案例比较分析 …………………………… 253

第四节　趋势和展望 ……………………………………………… 266

图表目录

图 1.1　中美的商业健康保险行业模式对比 ·················· 4

表 1.2　中美商业健康保险行业模式的比较 ·················· 5

图 1.3　近年 Clover Health 覆盖会员数变化 ················ 9

表 1.4　Clover Health 的融资历史 ···················· 10

图 1.5　Clover Health 数据处理过程 ··················· 11

图 1.6　Clover Health 对高风险会员进行健康管理 ············ 13

表 1.7　"大数据+健康管理"商业健康保险的国内公司的小结 ······· 17

表 1.8　"大数据+健康管理"模式在国内应用的 SWOT 分析 ········ 18

表 1.9　政府自 2015 年出台的相关政策 ·················· 19

图 1.10　Clover Health 数据来源对标我国的数据拥有者·········· 24

表 1.11　政府、企业、研究机构主导数据共享的优劣 ··········· 25

图 1.12　企业方发起数据互联互通的方法 ················· 26

表 2.1　传统银行与互联网银行比较分析 ················· 32

表 2.2　2010—2019 美国互联网银行业发展概况 ············· 35

表 2.3　我国主要互联网银行概况 ····················· 35

表 2.4　微众、网商银行历年财务数据 ··················· 37

表 2.5　2013—2019 中国消费信贷余额 ·················· 38

表 2.6　利率对比图 ····························· 41

表 2.7　杜邦分析部分结果 ························· 42

表 2.8　业务情况 ····························· 43

表 2.9　净息差变化 ····························· 43

表 2.10　流动性和贷款情况 ·················· 44

表 2.11　网商银行近年主要财务数据 ·················· 47

表 2.12　微众银行近年主要财务数据 ·················· 48

表 2.13　总资产变化 ·················· 48

表 2.14　网商银行与微众银行盈利指标对比 ·················· 49

表 2.15　网商银行与微众银行净息差对比 ·················· 49

表 2.16　网商银行与微众银行不良资产率对比 ·················· 50

表 2.17　不良贷款率的变化 ·················· 55

表 2.18　资本充足率的变化 ·················· 55

图 3.1　银行电汇流程图 ·················· 65

图 3.2　传统清算方式与区块链清算方式示例 ·················· 70

表 3.3　瑞波 Ripple 与其他支付方式的对比 ·················· 71

图 3.4　清算行、代理行清算模式 ·················· 75

表 3.5　使用区块链前后的支付变化 ·················· 78

表 3.6　央行数字货币发展历程 ·················· 80

表 4.1　2013—2020 年中国大陆非银行支付机构的网络支付业务量 ······ 86

表 4.2　2005 年到 2020 年拉卡拉的融资经历 ·················· 90

表 4.3　2016—2018 年拉卡拉主营业务收入情况 ·················· 91

表 4.4　2019 年与 2018 年营收对比 ·················· 91

表 4.5　2020 年与 2019 年营收对比 ·················· 92

表 4.6　Square 公司发展事件表 ·················· 96

表 4.7　拉卡拉与 Square 的业务对比 ·················· 98

表 4.8　"支付新基建"下的支付清结算系统升级 ·················· 104

表 4.9　整体企业服务市场多样性的具体表现 ·················· 105

表 5.1　传统跨境汇款方式与 AlipayHK 的对比 ·················· 121

表 6.1　Protocol Labs 大事记 ·················· 127

表 6.2　IPFS 与 HTTP 对比 ·················· 129

表 6.3　IPFS 关系图谱 ·················· 130

表 6.4　加密货币常用共识机制 ·· 135

表 6.5　Filecoin 共识机制 ·· 135

图 6.6　Filecoin 基本工作流程 ·· 136

表 6.7　IPFS/Filecoin SWOT 综合分析 ·· 137

表 6.8　截至 2021 年 7 月 16 日 Sia 与三大中心化存储提供方价格
　　　　对比 ·· 143

表 6.9　IPFS/Filecoin 与 Amazon S3、Sia 对比总表 ······················ 145

表 6.10　截至 2020 年 2 月容器管理器提取容器图像所需的时间
　　　　　对比 ··· 147

表 7.1　分销渠道的优劣势(对比互联网零食企业) ······················· 152

表 7.2　营销推广模式的优劣势(对比互联网零食企业) ················· 152

图 7.3　代工贴牌流程图 ·· 154

图 7.4　B2C 模式图 ··· 157

表 7.5　三只松鼠销售费用 ·· 158

表 7.6　各公司的毛利率及其变动 ·· 158

表 7.7　各公司研发投入占比 ·· 159

表 7.8　食品安全事件 ·· 160

表 7.9　供应商食品安全问题 ·· 160

图 7.10　联盟工厂 ··· 162

图 7.11　区块链在食品供应链体系的架构 ···································· 166

图 7.12　食品溯源供应链网络图 ··· 167

图 7.13　食品添加剂溯源系统 ·· 169

图 7.14　食品电商行业的现有运营模式 ······································· 172

表 8.1　信用风险示意图 ·· 178

表 8.2　美国三大信用局概括 ·· 180

表 8.3　部分征信系统法规 ·· 183

表 8.4　芝麻分与 FICO 评分的特征对比 ······································ 208

表 8.5　芝麻分与 FICO 评分维度权重对比 ··································· 209

表 8.6　芝麻评估维度权重和元素数量 ·················· 212

表 8.7　芝麻信用评估数据分类及来源 ·················· 214

表 9.1　2012—2019 年中国 K12 在校学生人数 ·················· 226

表 9.2　2015—2020 年中国 K12 在线教育用户规模及预测 ·················· 226

表 9.3　2020 年中级分布国 K12 在线教育用户城市线 ·················· 227

表 9.4　K12 在线教育用户消费能力 ·················· 228

表 9.5　K12 在线教育用户画像 ·················· 228

表 9.6　2012—2019 年 K12 在线教育市场规模 ·················· 229

表 9.7　2010—2020 年 K12 在线教育市场投融资情况 ·················· 230

表 9.8　2017—2019 年 K12 在线教育融资金额 TOP10 ·················· 231

表 9.9　K12 在线教育相关企业及提供的服务内容 ·················· 235

表 9.10　2019 年线上教育头部企业 K12 营收对比 ·················· 236

表 9.11　2019 年 3 月中国 K12 教育场景下主要 APP 活跃用户规模 ··· 237

表 9.12　学而思、猿辅导、作业帮拉新竞争 ·················· 240

表 9.13　学而思、猿辅导、作业帮续报竞争 ·················· 242

表 9.14　学而思、猿辅导、作业帮直播课回放功能 ·················· 243

表 9.15　2019 年 2 月至 2021 年 7 月实施的教育改革政策 ·················· 245

表 9.16　2021 年在线教育公司转型举措 ·················· 248

表 10.1　三种商业模式总结 ·················· 255

图 10.2　Atrium 商业模式 ·················· 257

表 10.3　LegalZoom 的融资情况 ·················· 259

表 10.4　Legal Zoom 的部分服务项目及价格 ·················· 260

图 10.5　传统纸质合同与电子合同对比 ·················· 262

图 10.6　电子签名技术的底层技术原理 ·················· 264

图 10.7　数字交易管理平台 ·················· 265

第一章　"大数据+健康管理"的商业健康保险新模式研究

——以 Clover Health 为例

第一节　引　言

在本章中，我们关注的是美国商业健康保险公司 Clover Health 的"大数据+健康管理"的商业健康保险模式。这种模式的核心在于依托大数据技术实现用户健康管理，通过为客户节省医疗费用而获利。为了探索这一模式可否应用于我国商业健康保险市场，我们首先分别对中美两国健康保险的行业概况和大数据技术的应用作相关背景介绍。在此基础上，对 Clover Health 公司进行分析，并与国内具有相似模式的互联网医疗公司进行对比。最后，综合上述信息，对这一模式在我国发展的优势、劣势、机遇、挑战进行分析，并据此给出政策建议。

第二节　中美商业健康保险行业背景

一、商业健康保险的定义和特点

健康保险是商业健康保险和社会医疗保险的总称。商业健康保险是商业保险公司开办的，个人自愿按需购买；而"社会医疗保险"则依靠政府建立社会医疗保险基金，雇主和个人按一定比例缴纳保费。本章讨论的主要对象即商业健康保险。

商业健康保险的保险标的是被保险人的身体状况,而被保险人患病概率、疾病危险程度、治疗结果的不确定性使得医疗费用(理赔费用)难以预测。此外,传统上商业保险机构偏好健康人群,而对已患病人群避而远之,这体现为苛刻的承保条件上——对疾病相关因素、现病史、既往史、家族史等严格审查后,才能确定投保人能否承保。此外,商业健康保险通过一些特有的条款,如体检条款、等待期条款等,对保障条件和理赔费用进行限制。[1]

二、中美健康保险体系对比

宏观层面,中美的健康保险体系有所不同。

我国的健康保险体系的主体是社会医疗保险,商业健康保险起到补充作用,两部分筹资和支付渠道没有交叉。社会健康保险旨在为百姓提供基本、普惠的医疗保障,包括基本医疗保险、城乡居民大病医疗保险等。商业健康保险包括的类型有医疗保险、疾病保险、失能收入损失保险、护理保险、医疗意外保险。[2] 由于我国社会医疗保险实现了全民覆盖,商业健康保险机构发挥作用的空间很有限。

美国医疗保障制度以商业保险为主,公共医疗健康保险为辅。[3] 公共医疗健康保险中,联邦医疗保险优势计划(Medicare)和医疗补助保险(Medicaid)覆盖最广,但也仅仅保障了65岁以上老人和低收入者群体。大部分人没有被公共医疗健康保险覆盖,而是通过商业医疗保险得到保障。并且,即便是公共医疗保险制度也通过商业保险来补充。以联邦保险优势

---

[1] 赵尚梅,张军欢(2017).健康保险与大数据应用.北京:中国财政经济出版社.

[2] 健康保险管理办法.[检索时间:2020年6月12日]. http://www.gov.cn/xinwen/2019-11/13/content_5451534.htm.

[3] 罗琳(2017).商业健康保险参与社会医疗保险服务共同发展的研究,硕士学位论文.上海:东华大学.

计划（Medicare）之下的医保优势计划（Medicare Advantage）为例，联邦政府用风险因素调整支付模型（Risk-adjusted payment model）计算会员的风险分数，据此每月预先支付相应的费用给保险公司；而保险公司则负责为被保险人赔付医疗费用，这样为商业保险公司提供了赢利空间。举个简单的例子，假如政府每月一次性预先为某个参保人支付 1400 美元，如果这个患者实际需要理赔的医疗费用是 1000 美元，则保险公司每月将会有 400 美元的结余。

三、中美商业健康保险行业模式对比

从行业层面来看，我国商业医疗保险运行结构由患者、保险机构、医疗机构三方构成，以患者为枢纽（见图 1.1）。支付流程单向化，支付方式采取后付制，患者向医疗机构支付全额医疗费用后，再向保险机构申请理赔。保险机构对于符合赔偿的服务项目，扣除社会医疗保险和自付额，之后按比例赔付。因此，保险机构承担典型的赔付者角色，与公立医疗机构缺乏合作，与私立医疗机构的合作大多为通过提供客源换取医疗费用折扣。因此，我国商业医疗保险面临较严重的信息不对称问题，也无法实现医疗费用的控制。我国也有保险公司和医疗机构引进诊断相关组等新型付费方式，但整体上推行较为缓慢。其中，疾病诊断相关分组（Diagnosis Related Groups，DRG），是用于衡量医疗服务质量效率以及进行医保支付的一个重要工具。DRG 实质上是一种病例组合分类方案，即根据年龄、疾病诊断、合并症、并发症、治疗方式、病症严重程度及转归和资源消耗等因素，将患者分入若干诊断组进行管理的体系。此外，虽然医疗机构运用诊断相关组（DRGs）付费方式进行结算，但对于商业保险被保险人来说，仍然需要在付费后自行在保险机构处理赔，所以并没有改变后付制。

美国最初的商业医疗保险行业同样由患者、保险机构、医疗机构三方构成，不过医、患、保三方形成更加双向密切的关系——保险机构作为介

3

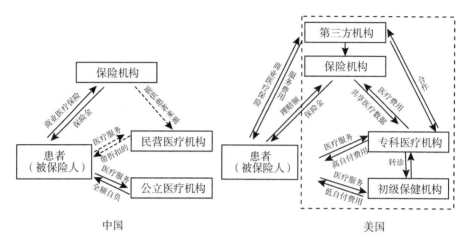

图 1.1   中美的商业健康保险行业模式对比

入医患关系的"第三方",与各类医疗机构建立合作、形成网络。管理式保健运行模式在此基础上逐渐形成,集医疗服务、保险预付制度、疾病防控健康管理于一体(见图 1.1)。① 此外,在较完善的分级诊疗制度下,按照对医疗服务的需求层次不同,将被保险人群分类,保险机构针对性地开发不同保险计划。由于保险机构与医疗机构之间建立的合作,保险机构得以采取预付制,广泛采用 1983 年开始实施的基于疾病诊断组别的预付费制度(DRGs)进行费用计算。其原理是"同病组、同费用",即相同的病组内,患者接受的临床治疗相近,因此医疗资源消耗相近,医疗费用也就在一个可控范围。在美国医疗模式中,保险机构将医学团队纳入机构中,在费用发生前预算医疗保险费用,消除信息不对称,防控道德风险,对医疗机构的支出加以约束,从而实现控费,但也造成运营成本较高。

表 1.2 为中美商业保险行业模式的对比:

---

①   公文静(2017).中美医疗保险费用支付方式比较研究,硕士学位论文.黑龙江:哈尔滨商业大学.

表 1.2　　　　　　　　中美商业健康保险行业模式的比较

	中国	美国
支付流程	医疗机构←患者←保险机构	医疗机构←保险机构 医疗机构←患者
支付方式	后付制，按服务项目付费为主，也有引入按人头付费、按病种付费、总额预付、诊断相关组（DRGs）	预付制，诊断相关组（DRGs）为主
保险机构	和医疗机构缺乏合作	和医疗机构相互合作、共享信息
优势	①保险机构能够统一管理保险资金 ②人力成本低	①利于控制医疗费用和监督医疗质量 ②降低投保人的道德风险 ③分级诊疗制度下，保险机构针对不同的需求层次开发保险
缺陷	①难以控制医疗费用和监督医疗质量 ②难以降低投保人的道德风险 ③保险机构没有动机提高商业医疗保险赔偿力度	①人才能力要求高 ②沟通和运营成本高 ③限制条件多，不能适应于所有健康保险体系

第三节　大数据技术在医疗健康管理领域的应用

一、医疗健康大数据

2009 年，甲型 H1N1 流感在全球大范围传播。谷歌公司通过对海量数据进行分析，比疫情发展的时间线提前两周发觉了医疗系统即将面临的巨大风险，这是大数据在公共卫生领域的初始尝试。2014 年和 2015 年 *Science* 杂志上的 *Big Data Meets Public Health*①和 *Converting Big Data Into*

---

①　Khoury, M. J., & Ioannidis, J. P. (2014). Medicine. Big data meets public health. Science (New York, N.Y.), 346 (6213), 1054-1055. https://doi.org/10.1126/science. aaa2709.

*Public Health*① 两篇文章开启了公共卫生大数据研究的新时代。在我国,国务院 2016 年开始陆续发布了《关于促进和规范健康医疗大数据应用发展的指导意见》等政策文件,国家对推进公共卫生领域大数据技术应用的重视得以凸显。

我国有着全球最大的人口基数,因此也有着全球最大的公共医疗的基础数据源——不仅包含各类病症的基础因素数据,还有以个人为单位的健康案例信息,以人群为单位的结构化、半结构化或非结构化交互信息等。这些信息有着数量庞大、产生速度快、数据结构复杂多样、对数据真实性要求高、价值密度大五大特征,想要充分挖掘、抽象、汇总海量数据背后信息价值,需要更加创新的医学领域的统计调查方法和信息科学技术。其中,大数据技术在商业健康保险领域的应用,是医疗健康领域需要解决的重点课题之一。

二、大数据技术在医疗健康领域的应用

1. 深度学习与文本量化

在健康管理领域,数据输入端包括人口数据、疾病数据、药物数据、病理数据和公共数据五类数据库的调用。据此建立数理统计模型,进行高度拟合,可以实现对用户的健康状况的分析、监测、预测,对于亚健康个体可找到其潜在疾患,对于患病个体可优化和迭代医疗干预手段,以此做到对人群的疾病的预防和控制。

但是,在利用计算机处理数据时,会遇到整型、浮点型、字符型、字符串型等不同数据类型,这往往是阻碍信息挖掘的壁垒。在医疗健康领域,患者的病史信息还存在大量自然语言,在自然语言向计算机语言转化的分析过程中,词频和词频逆文本统计量(TF-IDF 模型)能够代表文本特

---

① Fung, I. C., Tse, Z. T., & Fu, K. W. (2015). Converting Big Data into public health. Science (New York, N.Y.), 347 (6222), 620. https://doi.org/10.1126/science. 347. 6222. 620-b.

征，但是在信息择取中仍有密度矩阵太过稀疏(尤其是对于长文本分析)、文本聚类拟合效果不显著等技术问题。词频-逆文档频度(Term Frequency - Inverse Document Frequency，TF-IDF)技术，是一种用于资讯检索与文本挖掘的常用加权技术，可以用来评估一个词对于一个文档集或语料库中某个文档的重要程度。相近的语义因为措辞、语法、语境、表达习惯的不同而能表达成不同形式，而这些细微差别在向量化后结果却可能谬之千里。而机器学习和深度学习领域的 BP 神经网络①和 RNN 循环神经网络②等算法可以解决这种困境。

2. 数据库系统

数据结构化：数据库系统可以完成数据集合整体的结构化，这样一来，数据库系统的管理就能从根本上区别于传统的文件系统。这种结构化不仅是单一应用的数据自身内部的结构化，而且还能够强调数据之间的、有交互的结构化——数据库不仅能够描述数据本身，还要能够描述数据之间的关系。

数据共享化：数据共享化的特征包括两点，(1)冗余度低；(2)容易扩张。数据的共享完成了数据的精简，规矩数据之间的不相容、不一致问题，让数据库易于扩充。

数据独立化：体现在物理独立性和逻辑独立性。其中物理独立性是"将用户的应用程序与数据库中数据的物理储存相互独立"，逻辑独立性是"指将用户的应用程序与数据库的逻辑结构相互独立"。数据的独立性完成的工作是将数据管理中的"技术活"从后台工作中独立出来，合理降低人力成本。

---

① BP(back propagation)神经网络是 1986 年由 Rumelhart 和 McClelland 为首的科学家提出的概念，是一种按照误差逆向传播算法训练的多层前馈神经网络，是应用最广泛的神经网络。

② 循环神经网络(Recurrent Neural Network，RNN)是一种别具一格的网络模型，其循环元节点不仅可以接上来自上层的输入数据，也可以接收自身上一次迭代的输出，基于这种特殊的结构，循环神经网络拥有了短期记忆能力，通过"记忆"保存了数据间的关联关系，所以尤为适合处理语言、文本、视频等时序相关的数据。

数据交由数据库管理系统统一管理和控制：数据库对数据的管理从多方面，包括安全性保护、完整性检查、并发控制和数据库恢复，来完成对信息干扰、数据丢失等意外风险的控制和应对。

3. 数据处理原理框

通过将病例信息等自然语言进行文本向量化转化为计算机语言后输入数据库，可以通过聚类拟合的方式完成相似语义文本的分类，换言之，将语句库中表达意思相近的"信息"分为一类，建立相对大的相关系数。任意一个新病理数据的输入都会与原有数据库中已有的信息进行互动，构建近义的相关关系，数据库系统利用同元组中新增加的数据对基于原有数据形成的拟合曲线进行插值检验，在完成拟合曲线修正的同时对个体病例的数据走势劲习惯预测，如此反复，形成可持续发展的模型。

第四节　美国商业健康保险公司 Clover Health 案例分析

一、Clover Health 企业简介

Clover Health 于 2014 年成立，是一家将大数据技术应用于健康保险的公司，也是过去几年美国健康保险产业增长最快的保险公司之一。其总部位于美国旧金山，在美国新泽西州、亚利桑那州、佐治亚州、宾夕法尼亚州、南卡罗莱纳州、田纳西州、得克萨斯州开展业务。其主营业务是为 65 岁以上的老年人提供医保优势计划（Medicare Advantage），并使用大数据技术进行慢性病管理。如图 1.3，会员数 2015 年为 7200 人，2016 年为 20000 人，2017 年为 27000 人。[1] 加入 2019 年 MA 计划的人数为 39400 人，加入

---

① Clover Health got ＄425 million to disrupt health insurance—but so far it's upset customers and missed its numbers. ［检索时间：2020 年 6 月 10 日］. https://www. cnbc. com/2018/01/03/clover-health-insurance-start-up-angered-customers-missed-financials. html.

2020 年 MA 计划的人数为 54000 人。①

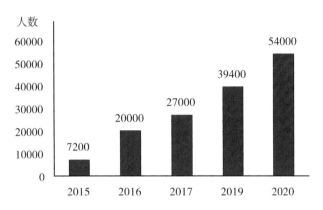

图 1.3　近年 Clover Health 覆盖会员数变化

　　但是，Clover Health 的保险质量尚处于中等水平。美国联邦政府健康与人类服务部下属的医疗保险和医疗救助服务中心（CMS）每年会对医疗保险质量进行评分，为民众的选择提供参考，② 分数范围为 1-5 分。低分数不仅导致民众投保意愿低，也意味着获得联邦政府的支付费用少。而 2017 年到 2018 年，Clover Health 得分从 3.5 下降到 3 分，2019 年仍保持在 3 分的中等水平。

二、Clover Health 融资历史

　　Clover Health 成立至今的六年内，获得了红杉资本、绿橡资本等大型投资机构的六轮投资，融资总额约 9.25 亿美元，迅速成为行业"独角兽"。

　　①　Clover Health touts membership growth after restructuring.［检索时间：2020 年 6 月 10 日］. https：//medcitynews. com/2020/01/clover-health-touts-membership-growth-after-restructuring/.
　　②　芦欣怡，王亚东（2019）. 英、美、德国家医疗卫生监管体系介绍及启示. 中国卫生质量管理，26（6），137-140.

表1.4 **Clover Health 的融资历史①**

融资时间	融资轮次	融资金额	投资方
2014 年 7 月	VC 投资	—	Brainchild Holdings、Grape Arbor VC
2015 年 9 月	A 轮	1 亿美元	First Round Capital、Athyrium Capital Management
2015 年 12 月	B 轮	3400 万美元	红杉资本、First Round Capital 等
2016 年 5 月	C 轮	1.6 亿美元	Greenoaks Capital、红杉资本、First Round Capital
2017 年 5 月	D 轮	1.3 亿美元	Greenoaks Capital、谷歌 GV、Nexus Venture Partners 等
2019 年 1 月	E 轮	5 亿美元	Greenoaks Capital

三、Clover Health 大数据技术的应用

Clover Health 的大数据应用过程如图 1.5 所示。相比于传统保险公司，Clover Health 的数据来源不局限于客户的保险理赔数据，还有从医疗机构（包括社区卫生服务中心、专科诊所、大型综合医院）获取的数据，以及来自大型实验室公司 LabCorp 和 Quest Diagnostics 的检验结果、电子病历、纸质报告结果、公共健康数据等。

通过以上途径所得数据包含了海量非结构化、层次不齐的数据，它们作为输入数据，首先完成数据的清洗和标准化，再以每一个个体作为查询记录的主码，使用结构化查询语言（Structured Query Language，SQL）建立数据库系统，利用 Python 建立查询语言，深度学习与文本量化进行数据的

---

① 医疗信息化，富贵"险"中求——医疗信息化系列报告之健康险篇.［检索时间：2020 年 6 月 12 日］http：//www.essence.com.cn/news/1794457? columnId = 002001004.

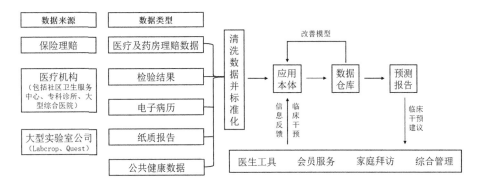

图 1.5 Clover Health 数据处理过程①

处理后，根据疾病相关指标变量的实时变化为临床干预提供建议，并且将临床措施效用的量化结果反馈于个体记录中。

此数据库系统包含了大量个人健康数据，可以对患者个人既往病情纵向分析，还可以横向参照同类型患病人群，预测每个慢性病会员患并发症的概率。

四、Clover Health"大数据+健康管理"的运营模式

Clover Health 的运营模式是"大数据+健康管理"，主攻慢性病群体。

(一)慢性病健康管理的可行性

健康管理的一大特点是早期干预。早期干预对于改善患者预后非常重要，且早期干预医疗成本比较低；当后期病情逐渐恶化后需要更换或联用其他药物，不仅可能需要应对各种急性和慢性并发症，医疗花费就会呈指数型上涨。这种情况下，医疗成本会成指数型增长。以糖尿病患者为例，一个患者在早期可能仅表现为头晕、乏力等非特异性症状，可以通过饮食

---

① 赵岑，王言(2017).技术重塑健康险行业：Clover Health. 清华金融评论，2017(12)，35-37.

控制、运动治疗、健康教育、血糖监测、药物治疗这"五驾马车"实现血糖的控制,①　其中药物治疗一般先用一线基础治疗药物"二甲双胍",较为便宜。但是到了后期,患者逐渐出现肾脏病变、眼底病变、神经病变、糖尿病足、脑血管病等一系列慢性并发症,治疗变得越来越复杂;患者也随时可能出现糖尿病酮症酸中毒、高血糖高渗状态、乳酸性酸中毒等急性并发症,一旦出现即危及生命,需要急诊抢救,开销不少但预后不佳。因此,早期干预一方面可以减少患者未来的病痛,另一方面可以极大降低未来的医疗费用。

慢性病人群会带来远期高昂的医疗费用,所以健康保险公司只希望承保健康人群、而对慢性病患者敬而远之。但是,一旦实现慢性病的早期干预和并发症的减缓,节省下来的医疗费用将会带来较大利润空间。如今医学界对于慢性病的影响因素研究已较为成熟,如果有了患者的病史、体检数值等数据,通过大数据技术,可以实现对慢性病的并发症高准确度的预测,从而实施针对性干预。

因而,基于大数据技术通过健康管理的方式,对慢性病的预后进行改善,对并发症进行预防,从而节省医疗成本是可行的。

(二)Clover Health 慢性病管理过程

Clover Health 会对属于高风险人群的会员进行健康管理,如图 1.6 所示。

第一步是数据分析提前预测,具体过程如上文所述——Clover Health 大数据技术的应用;第二步是在确定风险群体后,及时的通过外包的专业团队来提供健康管理服务,具体方式为:

①护理人员定期上门体检。

②患者中断检查或治疗时提醒和监督。

---

① 王文志(2020).遵循指南,规范脑血管病高危人群管理.中华健康管理学杂志,14(1),3-7.

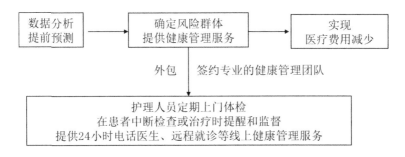

图 1.6　Clover Health 对高风险会员进行健康管理

③24 小时线上健康管理服务，包括电话医生、远程就诊等。

通过这些方式可以实现医疗费用的减少并帮助患者避免住院治疗。该公司称，通过其慢性病健康管理，住院预测准确率高达 80%，住院率降低 30%，高血压患者疾病控制率提高 63%，糖尿病患者疾病控制率提高 137%。

五、Clover Health 的盈利模式

(一)收入来源

(1)联邦政府支付费用(为主要收入)：在医保优势计划(Medicare Advantage)中基于风险因素调整支付模型下(如前文所述)，联邦政府每月依据 Clover Health 会员的风险分数支付相对应的费用给 Clover Health 公司，会员慢病的严重程度和政府付费呈正相关；同时，CMS 的医疗保险星级评分也会影响公司所获得的费用。

(2)会员自付费用：Clover Health 公司也有设置其他不同的保险服务组合，收取不同的自付费用。

(二)成本来源

(1)医疗费用成本：为会员的医疗费用进行赔付。

（2）健康管理服务成本：签约健康管理团队，为会员提供健康管理服务。

（3）数据获取及技术服务成本：获取临床试验数据，建立和维护数据系统等。

六、Clover Health 的风险分析

（一）行业风险

行业风险主要表现在美国健康管理行业可能出现消费需求不足的问题。在如今美国发达的商业保险体系下，已经有医疗保障的人对健康管理的积极性不强，尚无健康保险的人群更无力支付健康管理带来的额外开销。此外，大众对于基于大数据技术的健康管理模式本身还没有足够了解，人们对于健康险与医疗信息化结合的信心低于行业内公司预期。

Clover Health 在 2015—2017 年的案例，可以作为反应健康险行业消费需求量低的一个例子。Clover Health 会员数量增长远没达到 Clover Health 决策层的预期。据了解 Clover Health 财务预测消息的人士称，该公司在 2015 年的计划是使会员每年增加一倍。而实际上其会员从 2016 年的 20000 人到 2017 年 9 月仅增加到 27000 人。

（二）公司运营风险

1. 与合作企业之间的合作破裂风险

Clover Health 在运营中，存在谈判破裂、合作失败的可能，这是 Clover Health 运营风险的主要来源。例如在 2016 年，Clover Health 与新泽西州最大的健康服务提供商 AtlantiCare 一直在谈判一项合同，但由于 Clover Health 拒绝接受 AtlantiCare 要求的价格，谈判破裂了。谈判破裂后 AtlantiCare 拒绝接受除了需要紧急护理的 Clover Health 会员。因此，Clover Health 不得不把会员送到一个较小的网络医院——Shore Medical Center。可能合同规定原本会员可以得到 AtlantiCare 的健康服务，但是实际上未能

AtlantiCare 合作，只能和 Shore Medical Center 合作，这使客户得到的健康服务水平降低。部分会员对于自己得到的医疗服务质量下降表示不满，因此原先有部分会员选择终止与 Clover Health 的合同，这一次谈判失败导致 Clover Health 失去几百名会员。即使 Clover Health 提供相对更低的价格重新获得了这些会员，但是依旧造成了很大的财务损失。

在这个事件中，Clover Health 作为初创公司会员人数不足，导致其在谈判中话语权弱。同时由于会员人数不足，Clover Health 无法与健康管理服务团队使用"以量换价"的方式降低服务成本。因此 Clover Health 需要找到一个可行的办法来突破会员人数较少，谈判能力弱这一瓶颈。

2. 高层变动，存在内部运营风险

2017 年 Clover Health 管理层出现大量变更，首席技术官及首席运营官更换。Clover Health 在 2017 年初停止工程师的招聘来控制成本，同年 8 月首席运营官威尔逊(Wilson Keenan)离职。9 月，聘请了 Airbnb 的前运营主管瓦尔沙(Varsha Rao)担任首席运营官。12 月，联合创始人兼首席技术官克里斯(Kris Gale)辞职。第二年，Clover Health 开始在新泽西州以外的州开展业务。2019 年 2 月首席技术官安德鲁(Andrew Toy)被任命为该公司总裁。3 月公司进行了重组，员工数量从 500 人降到 400 人。

这一系列事件反映了 Clover Health 营销能力尚有不足，管理水平有待提升。

第五节　Clover Health 运营模式与
国内同行的对比分析

国内的保险公司由于与医疗机构缺乏联系、无法实现数据共享、自身客户量有限等原因，没有办法得到大量数据，因而在这一新模式的应用中处于劣势。虽有一些公司在积极布局大数据，如与可穿戴设备的供应商建立合作以获得有限的检测数据。但总体来说，保险公司所持有的数据量有限，更没有介入健康管理领域的能力。但是，互联网医疗公司在 2020 年快速发展，积累了不少用户健康数据，且在技术方面占有优势。因此国内与 Clover Health 有相似的模式的公司率先出现在互联网医疗行业。

一、Clover Health Vs 平安好医生

平安好医生采用"AI 医生+自有医疗团队+互联网"的健康管理服务模式，一定程度解决了国内医疗资源的供给不足以及可及性的问题。平安好医生通过互联网医疗的模式，拓宽了健康管理服务的服务半径。平安好医生建设的 AI 辅助诊疗系统于 2018 年正式推出，通过训练强化改进，并有 200 多位人工智能专家组成的 AI 团队作为技术支持。据平安好医生披露，截至 2019 年底，平安好医生的在线问诊服务数已经累积超 6.7 亿人次。

Clover Health 和平安好医生之间的相似性主要体现在以下两点：(1)将大数据用于 AI 研发与优化，通过事先获得的大量数据建立模型，同时在模型建立完成后不断输入新的数据让 AI 实现机器学习。(2)两者都拥有专业的医生团队或护理团队，解决传统医疗中渗透不足的问题。

平安好医生目前已经开始涉足保险领域。它联合平安人寿推出"保险+健康"模式，一方面为自身用户获得提供更完善的健康管理服务体验，另一方面也帮助平安人寿降低理赔率，实现客户满意度和业务增长的双赢效果。

二、Clover Health Vs 万达信息健康云

万达信息于 2014 年开始与上海市卫健委合作，共同在上海进行探索实践城市健康管理服务健康云平台，通过连接市民、家庭医生、临床医生和公共卫生业务管理人员，健康云可以提供基于 AI 的慢病筛查和健康管理服务——"健康档案随时查、家庭医生掌上签、慢病管理医生帮、预约挂号如约至、预约接种不用等、体征指标智能测、亲情账户亲人管"等线上线下融合的服务。在确定高风险人群的基础上，健康云平台进一步对患者的常见并发症的发生概率进行预测，并反馈督促患者管理疾病，以降低和减缓并发症的发生，并降低医疗费用支出。

Clover Health 和万达信息健康云的例子之间的相似性主要体现在：在拥有了大数据技术作为支持的 AI 之后，都对于疾病的高风险群体进行了预测或医疗干预，最后可以有效降低医疗费用。

万达信息健康云也于 2020 年也已经发布消息，计划与中国人寿保险股份联手实现保险和健康管理业务的协同。

表 1.7　　　"大数据+健康管理"商业健康保险的国内公司的小结

		Clover Health	平安好医生	万达信息健康云
大数据技术	相同点	AI 基于大量医疗数据并不断进行机器学习优化。		
	不同点	基本无，除了大数据技术建立的 AI 侧重方向有所不同。		
健康管理运营模式	相同点	通过大数据技术得出结果并实行健康管理。		
	不同点	雇佣专业的医疗服务团队，解决传统医疗渗透性不足的问题。		对疾病的高风险群体的并发症概率进行了预测。
保险业务模式	相同点	基于大数据处理和分析的结果，推出保险时考虑更多因素例如收入、生活和运动习惯等，使保险更为合理。		
	不同点	联邦政府预先支付费用给保险公司，保险公司为被保险人赔付医疗费用，并赚取差价。		与传统保险公司合作，探索中国的健康管理保险模式，实现保险与健康管理领域的合作。

第六节　"大数据+健康管理"模式在我国应用的现有态势

该部分利用 SWOT 分析方法，分析"大数据+健康管理"模式在国内应用的内外部竞争环境和竞争条件(表 1.8)，并在下文中详细展开。

表 1.8　　　"大数据+健康管理"模式在国内应用的 SWOT 分析

优势(Strength)	劣势(Weakness)
数据丰富 互联网科技快速发展	数据壁垒 医学人才缺乏
机遇(Opportunities)	威胁(Treats)
政策环境　市场需求　互联网医疗 预付制和诊断相关组(DRGS)	行业标准与规范不完善 数据安全与伦理隐患 数据共享缺乏激励

一、优势

1. 医疗健康数据丰富

庞大的基础医疗数据样本是大数据技术应用的基础。我国有着全球最大的人口基数,建立了较为完善的基层医疗体系,并以公立医院为主,这种医疗体系覆盖了我国绝大部分民众,因此我国有着全球最大的公共医疗基础数据。根据国家卫生健康委员会和国家统计局的数据,截至 2020 年,中国共有 3 万家综合医院,平均每家医院年新增数据 600Tbit。这些数据如果可以得到利用,将为我国健康管理和健康保险领域带来很大价值。

2. 互联网科技发展迅速

截至 2020 年,国内有多家大型互联网企业,而更强大的大数据技术架构也是大型互联网公司竞争学习的关键。"互联网+"模式的快速发展需要大数据技术支持,同时互联网公司的大数据技术架构也可以为医疗健康大数据的处理提供足够的技术支撑。

二、劣势

1. 数据壁垒

我国医疗体系仍在改革中,并未建立起完善的分级诊疗制度,患者除理赔数据外的其他健康数据散布在各医疗机构间,且这些机构多为信息孤岛，患者信息无法进行快速共享流通，这对相关企业的数据收集是很大的挑战。

2. 医学人才缺乏

即便是在医疗体系内部，我国的医务人员仍供不应求，且优质医生多集中在各大省会的顶级医院。对于保险公司来说，健康管理模式意味着组建高质量医学团队，而医学人才难求，导致运营成本较高。

3. 医疗体系缺陷

2020年，我国现有的医疗体系仍是公有医院占主体，公有医院享有国家补助，医院之间缺乏有效的利益捆绑机制来促进患者在医院之间的流动。

三、机遇

1. 政策环境良好

在我国公立医疗为主导的医疗体系下，政府主导的数据共享可以有力打破数据壁垒。而政府也高度关注医疗大数据和互联网医疗行业发展。2015年以来，政府发布了一系列相关政策(如表1.9)，明确提出建立由国家卫生健康委负责的健康医疗大数据的开放共享机制。

表1.9 　　　　　　　　政府自2015年出台的相关政策

年份	文件名称	意义
2015	《国务院促进大数据发展行动纲要》	系统部署大数据发展工作。
2016	《国务院办公厅关于促进和规范健康医疗大数据应用发展的指导意见》	规范和推动健康医疗大数据融合共享、开放应用。
2018	《国务院办公厅关于促进"互联网+医疗健康"发展的意见》	促进"互联网+医疗健康"融合发展。
2018	《国家卫生健康委员会关于印发国家健康医疗大数据标准、安全和服务管理办法(试行)的通知》	第一次规定国家健康医疗大数据的服务标准、安全标准、管理标准和监管。

2. "诊断相关组"付费模式逐渐引入

为了配合社会医疗保险的控费行动，目前我国公立医疗机构也在积极引入基于预付制的诊断相关组（DRGs）付费模式。截至 2020 年来看，即使在没有预付制的情况下，如果严格按照 DRGs 进行报销，也可以对社会医疗保险实现控费。据相关新闻报道，广西柳州的医院率先采用了这一模式，有效实现了结余。长期来看，我国社会逐渐普及基于预付制的诊断相关组（DRGs）付费模式，对于商业保险机构来说，这也将有利于对保险费用的预测。

3. 慢性病管理市场需求大

国内慢性病患病人群庞大，因此对于健康管理和慢病长期护理保险的需求较高。由于慢性病医疗费用难以预测，传统保险公司不愿承保患病人群，而社会医保的报销额度、范围有限，这使得慢性病患者的保险需求没有完全得到满足。通过大数据预测分析来管理被保险人的身体状况，未来形成规模后，可以降低成本、形成利润空间；此外可以针对个人提供个性化的长期保险，弥补市场需求的空缺。

4. 互联网医疗快速发展

当下催生的互联网医疗市场可以为保险公司的健康管理方式提供参考。互联网医疗公司提供的用药咨询、在线问诊、慢病管理等健康管理服务，迅速吸引了大量用户，是未来健康管理发展的重要方式。通过这些服务，互联网医疗公司本身积累了大量 C 端健康数据。如前文所述，一些互联网医疗公司也已经开始与保险公司合作推出互联网保险，这将加快传统健康保险行业与健康管理行业的融合。

四、挑战

（一）行业标准与规范不完善

截至 2021 年，我国已经在制定相关的政策以完善医疗大数据、互联网医疗、健康管理行业的规范和管理，但政策文件只是就一些框架问题进行了界定与回答。健康医疗大数据的标准由谁来提建议、谁来制定、如何制定、如何应用等，还并没有详细的管理细则出台。因此，大数据的行业标准仍是未统一的状态，其细化和落实需要时间。

（二）数据共享缺乏激励

我国不同医疗机构之间的数据壁垒仍未打通，公立医疗机构与第三方机构、保险机构之间跨机构、跨领域、跨部门、跨平台、跨系统的数据共享很难实现。[1]

（三）数据安全与伦理隐患

截至 2020 年，医疗大数据领域的数据权属很难界定，现行的法律没有规定电子病历等数据的所有权归属究竟属于医院还是患者，也没有解释保险公司如何以正当理由获得这部分数据。如果数据的所有权归属个人，则对这些数据进行二次应用是违反知情同意原则的，但是这种二次知情同意权在数据的规模如此之大的情况下几乎不可能实现。[2]

权属界定的模糊也会带来患者个人隐私安全的问题。我国尚缺乏可操作的数据隐私保护机制和惩罚条例，且个人信息安全问题还没有完全解决，如果允许医疗数据共享，可能带来医疗数据的安全和伦理问题。

第七节 "大数据+健康管理"模式在国内应用的展望和建议

上文通过 SWOT 分析，我们对"大数据+健康管理"模式在国内的发展态势作出了概述，本章认为"大数据+健康管理"模式的新型商业险这一模

---

[1] 刘艳(2019). 浅析商业保险服务在我国医疗改革过程中存在的问题及成因. 活力，5，90.

[2] 马玉洁(2019). 个人健康信息保护和利用制度研究. 硕士学位论文. 山东：山东大学.

式，对健康保险行业和医疗行业而言都是大健康产业下的融合发展趋势，即实现医疗支出从"治疗费用"向"预防费用"的转变。在此基础上，我们假设"大数据+健康管理"模式可以在我国得到发展，并以此模式的发展程度划分阶段讨论。

本章对短期、中期、长期的界定如下：

短期：我国还未出现成熟的"大数据+健康管理"模式的商业健康险公司。

中期：我国的"大数据+健康管理"模式的商业健康险市场已较为成熟，存在多家主要销售此模式的商业健康险的保险公司，但保险市场仍以传统保险业务为主流。

长期："大数据+健康管理"模式的商业健康险市场份额与传统保险的市场份额相当。

在此基础上，该部分将基于前文的 SWOT 分析，在分析优势和劣势的变化时主要关注短期和长期，这是因为部分优势是潜在优势；在分析潜在的机遇和挑战时按照短期、中期、长期三个阶段进一步分析，并对此提出建议。

首先，在行业标准与数据安全没有得到解决之前，数据伦理问题是无法解决的。长期来看，我国需要实现个人健康信息安全专门立法。立法者可参考美国《健康保险携带和责任法案》，该法案保护个人健康信息隐私权，规定除了基于治疗的目的向患者本人或依据患者意愿的披露受保护的健康信息以外，在其他需要披露受保护的健康信息时必须遵循最小必要原则，即能不披露尽量不披露。受保护的健康信息（PHI）是指由医疗服务提供商或其商业伙伴持有或传输，以任何形式或媒体存在的可识别的个人健康信息。① 实际上，个人健康信息专门立法不仅突破了医疗健康领域发展的一个瓶颈，还能作为以后综合个人信息保护立法的一个初探。在完善了

---

① 刘星，王晓敏（2015）. 医疗大数据建设中的伦理问题，伦理学研究，2015（06），119-122.

数据安全法的基础上，针对医疗健康大数据的特殊性与行业发展中出现的问题，可以建立起有效的专门针对医疗健康大数据安全的保障体系。

一、利用优势

短期内，我国大量的基础医疗数据样本有很大的潜在研究价值，但是碍于医疗健康数据互联互通的推进程度，在城市中，数据主要散布在各大公立医院之间；在乡、镇、县、村层面，数据散布在各个基层医疗组织之中。但截至 2020 年，市场上并没有这种新模式的商业保险的尝试，这种数据散布的形式，对于涉足新领域的保险公司和互联网医疗公司是很好的试点选择，只需要与一定区域的相关机构建立合作，做到小范围的数据互通，即可进行该地区的试点。

互联网科技发展是此模式在我国发展的一大优势。我国近年来在"互联网+"模式下取得了很多成就，国内多家大型互联网公司都在大数据领域进行深入研究，互联网公司的大数据技术架构可以为医疗健康大数据的发展提供技术参考。另一方面，互联网公司对"互联网+医疗"模式已经有了一定的探索，对于如何利用大数据技术分析医疗数据已经有了探索性的尝试，这有利于短期内建立"大数据+健康管理"模式的框架。

长期来看，依据前提假设及对长期的定义，我国"大数据+健康管理"模式的商业健康保险可发展得较为成熟，这时候我国的主要优势就是拥有互联互通的程度已经很高的基础医疗数据，这些整合过的数据样本通过有效的筛选分析会得到小区域性数据无法得到的新结果，有利于推动慢性病的保险业务的发展。

二、消除劣势

数据壁垒的消除本身是一个需要慢慢推进的过程，所以在短期内，消除数据壁垒是不现实的，数据壁垒的问题会成为作为"大数据+健康管理"模式发展的最大的制约。另外，医疗人才的缺乏涉及国内医生的投入与回报不对等，缺乏有效激励机制的问题，短期内也无法得到有效的解决。

　　长期来看，针对长期内如何消除数据壁垒的问题，笔者做了详细的资料搜集，从 Clover Health 公司入手，通过对标同类数据在我国的持有方，寻找国内的主要数据壁垒。

　　我国的数据壁垒主要为：传统保险公司(互联网医疗公司)与医院的数据壁垒，传统保险公司(互联网医疗公司)与第三方研究机构的数据壁垒。如图 1.10 所示。

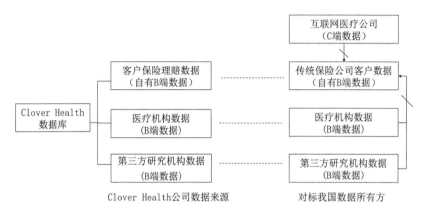

图 1.10　Clover Health 数据来源对标我国的数据拥有者

　　我国传统的保险公司目前只具有客户理赔数据这一项，而互联网医疗公司只有自身的医疗数据，剩下的两类数据一类在医院方，一类在第三方研究机构；医疗机构方面，目前我国的医疗体系仍以公立医院为主，虽然医院掌握大量基础医疗数据资源，但医院间都尚未建立起完善的数据互通模式，想与公立医院合作获得这一部分数据需要依靠政府的引导，所以需要的解决的问题之一是如何得到政府支持。另一类数据属于第三方研究机构，这类机构大多为进行科研为主的独立医学实验室，其所有的实验数据也是进行大数据分析的重要支撑，目前我国在推行分级诊疗制度，第三方研究机构发展迅速，但还未像美国一样出现行业巨头，所以数据散布在各个机构之间，并不互通。需要解决的问题之二就是如何建立与这些机构的合作。

这里我们可以将数据来源简化为三方：企业(以保险公司和互联网医疗公司为主)、政府(公立医疗体系的支持)、第三方研究机构。美国在推进医疗健康数据互联互通的过程中，这三方都曾作过数据共享互通的主导，取得了一定的成果，但都有各自的限制。[①] 如表1.11。

表1.11　　　**政府、企业、研究机构主导数据共享的优劣**

发起者	经典案例	优点	缺点
政府	美国健康信息交换组织	政府主动开放自身数据，行政力量确保贯彻执行	互联互通的目标，合作的规范性和持续性均受政府影响
企业	美国 Biocourt 项目	企业主动开放自身数据，激励机制相对较好	较难与政府数据联通，持续性较差
研究机构	美国 Sentinel 项目	研究机构无利益冲突，自愿原则，双向选择	缺少行政力量支持，参与率难以保证

结合上表我们可以看出，以政府为主导的数据互联互通，由于有行政力量的介入，可以确保贯彻执行，但整个过程都需要的政府的监管，这带来很高的监管成本；以企业为主导时，企业自身是为了更好的盈利，故企业会建立起较好的激励机制，这有利于数据互联互通的长期发展，但公司的盈利性目的很难获得与政府的合作；以研究机构为主导时，不涉及利益问题，容易取得与政府的合作，研究机构出于学术研究需要往往会愿意进行长期的数据共享，但缺少激励机制的情况下，企业不愿意参与其中，若无行政力量的介入，很难保证数据互联互通时企业的参与率。

考虑到研究机构与政府间的合作是比较容易进行的，所以我们需要解决的是企业与政府、企业与研究机构的合作问题，第一部分的分析有提

---

① 王胜锋，宁毅等(2020). 健康医疗大数据互联互通模式的经验与挑战. 中华流行病学杂志，41(03)，303-309.

到，长久的数据互联互通是需要合理的激励机制的，所以我们仍认为企业应该作为发起者，这里本组给出了企业主动发起数据互联互通的一些建议，见图1.12。

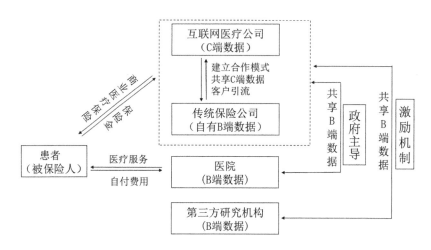

图 1.12　企业方发起数据互联互通的方法

首先，互联网医疗公司与传统保险公司在团队建设上都有不足，我们在前面的分析已经提到了。在新的人才培养体系还未完全建立之前，有效降低两类公司进入新领域的成本壁垒的方式就是合作。两者合作可以快速建立起符合要求的团队，且可以先发起公司间 C 端数据的互联互通。前文也曾提到，目前国内已经有互联网医疗公司与传统保险公司将进行合作的尝试，证明了这种方式的合理性。

目前我国的政策环境是支持医疗健康大数据技术发展的，但政府所推动的是医疗体系内的数据整合互通，数据如何得到充分利用尚未解决。短期内，互联网医疗公司和保险公司可以合作设立医疗大数据技术中心，组建具有医疗大数据分析能力的合作团队，增强团队的业务能力。团队建设成熟后，企业主动申请参与到公众健康医疗数据库的建设，先建立起与地方政府的合作，为政府提供技术服务，而地方政府以行政力量介入，推动地区内的公立医院与企业间的数据共享，从而初步消除地方间的数据壁垒。考虑到企业的盈利性，本组认为初期的合作尝试应选择"大型公司+小型地方政府(如较发达的乡镇)"的组合，这样更容易建立合作。短期内实现的可能性较大。

长期来看，若能在参与地方公众健康医疗数据库的建设中取得一定成绩，就拥有了参与全国公众健康医疗数据库建设的可能，从而逐步与政府建立合作关系。其次，企业与第三方研究机构进行合作的关键是有效的激励机制，在已经与政府合作的前提下，第三方机构缺乏行政力量支持以保证企业参与率的不足得到弥补。并且初期选择小型的地方政府作为合作对象，也有利于研究机构的研究，目前我国还没有大型的第三方研究机构，小区域的数据分析研究更适合发展中的研究机构。关于建立新的激励机制，由于不是十分了解，本组仅提供一些粗浅的建议，双方互相开放所持有的数据，激励机制的重点在于成果的分享，研究机构的部分研究成果可以与企业共享帮助企业完善其大数据分析预测的结果，而企业则可以将研究机构的成果用于实践：如某类疾病预测准确度明显更高，可针对这类疾病制作相关保险，进行推广盈利。

长期情况下企业与研究机构在适当的激励机制下是互惠互利的，企业可以通过在小区域的试点积累经验，为后面进行业务拓展做铺垫；而研究机构可以通过更多的研究成果获得一定的盈利，增强自身的能力，为进行样本更大的数据分析储备经验。

三、抓住机遇

短期内，"大数据+健康管理"模式的机遇主要为政策环境和互联网医疗模式的成熟。我国目前发布的政策中除支持医疗健康大数据的发展，还有很多是支持大数据技术的发展，如：《促进大数据发展行动纲要》《关于运用大数据加强对市场主体服务和监管的若干意见》《"十三五"国家信息化发展规划》等文件，从顶层进行布局，创造良好的政策环境，鼓励企业向新的领域尝试。

国内目前的互联网医疗公司发展较为成熟，在前文也举例讲解了两家互联网医疗公司的案例，互联网医疗公司的健康预测+管理的模式对于有意涉足新型商业健康险的公司是一个很好的参考。对于传统保险公司短期内可以以此医疗管理模式为框架进行尝试新型商业健康险的初步尝试。

国内的保险市场虽然并没有慢性病相关的保险，潜在市场需求不小，但对比 Clover Health 的提供的慢性病保险业务，目前的大数据技术的发展也仅能支持很小部分慢性病的商业健康险，且盈利也建立在预付制的基础上的，短期内虽然潜在市场大，但变现很难。

中期来看，我国目前正在积极引入基于预付制的诊断相关组（DRGs）模式，考虑到这种模式的特点，其推广时应该优先在大中型城市试行，故中期来看，潜在的市场需求已经转化为足够实际需求，支撑"大数据+健康管理"模式的新型商业健康险公司正常盈利。

长期来看，基于预付制的诊断相关组（DRGs）已经基本推广，民众的就医习惯已经逐步转变为"预防"，新型商业险公司有足够的市场与传统保险公司竞争。

四、克服挑战

在第一部分的概述中分析了三点：行业标准与规范、数据安全与伦理、激励机制与考核，激励机制的问题我们在消除数据壁垒部分已经做过叙述，下面会着重分析前两点问题。

短期内，完备的医疗健康大数据行业标准与规范是很难建立起来的。但是可以尽快出台政策，进行数据权属的划分，对个人健康医疗敏感信息或隐私信息的范围进行明确的规定，这是之后一系列数据安全与伦理问题解决的法律基础。

中期来看，行业标准与行业规范的制定是可以实现的。近年来电子商务快速发展，2020 年，由中国国际贸易促进委员会商业行业分会申报立项的《电子商务产业基地建设与运营规范》和《网络零售平台合规管理指南》两项行业标准已完成起草工作，目前已经进入公开征求意见的阶段。参考电子商务从无到有的行业标准建立速度，医疗健康大数据的行业标准客观来看是可以在中期完善的。

在中期，数据安全问题也有可能得到解决。国内电子商务的快速发展的环境下，国家为解决用户网络信息数据的安全问题已经做了很多尝试，数据安全法、个人信息保护法已经被列入 2020 年第十三届人大一类立法计划，正在起草过程之中，有望进一步夯实数据安全基本制度。国务院 2016年印发的文件明确指出，健康医疗大数据是国家基础性战略资源。但是医疗健康数据涉及大量高度隐私性信息，包括个人病史、目前身体状况、生活方式、婚育情况等，这一特殊性使得常规的数据安全法并不能满足其需要。我国可以尝试以通过不同的匿名化方式来使用医疗健康数据，美国《健康保险携带和责任法案》就有要求提供给第三方的数据必须要依据专家决定原则或避风港原则进行去标识化，避风港原则是指必须要去除《健康保险携带和责任法案》隐私条例规定的 18 种受保护的健康信息[①]。因此，根据法律法规对个人健康隐私信息范围的明确规定，通过技术手段实现隐私信息的匿名化是实现大数据在医疗健康领域应用的前提条件。

---

① 马玉洁 . (2019). 个人健康信息保护和利用制度研究 . 硕士学位论文 . 山东：山东大学.

第二章 互联网银行行业分析

——以微众银行为例

第一节 互联网银行的发展概况

一、互联网银行的概念、特点

互联网银行是依托 II 类电子账户、完全通过互联网方式开展线上业务的银行。对于互联网银行，国际通行的有如下的表达方式："Online banking""Electronic banking""Internet banking""Virtual banking"。互联网银行在服务模式上最突出的特点是不依赖物理网点，而是基于现代数字通信、互联网、移动通信等技术在线上提供服务。互联网银行包括信息发布网站和交易网站两个组成部分，信息发布网站负责向客户发布银行产品和服务信息，交易网站主要履行客户完成交易的功能。互联网银行发源于客户对实时服务的需求，后来演变成网上支付需求、资金转移需求、公司和个人的现金管理需求。根据美国货币监理署 1999 年发布的电子银行手册，互联网银行是指能够使银行客户不去实体店面，而是通过个人计算机等移动终端即可查阅个人账户、购买银行产品和享受银行服务的一整套系统设施。Singh(2004)指出，互联网银行顾名思义，就是客户通过移动终端，而不是实体店面体验银行服务。Sullivan and Wang(2005)将互联网银行看成是一个创新的过程，即客户逐渐实现自己处理自己银行业务的过程。[1]

---

[1] 刘志洋(2015). 互联网银行含义及其风险管理研究. 上海金融学院学报，1: 87-95.

（一）行业特点

互联网银行主要有如下特点：第一，全天候在线金融服务，不受时间和区域的限制，能做到产品线上化、流程自动化；第二，差异化竞争，以零售业务为主，服务小微企业及个人客户等传统商业银行难覆盖的对象，以提供免抵押小额信贷为主，如消费贷等；第三，吸储能力较弱，负债端比较依赖同业存款，或是采用价格竞争策略通过更高的存款利率吸引存款。

（二）行业优势：获客渠道、风控能力、高息差、低成本

互联网银行凭借线上平台，对接股东的流量资源，具有大规模的用户基础和较低的获客成本。网商银行以阿里的电商生态为基础，向 B 端中小微企业提供融资服务；微众银行依托微信和 QQ 两大流量入口，以"微粒贷"这一方式抢占了 C 端客户。

得益于互联网行业多年发展积累的大数据资源和对社交数据、交易数据的分析能力，互联网银行能构建完善的评分模型和风控体系，使其贷款审批效率远高于依赖传统人工审批的商业银行，且能保持低于传统银行的不良贷款率，信用风险水平较低。网商银行以阿里平台的电商数据为基础，构建了包括 10 万项以上个指标体系、100 多个预测模型和 3000 多种风控策略的风控体系，实现线上"310"贷款模式，即 3 分钟申贷、1 秒钟放款、全程 0 人工介入。截至 2020 年末，微众银行和网商银行的不良贷款率分别为 1.2%①和 1.52%②。

互联网银行的营业收入主要来源于息差收入和手续费收入。相比于大型企业，小微企业和个人消费者往往有着较低的利率敏感性，因此互联网

---

① 微众银行披露 2020 年度经营业绩：全年新增"首贷户"达 10 万户.［检索时间：2021 年 6 月 30 日］. https：//baijiahao. baidu. com/s? id = 1698463200602583893&wfr＝spider&for＝pc.

② 网商银行资产质量承压、造血能力下降、投诉不断.［检索时间：2021 年 6 月 30 日］. https：//user. guancha. cn/main/content? id＝533772&s＝fwzwyzzwzbt.

银行的净息差水平普遍较高，2020 年，微众银行和网商银行的净息差分别为 4.38% 和 2.99%，明显高于传统银行;① 另一方面，联合放贷业务等中间业务的手续费在降低自有资金占用的同时提高了自身盈利能力。②

互联网银行一方面借助线上运营节省了线下网点成本，另一方面，通过技术手段提升运营效率、降低运营成本。例如微众银行通过搭建基于安全可控技术的分布式银行系统架构，其账户 IT 运维成本大约是国内银行业界的 10%，2019 年已降到每账户 2.6 元人民币。③ 网商银行 2018 年的贷款运营成本仅为 2.3 元，远低于传统银行。④

表 2.1　　　　　传统银行与互联网银行比较分析⑤

	传统银行	互联网银行
机构设置	线下网点多、成本高	无实体网点、成本低
获客渠道	线下	线上
业务范围	包括但不限于存、贷、汇业务	存、贷、汇等基本业务
业务流程	审批久、放款慢	审批快、极速放款
风控手段	央行征信等传统征信为主	大数据征信
资金来源	存款为主	同业负债与股东存款为主
盈利能力	净息差收窄趋势明显	高市场化利率、高净息差

---

① "数说银行"①｜民营银行 2020 年赚钱能力大比拼：微众银行净利润占一半多 新网银行、天津金城银行等为负增长 . [检索时间：2021 年 6 月 30 日]. https：// baijiahao. baidu. com/s？ id＝1703382823183022453&wfr＝spider&for＝pc.

② 互联网银行信用研究 . [检索时间：2020 年 5 月 10 日]. https：//www. sohu. com/a/322690391_238300.

③ 银行账户 IT 成本有望降至每户 1 元？ 微众银行副行长马智涛详解"开源"打法. [检索时间：2021 年 6 月 30 日]. http：//bank. hexun. com/2020-01-03/199855855. html.

④ 网商银行公布成绩：每笔贷款成本 2 块 3 普通银行 2000. [检索时间：2021 年 6 月 30 日]. https：//baijiahao. baidu. com/s？ id ＝ 1603931201851556469&wfr ＝ spider& for＝pc.

⑤ 互联网银行信用研究 . [检索时间：2020 年 5 月 10 日]. https：//www. sohu. com/a/322690391_238300.

(三)行业劣势：吸储能力弱、客户抗风险能力差

互联网银行缺少线下物理网点，且不能开设 I 类账户，支取现金和转账等部分功能受限，导致互联网银行的吸储功能受到较大制约，存款基础较为薄弱。从负债结构看，2018 年前多数互联网银行资金来源以同业融资为主，客户存款占比较低，负债渠道较为单一，如网商银行和微众银行2015 年报中，同业及其他金融机构存放款项在负债中的占比分别高达83.52%和 98.8%，2017 年同业负债占比分别为 51.82%和 61.62%。在"2019 年末前同业负债不能超过负债总额 1/3"等监管政策的逐步生效后，互联网银行负债结构调整压力较大。①

全球宏观经济下行的背景叠加上 2020 年初以来席卷全球的新冠肺炎疫情影响，作为互联网银行主要客户的小微企业经营风险加大，还款能力受到考验。一方面，中国的互联网银行采取了一系列措施加强对小微企业的信贷支持，包括通过"无接触"方式向小微企业发放贷款，对受疫情影响严重的小微企业进行贷款展期，针对疫情相关特殊人群，采取延期还款、征信逾期豁免等措施。数据显示，在 2020 年，从 3 月 5 日到 4 月 30 日，网商银行一家即与同业合作发放"无接触"贷款 3667 亿，服务客户 840 万。另一方面，一些传统国有银行和股份制银行也在数字化融资服务方面取得了积极突破，利用网银、手机 APP 及开放 API 等互联网渠道，结合内部数据以及工商、电力、信用等外部数据，打造线上非接触式信贷服务体系，提升了银企撮合效率，扩大了融资服务覆盖面与可得性。比如，疫情期间，工商银行推出线上信用贷款产品"用工贷"，截至一季度末，已向重点领域企业提供信贷支持 3334 亿元。招商银行、中信银行、平安银行等股份制银行也表现出色，基于科技手段推动信贷审批流程更加自动化、产品营

---

① 互联网银行信用研究．[检索时间：2020 年 5 月 10 日]．https：//www.sohu. com/a/322690391_238300.

销更加网络化、风险管控更加智能化。①

二、中美互联网银行发展概况、对比

(一)美国互联网银行发展

国外互联网金融起步早,互联网银行业也发展得较快。早在 1995 年,美国三家银行联合在互联网上成立了全球第一家网络银行"安全第一网上银行"(SFNB)。②

SFNB 是全球第一家无任何分支机构的银行,前台业务在网上进行,后台处理集中在一个地点进行。SFNB 依靠业务处理速度快、服务质量高、存款利率高等优势,1998 年 10 月,在成功经营了 5 年之后,美国安全第一网络银行正式成为拥有 1860 亿美元资产的加拿大皇家银行金融集团(Royal Bank Financial Group)旗下的全资子公司。从此 SFNB 获得了强大的资金支持,力图继续保持在纯网络银行领域内的领先地位。③

经过 30 多年的发展,美国互联网银行已经成长为金融市场中规模可观的参与者。2012—2019 年始终保持着相当快的发展。截至 2019 年,美国互联网银行规模达 7700 亿美元,并且在金融危机后年复合增长率达到 14.6%,增长势头并未受到金融危机的太多影响。总体而言,美国互联网银行业已经初具规模,并且进入稳定增长期,成为金融市场中重要的参与者。

---

① 疫情期间服务小微,互联网银行做对了什么?.[检索时间:2021 年 7 月 1 日].https://new.qq.com/rain/a/20200601A0P5GM00.

② 国内外互联网金融行业发展状况分析.[检索时间:2020 年 5 月 10 日].https://wenku.baidu.com/view/474b13f51ed9ad51f11df215.html.

③ 百度百科:美国安全第一网络银行.[检索时间:2021 年 7 月 1 日].https://baike.baidu.com/item/%E7%BE%8E%E5%9B%BD%E5%AE%89%E5%85%A8%E7%AC%AC%E4%B8%80%E7%BD%91%E7%BB%9C%E9%93%B6%E8%A1%8C/5895079?fr=aladdin.

表 2.2　　　　　　　**2010—2019 年美国互联网银行业发展概况**

年　　份	美国互联网行业总资产规模 （单位：百万美元）	美国互联网银行行业规模增速
2010	300000	16%
2011	400000	33.3%
2012	450000	12.5%
2013	470000	4.44%
2014	520000	10.63%
2015	630000	21.15%
2016	710000	12.70%
2017	790000	11.27%
2018	876472	10.98%
2019	966257	10.21%

（二）国内互联网银行发展

我国互联网银行属于新时代产物，最早的微众银行、网商银行成立于 2014 年 12 月，最迟的苏宁银行成立于 2017 年，这也是我国规模较大的互联网银行。

表 2.3　　　　　　　　　**我国主要互联网银行概况①**

机构名称	地区	成立时间	注册资本（亿元）	主要股东
微众银行	深圳	2014.12	42	腾讯
网商银行	浙江	2015.06	40	蚂蚁金服
新网银行	四川	2016.12	30	新希望、小米

---

①　互联网银行信用研究.［检索时间：2020 年 5 月 10 日］. https：//www.sohu.com/a/322690391_238300.

续表

机构名称	地区	成立时间	注册资本（亿元）	主要股东
苏宁银行	江苏	2017.06	40	苏宁云商
众邦银行	湖北	2017.04	20	卓尔控股
中关村银行	北京	2017.06	40	用友网络

从股东背景上看，互联网银行均由互联网公司参股，多家互联网银行股东均为注册地所在省内的民营企业，且单一股东及其关联方的持股比例不超过 30%。从整体看，得益于参股股东的互联网基因以及强大的技术与资本力量，头部互联网银行在获客渠道、数据服务、业务协同、风险管理等方面均能够得到股东的资源和技术支持。随着电商和互联网信息技术的发展，由传统商业银行电子银行模式开启的互联网银行实践，已逐渐由电商平台、科技公司主导。例如微众银行、网商银行、四川新网银行和武汉众邦银行，背后分别是腾讯、阿里巴巴、苏宁、小米等互联网巨头。①

业务规模上，作为国内互联网银行业的领头羊，微众银行与网商银行均有较为亮眼的表现与不俗的增速。微众银行在 2018—2020 年的主营业务收入分别为 100.29 亿元、148.70 亿元、198.80 亿元，同比增长 33.69%，资产总额分别为 2200.36 亿元、2912.35 亿元、3464.29 亿元；网商银行在 2018—2020 年的主营业务收入分别为 62.83 亿元、66.28 亿元、86.18 亿元，同比增长 30.02%，资产总额分别为 985.64 亿元、1395.50 亿元、3112.56 亿元，2020 年末的资产总额较 2019 年末增长 123.04%，两家公司均实现了快速增长。②

---

① 互联网银行信用研究．［检索时间：2020 年 5 月 10 日］．https：//www.sohu.com/a/322690391_238300.

② 微众银行 2020 年年度报告．［检索时间：2021 年 7 月 1 日］．https：//stdd.webankcdn.net/epss/upload/www/pdf/annual_report_2020.pdf.

年份	微众银行主营业务收入	微众银行资产总额	网商银行主营业务收入	网商银行资产总额
2018	100.29	2200.36	62.83	959.64
2019	148.70	2912.35	66.28	1395.50
2020	198.80	3464.29	86.18	3112.56

表2.4　　　　　　　微众、网商银行历年财务数据　　（单位：亿元）

总的来说，我国互联网银行正处于发展的早期阶段，发展速度十分惊人，在收入与资产规模上已经颇具实力。如果对标美国的互联网银行发展，未来互联网银行的数量将会不断增长，并且会逐渐形成龙头企业。

三、互联网银行在我国的发展前景

（一）消费信贷推动互联网银行发展

2019年我国居民人均可支配收入超过28000元人民币，尽管2020年受到新冠肺炎疫情影响，我国居民人均可支配收入也达到了32189元，比上年名义增长4.7%，扣除价格因素实际增长2.1%。稳步增长的居民人均可支配收入和人均消费支出以及逐渐下降的国民储蓄率为我国消费金融业的发展奠定了良好基础。近5年国民消费支出对我国GDP增长贡献率增加明显，已成为我国经济增长首要推动力。[1]

近5年消费信贷余额增长迅速。根据易观智库测算，2019年我国狭义消费信贷（不包含房贷、车贷）余额达13.79万亿，增速相比2018年有所回落，但仍高达22.35%，占GDP比例达到12.52%，而2019年美国的狭义消费信贷余额占GDP比重高达19.55%。相比于美国，我国的消费信贷

---

[1]　中国消费金融市场数字化进程分析.［检索时间：2020年5月10日］. http://www.767stock.com/2019/06/17/45525.html.

仍处于低基数高增长阶段，未来我国的消费信贷市场增长空间相当可观。①

表 2.5   **2013—2019 年中国消费信贷余额**

年份	中国消费信贷余额 （单位：万亿元）	中国消费信贷余额 增长率
2013	2.94	25.80%
2014	3.53	20.14%
2015	4.38	24.06%
2016	5.39	23.07%
2017	8.98	66.65%
2018	11.27	25.49%
2019	13.79	22.35%

（二）消费信贷推动互联网银行发展

互联网银行在 2018 年通过发行利率堪比银行理财的活期存款产品大力揽存，例如 2017 年微众银行吸收存款的负债为 53.36 亿元，2018 年则暴增至 1547.86 亿元，同比增长 2795%，从而顺利降低同业负债比例至 9.93%，实现负债端结构优化，满足监管要求。② 但由突破"提前支取按活期计算"的储蓄规定，这一模式创新引起监管部门警惕。其中，定价最激进的微众银行还曾于 2018 年 12 月被央行窗口指导叫停。

总的来说，未来国内互联网银行业具有相当大的发展空间，在消费信贷领域大有可为。同时，创新的业务模式也容易引起监管层的注意，互联

---

① 中国消费金融市场数字化进程分析.［检索时间：2020 年 5 月 10 日］. http://www.767stock.com/2019/06/17/45525.html.

② 微众银行发行 350 亿同业存单资产负债急剧扩张增速超 150%.［检索时间：2020 年 5 月 10 日］. https://baijiahao.baidu.com/s? id = 1635670333250465972&wfr = spider&for = pc.

网银行需要更加注意合规与风控管理。

第二节 微众银行的发展现状分析

一、微众银行简介

微众银行是于 2014 年 12 月 12 日，由腾讯公司(占比 30%，最大股东)及百业源(20%)、立业集团(20%)和深圳市淳永投资有限公司(9.9%)发起设立的。同年 12 月 16 日，"深圳前海①微众银行股份有限公司"完成工商注册工作并获得资质，成为国内首家民营银行和互联网银行，并且成立之后迅速实现"去 IOE"②，在此基础上用 9 个月实现了包括存款、贷款、支付、银行卡在内的关键业务系统建设，将人脸识别、声纹识别、机器人业务也应用其中。③

微众银行于 2017 年 12 月完成联盟链底层平台 FISCO BCOS 并对外开源。2019 年 11 月微众银行获得穆迪"A3"及标普"BBB+"评级。④ 截至 2019 年末微众银行服务个人客户突破 2 亿人，法人客户达到 90 万家，管

---

① 前海深港现代服务业合作区定位为未来整个珠三角的"曼哈顿"，规划中的前海合作区将侧重区域合作，重点发展高端服务业、发展总部经济，打造区域中心，并作为深化深港合作以及推进国际合作的核心功能区。注册在深圳的保险企业向注册在前海的企业提供国际航运保险业务取得的收入，免征营业税；注册在前海的企业从事离岸服务外包业务取得的收入，免征营业税；注册在前海的符合规定条件的现代物流企业享受试点物流企业按差额征收营业税的政策；完善技术先进型服务企业认定标准，经认定的技术先进型服务企业按 15% 的优惠税率征收企业所得税，其发生的职工教育培训经费按不超过企业工资总额 8% 的比例据实在企业所得税税前扣除。

② 它是阿里巴巴造出的概念，其本意是，在 IT 架构中，去掉 IBM 的小型机、Oracle 数据库、EMC 存储设备，代之以自己在开源软件基础上开发的系统。

③ 微众银行开业一年有看点 . [检索时间：2020 年 4 月 22 日]. http：//money. people. com. cn/bank/n1/2015/1216/c202331-27933675. html.

④ 微众银行获穆迪"A3"及标普"BBB+"评级 . [检索时间：2020 年 4 月 24 日]. https：//www. webank. com/#/news/3/585.

理贷款和资产余额均超过 4400 亿元。① 截止 2020 年 2 月 26 日，微众银行在接受中信证券的上市辅导，争取于 2020 年在 A 股实现 IPO。②微众银行的管理团队为：董事长顾敏、行长李南青、监事长梁瑶兰、副行长黄黎明、董秘及首席战略官陈峭。这些高管均来自平安系。

(一)业务及经营模式介绍：消费金融、财富管理、平台金融、企业贷款

(1)消费金融：主要为"微粒贷"，是国内首款从申请、审批到放款全流程均在互联网线上运营的贷款产品。"微粒贷"依托腾讯的 QQ 和微信两大社交平台的征信数据，实现无担保、无抵押放贷；客户只需姓名、身份证和电话号码就可以获得一定信用额度，单笔借款可为 500 元~4 万元，全天候服务，放贷速度快，可以满足普通民众的小额消费等需求。③ 微众银行借助互联网技术，将银行服务延伸至传统银行难以覆盖的中低收入人群中，尽管 2020 年的相关数据未在年报中公布，但根据已公开数据，2018年该银行主要客户中 80% 为大专及以下学历，75% 为非白领从业人员，72%的单笔贷款成本低于 100 元;④ 2019 年末微众银行个人有效客户突破2 亿人，比年初增长 68%，覆盖了 31 个省、市、自治区的近 600 座城市，其中，"大专及以下学历""从事非白领服务业""单笔借款成本支出低于100 元"的客户占比均超 70%，近 20%客户为首次获得银行授信。⑤

---

① 微众银行 2019 年年度报告. [检索时间：2020 年 5 月 3 日]. https：//stdd. webankcdn. net/epss/upload/www/pdf/annual_report_2019. pdf.

② 微众银行最新数据曝光：2019 年利润或超 100 亿元，估值 1100 亿元. [检索时间：2020 年 4 月 22 日]. https：//baijiahao. baidu. com/s? id＝1659562205511587421& wfr＝spider&for＝pc.

③ 微众银行的贷款形式和微粒贷的贷款服务. [检索时间：2020 年 4 月 24 日]. https：//www. zhmf. com/zixun/62810. html.

④ 微众银行 2018 年年度报告. [检索时间：2020 年 4 月 24 日]. http：//www. webankcdn. net/s/hjupload/app/pdf/annual_report_2018. pdf.

⑤ 微众银行 2019 年年度报告. [检索时间：2021 年 7 月 1 日]. https：//stdd. webankcdn. net/epss/upload/www/pdf/annual_report_2019. pdf.

（2）财富管理：包括正常的理财产品，如太平洋增益、广发多添利，存款产品则为 2018 年推出的"智能存款+"，该产品于 2018 年 12 月下架，2019 年调低了存款利率后又重新推出，之后又调整了利率，本组对比了银行同期标准利率列于表 2.6。"智能存款+"利率降低了不少，吸引力也相应降低了，据年报统计 2019 年吸收存款增加量相比 2018 年存款增量下降了44%。2019 年 12 月推出"揽月"———一款智能资管平台①，通过 ESG 关键指标评级，AI 技术挖掘信息等，帮助投资者洞察信息，一定程度上减少了"智能存款+"吸引力下降的问题。

表2.6　　　　　　　　　　　　利率对比图

	调整前	调整后	2019 年	银行标准
7 天	2.8%	1.2%	0	0
1 个月	4%	2%	0	0
3 个月	4.3%	2%	1.32%	1.1%
6 个月	4.4%	2%	1.56%	1.3%
1 年	4.5%	2%	1.80%	1.5%
2 年	4.5%	3.15%	3.12%	2.1%
3 年	4.5%	4.13%	4.1%	2.75%
5 年	4.5%	4.13%	4.88%	

（3）平台金融：这是微众银行与物流平台"汇通天下"、线上装修平台"土巴兔"、二手车电商平台"优信二手车"等国内知名的互联网平台联合开发产品的微路贷、微装贷和微车贷。这几款产品将资源有效的整合，给有相应需求的人提供贷款服务。②

---

① 微众银行智能资管平台"揽月"正式发布. [检索时间：2020 年 4 月 24 日]. https：//www.webank.com/#/news/3/602.

② 微众银行开业一年有看点. [检索时间：2020 年 6 月 5 日]. https：//www.webank.com/announcement/mediareportdetail06.html.

（4）企业贷款：以金融科技的中小微企业为主，全线上、无需抵押贷款，产品"小微企业贷"。2019 年 9 月整合所有对企业的贷款业务，成立"微众企业爱普"APP，致力于让中小微企业享受贷款服务。

二、微众银行发展及现状

（一）发展历程

1. 公司收入、财务特点

微众银行存款从 2017 年 53 亿元涨到 2018 年 1545 亿元，高达 2815%，杠杆率达到 18.43，且 2019 年存款总额达到 2371 亿元，保持 18.07 的杠杆率。这是因为地产市场低迷、股市不好和国家打击非法集资等项目，且"智能存款+"利率较高，故越来越多的人使用"智能存款+"。从上文得知，由于"智能存款+"利率下调，2019 年吸收存款增量已经下滑了 44%，且随着 2020 年房地产市场的好转和基建的发展，预测杠杆率以及存款增量均有所下滑，这也造成微众银行的存款可持续性差，对未来的发展埋下隐患。

该银行贷款高速增长且分布多元化，截至 2019 年，总额达 1630 亿元，相比 2018 年增加 36%。其中微粒贷为主，累计放贷超 3.7 万亿元，微业贷发展迅速，触达 90 万家小微企业，是年初的 3.4 倍，贷款余额翻倍式增长。

表 2.7   杜邦分析部分结果（自制）

	2016 年	2017 年	2018 年	2019 年
ROAA	1.30%	2.17%	1.64%	1.36%
权益乘数	7.76	9.81	18.43	18.07
ROE	5.99%	17.41%	20.75%	24.50%

上表为杜邦分析的结果，可以看出，ROA 即使有所下降，但 ROE 高达 24.50%，保持持续上升态势，股东权益增加。从表 2 可以看出该银行

主要项目的变化，因为存、贷款的大量增加，导致总资产迅速增加，且2019年相比2018年净利润增幅依然超过50%，发展速率仍保持在高位，微业贷和微粒贷是增长的新引擎。此外其服务人数增速明显，从2016年的1500万人到2019年的超过2亿人，微众银行仍有较高的发展速度。

表2.8 业务情况①

项目(亿元)	2016 年	2017 年	2018 年	2019 年
主营业务收入	24.49	67.48	100.3	148.7
净利润	4.01	14.48	25.01	39.49
资产总额	519.95	817.04	2200.37	2912.35
服务个人客户数(万人)	1500	6000	10000	20000

表中可以发现微众银行收入增速较快，其中，成本收入比持续下行，据2018年微众银行年度报告，其运营成本持续下降45%，故使得成本收入比从2017年的41.0%下降到2018年的37.4%。随着初期的巨额基础设施投入后，且加上营收的增长，微众银行成本比有望持续下降。

但微众银行引以为傲的较高的净息差在2018年回落，2016年其净息差为6.07%，2017年其净息差为7.02%，2018年其净息差则为3.81%，减少了3.21%，证明其盈利能力有所下滑。

表2.9 净息差变化

	2016 年	2017 年	2018 年
净息差	6.10%	7.00%	3.90%

由于微众银行只能依赖线上吸收存款，没有线下网点，吸收存款能力

---

① 微众银行.2019 年年度报告.［检索时间：2020 年 5 月 3 日］.https：//stdd.webankcdn.net/epss/upload/www/pdf/annual_report_2019.pdf.

欠缺。流动性和贷款情况见下表,可见随着微众银行的发展,其呆、坏账比例增大,即使尚在一个合理的范围内,但增加速度逐渐加快,其贷款不良率从2018年的0.51%跃到2019年的1.24%,增速超过100%。此外,微众银行的流动性比例降低较快,可以分析出,虽然资产在合理利用(流动性比例仍在50%以上),但同时也需要注意流动性潜在风险的增加。前文提到净息差下降的一部分原因在于债券的配置增多,即虽然微众银行试图增加流动性,但总体流动性却仍保持下降趋势,此点需要警示。且资本充足率的下降也反映出资产风险的增加。① 尽管2019年由于贷款和现金的增多以及存款的增量减慢,流动性引起的风险有所缓解,但呆坏账和流动性风险需要警惕。

表 2.10　　　　　　　　**流动性和贷款情况(自制)**

	2020 年	2019 年	2018 年	2017 年	2016 年
拨备覆盖率	431.26%	444.31%	848.01%	912.74%	934.11%
流动性比例	无数据	97.59%	61.61%	117.55%	218.49%
资本充足率	12.41%	12.90%	12.82%	16.74%	20.21%

2. 科技实力

微众银行重视提升自己的科技实力,并主要从技术创新和人才培养两个方面展开。

技术创新方面,2015年8月,微众银行建成了完全自主可控、可支撑亿量级客户和高并发交易的银行核心系统。截至2018年年底该系统已囊括了229个关键系统、1202个子系统。2019年,微众银行与步步高集团在长沙成立"零售AI联合实验室",与鹏城实验室合作"AI金融联合实验室",

---

① 微众银行2019年年度报告.[检索时间:2020年5月3日]. https://stdd. webankcdn. net/epss/upload/www/pdf/annual_report_2019. pdf.

与特斯联在北京成立"AIoT 联合实验室"，重点探索 AI 在其业务中的应用。① 微众银行整合人脸识别技术、在线视频审核技术等构建了金融级智能身份识别系统。此外，依托人工智能算法，微众银行还发展了"微金小云"智能客服机器人等。② 微众银行已推出开源区块链底层技术平台，在未来还将完善 BCOS 系统，逐步增加适合金融场景使用的诸多性能。

人才培养方面，微众银行 2019 年科技人员占比 60%，2017 年研发费用占营业收入的 9.51%，2018 年为 9.8%，2019 年更是达到 10%。并且其在 2018 年成立微众银行——深圳大学金融科技研究院，创立了人才培养的新模式。为之后发展奠定人才基础。

3. 战略

微众银行借助腾讯社交基因和平台，挖掘个人消费贷需求，定位"To C"，并且发展普惠金融。

微众银行以个人消费贷款产品"微粒贷"为主打，快速拓展用户、创造收入、拓展业务范围。微众银行 2020 年度财报显示，微众银行有效用户达 2.7 亿，与 2019 年相比增加了 0.7 亿用户，这其中很大一部分都是"微粒贷"的功劳，仅 2020 年一年就授信给近 1900 万无人行信贷征信记录的客户。微众银行也着重发展"微业贷"业务，借助腾讯平台的数据做征信，降低个人或者小微企业成本，微众银行有着庞大的征信数据加上超过 90 万家的小微企业客户源，普惠金融的发展将是未来业务的重点。

微众银行的主要战略特点是，庞大的社交网络数据连接着点对点的个人状况，尤其是借助腾讯所拥有的巨大平台，微众银行选择主攻个人消费信贷服务以及小微企业贷款服务，重点发展普惠金融，利用数据摸索零碎的差异化风险定价，弥补市场空白。

---

① 微众动态.［检索时间：2020 年 4 月 24 日］. https：//www.webank.com/#/news/3.

② 微众银行深耕科技创新.［检索时间：2020 年 4 月 22 日］. https：//baijiahao. baidu. com/s？id=1640355487416235778&wfr=spider&for=pc.

第三节　互联网银行的国内外对比分析

一、国内：与网商银行的对比

(一) 网商银行概况

2015 年 6 月 25 日，网商银行正式开业，它是中国的第一家核心系统基于云计算架构的互联网银行，是由蚂蚁金服作为大股东发起设立的银监会首批 5 家民营银行之一；2015 年 8 月，网商银行联手中文流量统计网站 CNZZ 面向中小创业网站推出流量贷；2015 年 9 月，网商银行上线农村金融专属产品——旺农贷；2015 年 10 月，网商银行联手支付宝口碑面向线下中小餐饮商户推出口碑贷；2015 年 11 月，网商银行面向天猫淘宝上的小微商户推出双十一大促贷；2016 年 3 月，网商银行 APP 正式公开上线。

网商银行的主营业务包括普惠金融、理财、供应链金融三大板块。其中，贷款业务包括面向小微企业的"网商贷"、面向乡镇农村居民企业的"旺农贷"、与 1688 平台合作的"信任付"等产品；理财产品主要是"余利宝"，是一款服务企业的现金管理工具，特点是与余额宝的高度对接、大额资金转出秒到账等；供应链金融业务目前正在试用阶段，包括"回款宝"与"自保理"两款产品，作为中介帮助供应商与采购商优化资金管理、提前收回应收账款等。①

(二)经营模式对比

微众银行与网商银行是国内首批 5 家民营银行中盈利状况最好的两家，它们成立时间相近，分别背靠腾讯、阿里巴巴这 2 家国内大型互联网公司。两家银行在基础发展条件上具有一定的相似性，其经营模式可以总结为

---

① 网商银行．官网．[检索时间：2020 年 5 月 22 日]．https：//render. mybank. cn/．

"流量思维+场景思维+技术赋能"。① 同时在主营业务、服务群体等方面各具特色，值得进行对比分析。

从产品策略而言，网商银行主要通过阿里集团旗下的淘宝、天猫、支付宝、花呗、借呗等流量巨大的平台获取海量资源，包括海商户数据与个人消费者的交易信息等，并运用云计算等金融科技面向各个网上商户、小微企业提供高性价比的金融服务；而微众银行则充分利用 QQ、微信这两款软件在国内互联网社交平台中的垄断地位，面向个人用户提供的小额贷款业务。

从技术角度而言，阿里巴巴与腾讯这两大公司均在人工智能、区块链、云计算、大数据等科技方面进行了大量的投入、研发、应用，为业务的高效运行保驾护航；两家银行各自形成了一套较为成熟的风险控制体系，以大数据为核心构建风险规则，提升政策制定的科学性和客户风险识别能力。

(三)财务数据对比

根据网商银行与微众银行于 2016—2020 年这 5 年公开发布的财务报表，在此分别对比这两家银行的营收效率。总体来说，2016 年网商银行与微众银行均实现了扭亏为盈，并自 2017 年实现了净利润的高速增长。② 具体的财务数据对比如下。

表 2.11　　　　　网商银行近年主要财务数据(自制)　　(单位：百万元)

	2016	2017	2018	2019	2020
总资产	61522	78171	95864	139552	311256
营业收入	2519	4315	6270	6628	8617

① 李亚平(2019). 我国互联网银行经营模式与效率研究，硕士学位论文. 杭州：浙江大学.

② 李莹，唐建伟(2019). 互联网银行年报分析：盈利高增长模式待观察. 中国银行业，10，68-70.

	2016	2017	2018	2019	2020
净利息收入	2280	3730	4608	5197	6610
手续费及佣金净收入	182	579	1636	1394	1928
净利润	273	458	658	1256	1285

由此可知，网商银行在 2016—2020 年这 5 年规模不断扩大；盈利方面，其营业收入主要由净利息收入与手续费及佣金收入这两部分构成，其中净利息收入远比手续费及佣金要大，说明净利息收入是营业收入的主要来源；此外，其净利润也在稳步上升。

表 2.12　　　　　　**微众银行近年主要财务数据**　　　（单位：百万元）

	2016	2017	2018	2019	2020
总资产	51995	81703	220036	291235	346429
营业收入	2449	6748	10029	14870	19880
利息净收入	1835	4395	5520	9463	13460
手续费及佣金净收入	562	2273	4424	5292	6440
净利润	401	1448	2474	3949	4957

表 2.13　　　　　　　　　　**总资产变化**　　　　　　（单位：百万元）

	2016	2017	2018	2019	2020
微众银行总资产	51995	81703	220036	291235	346429
网商银行总资产	61522	78171	95864	139552	311256

由表 2.12 可知，网商银行与微众银行在 2016—2020 年这 5 年规模都不断扩大，它们的初始规模相近，其中网商银行增速平稳，而微众银行则与 2018 年突然加速，截至 2019 年总资产大约是网商银行的 2 倍，截至 2020 年网商银行的资产规模又几乎与微众银行接近。

为进一步比较，下面截取 2019 年两家银行的主要财务数据进行对比。

表 2.14　　　　　　　网商银行与微众银行盈利指标对比　　　（单位：百万元）

	营业收入	净利息收入	手续费及佣金净收入	净利润
微众银行	14870	9463	5292	3949
网商银行	6628	5197	1394	1256

由表 2.14 可知，微众银行在营业收入、净利润等衡量盈利状况的指标上大约是网商银行的 2~3 倍。在 2019 年，微众银行的总资产为 291235 万元，网商银行的总资产为 139552 万元，微众银行的总资产约是网商银行的 2 倍。因此，两家银行的营收与其资产规模基本相当。较为特殊的是，手续费及佣金净收入这一项微众银行是网商银行的 3.8 倍。这一差异主要是由于两家银行的业务模式不同。微众银行大力推广"微粒贷"的联合贷款模式，以此向银行收取一定比例的手续费，而网商银行则主要为中小企业提供服务，手续费较低。[1]

为进一步分析，下面对比净息差。净息差是银行净利息收入和银行全部生息资产的比值，它是衡量银行营业利润的重要指标。

表 2.15　　　　　　　网商银行与微众银行净息差对比

	2016	2017	2018
微众银行	6.07%	7.02%	3.84%
网商银行	5.38%	5.42%	5.51%
上市银行平均	2.35%	2.1%	2.17%

从整体上看，互联网银行的净息差远高于行业平均水平；不同的是，

---

[1]　李亚平(2019). 我国互联网银行经营模式与效率研究，硕士学位论文. 杭州：浙江大学.

网商银行的净息差表现平稳,在 2016—2018 年这 3 年基本不变,而微众银行的净息差起伏较大,2018 年其净息差近乎腰斩。对比分析,微众银行在短期内较高的净息差与其依托于社交平台而实现的现金贷业务有关。微众银行通过与传统银行的同业合作分散了部分风险,同时其依托于社交平台巨大流量使得获客成本大大地降低。① 但这样的高净息差会由于监管加强以及网络效应放缓而逐步收敛。

最后对比网商银行与微众银行的不良贷款率。不良贷款率指金融机构不良贷款占总贷款余额的比重,是反映银行资产质量的重要指标。

由图表易知,网商银行的不良贷款率相对于微众银行较高。对于二者在不良率上的差异,根据网商银行行长金晓龙此前接受记者采访时的说法,二者由于主营信贷业务的类型不同,上述指标并不完全具备可比性。② 网商银行主要面对的是小微企业,他们的营收、资金周转计划与行业、市场环境的变化有很大关系,因此其风险要比面向个体用户消费贷款的微众银行更大,不良率也更高一些。

表 2.16　　　　　　**网商银行与微众银行不良资产率对比**

	2017	2018	2019	2020
微众银行	1.23%	1.3%	1.3%	1.52%
网商银行	0.64%	0.51%	1.24%	1.2%

二、国外:与美国互联网银行的对比

(一)美国互联网银行概况

1989 年,世界上最早的没有物理网点的、基于全年无休电话服务的直

① "恐怖"的净息差. 华夏时报. [检索时间:2020 年 5 月 24 日]. https://baijiahao.baidu.com/s? id=1604614535876325524&wfr=spider&for=pc.
② 网商银行 2018 年成绩单来了:负债 905 亿元. 经济观察网. [检索时间:2020 年 5 月 24 日]. https://money.163.com/19/0430/17/EE1CPL97002580S6.html.

销银行——First Direct 成立。① 该银行一直运行良好，在 1994 年实现了首次盈利，② 到 1996 年存款账户超过 63 万。③ First Direct 的大获成功在银行界掀起了一股新的浪潮。

美国的第一家互联网银行 Security First Network Bank，（简称 SFNB），于 1995 年 10 月开始通过互联网提供银行服务，它也是世界上第一家互联网银行。SFNB 发展很快，八周就开通了 1000 个账户，并在 1996 年成功上市。④

进入 21 世纪，随着互联网技术的高速发展、移动互联设备的大量普及，互联网银行的业务模式、产品服务多样化发展。截至 2018 年底，美国互联网银行总资产 9060 亿美元，占银行业总资产 5.1%，存贷款增速均高于美国银行业平均水平。⑤ Ally Bank 是一家值得研究的美国互联网银行，根据美国联邦存款保险公司 FDIC 的统计，截至 2020 年，Ally Bank 总资产高达 1700 亿美元，⑥ 是美国排名前三的互联网银行。下面将进行具体介绍，并将 Ally Bank 与我国的微众银行进行对比分析。

（二）Ally Bank 概况

Ally Bank 的前身是通用汽车金融公司所全资拥有的汽车银行（GMAC Automotive Bank）。该银行成立于 2004 年，归 Ally Financial 全资所有。它

① 廖理(2015). Ally Bank、ING Direct、BOFI 三家直营银行的创立发展和启示（上篇）. 清华金融评论，01，93-100.
② 丁晨杰(2019). 美国互联网银行规模效应和经验效应研究及启示，硕士学位论文. 杭州：浙江大学.
③ 廖理(2015). Ally Bank、ING Direct、BOFI 三家直营银行的创立发展和启示（上篇）. 清华金融评论，01，93-100.
④ 廖理(2015). Ally Bank、ING Direct、BOFI 三家直营银行的创立发展和启示（上篇）. 清华金融评论，01，93-100.
⑤ 美国互联网银行研究报告. 小米金融科技研究中心. [检索时间：2020 年 5 月 24 日]. https：//www. cebnet. com. cn/20190410/102565039. html.
⑥ Ally Bank Checking+Savings 银行账户【2020.3 更新】. [检索时间：2021 年 7 月 3 日]. https：//www. uscreditcardguide. com/ally-bank-checking-savings/.

是在原有的汽车业务出现瓶颈或者当互联网业务能够较大协同原有业务的基础上发展的互联网银行业务，通过互联网为主营业务补充资金，拓展盈利模式。①

从 Ally Financial 的布局上来看，目前 Ally Bank 的主要任务是吸收存款、提供资金，而对应的贷款业务则由汽车经销商金融部门等来负责，从而形成了其利用互联网银行的成本优势高息揽储，其它金融部门以汽车经销商为核心进行专业放贷的独特的商业模式。②

在存款业务方面，Ally Bank 向用户提供了具有竞争力的存款收益率，凭借其巨大的成本优势，在利率市场化的背景下把传统银行的客户逐步吸引过来。而在贷款业务方面，公司以汽车经销商金融为核心。通用公司在过去九十多年的经营中积累了大量牢靠的客户关系网络，与其稳定合作的大约 15000 家经销商是 Ally Financial 最重要的资产。③

(三)Ally Bank 与微众银行对比分析

从发展模式上，微众银行与 Ally Bank 一样，采用线上业务模式而不设任何物理网点，与传统的商业银行相互分离，不从属于任何传统银行。同时，微众银行遵循了特色化发展思路，依托于母公司腾讯带来的海量流量与客户资源，以消费贷款为主要业务。这一点与 Ally Bank 联合 Ally Financial 以通用汽车公司多年来积累的庞大汽车经销网络为核心的业务模式类似。

具体而言，由于不设立物理营运网点与分支机构，营运成本大幅降低；依托于已有的客户资源，获客成本大大减少；同时这两家银行都专注

---

① 美国互联网银行研究报告. 小米金融科技研究中心. [检索时间：2020 年 5 月 24 日]. https://www.cebnet.com.cn/20190410/102565039.html.

② 廖理(2015). Ally Bank、ING Direct、BOFI 三家直营银行的创立发展和启示(上篇). 清华金融评论，01，93-100.

③ 廖理(2015). Ally Bank、ING Direct、BOFI 三家直营银行的创立发展和启示(上篇). 清华金融评论，01，93-100.

于细分市场而不是成为全能型银行，从而避免了与传统银行的正面竞争，与传统大行的金融业务形成互补。

总体而言，以 Ally Bank 为典型代表的美国互联网银行与国内由互联网巨头牵头的商业银行在发展模式上具有很大的相似性，可以为我国互联网银行的发展策略提供有价值的经验与参考。

第四节　微众银行在发展中存在的问题和挑战

一、风险管理有待加强

微众银行以普惠金融为目标，[①] 它的主要服务群体定位于小微企业和普通工薪阶层，相比于传统商业银行，微众银行可以服务更广的受众，具有操作直观、信息丰富和快速响应等优点，但是高频度的小额贷款具有风险大、利润低和管理困难等特点，这也是普惠金融的难点所在。和大多数银行一样，微众银行在重视风险管理，对风险的管理和控制贯穿金融产品交易的始终。总体而言，微众银行所面对的风险大致有如下几类：[②]

（一）信用风险

微众银行的服务对象主要面向小微客户以及小微企业，小微客户的还款能力相对较差，没有雄厚的基底，收入水平不稳定。微众银行的主打项目不仅无需抵押，而且不明确限制资金流的使用，如果小微企业或创新企业将贷款投资于高风险的金融产品，用户和贷款银行可能都会面临巨大的损失，微众银行的信誉也遭到打击。

[①] 微众银行行长李南青：以践行普惠金融为目标．［检索时间：2021 年 7 月 3 日］．https：//baijiahao．baidu．com/s？id＝1608039273058604133&wfr＝spider&for＝pc．

[②] 郭立业（2019）．互联网银行的风险管理研究——以微众银行为例．广西质量监督导报，07，89-92．

微众银行使用腾讯的社交数据，结合央行征信数据建立了信用评价体系，其中的社交数据类型复杂，金融属性较低，只有很小的一部分涉及金融业务的活动，很难挑选出有参考价值的信息，用户信用评级存在较大误差。就整体而言，央行征信系统内的个人资料库不完善，对微众银行的征信系统是个不小的挑战。①

针对信用风险，微众银行可以扩充信息来源渠道，多与电商进行合作，而不局限于微信和 QQ 等社交平台，了解用户的资金动向、购物习惯、消费心理，提取用户金融性高的交易数据，加以综合评估，分析用户的信用数据。同时，微众银行要加大监督力度，分事前事中事后监管，事前进行调查、事中定时了解资金动向、事后进行分析对用户评级供下次参考，保障资金的流动处于正常风险范围之内。

(二)操作风险

微众银行与用户签订的条款涉及隐私内容，虽然名义上签订了征信条款，但很多用户并不十分明确条款的内容。微众银行使用大数据技术收集了用户的隐私信息，不但使用户很不满意，而且可能触犯法律，从而对自身的声誉造成较大的负面影响。

微众银行卡的开户存在较大的风险。传统银行的开户形式是线下柜台面签，而微众银行属于远程的开户，如果用户不绑定银行卡，就不会应用人脸识别技术，这也会存在安全风险。

微众银行卡的支付存在较大的劣势，作为弱电子账户，微众银行卡的功能会受到限制，用户只能用它购买微众银行所发行的理财产品，无法实现转账、提现和大额消费等功能。②

---

① 微众银行探索互联网银行风险管理之路 . [检索时间：2020 年 5 月 2 日]. http：//news. 10jqka. com. cn/20180522/c604581777. shtml.

② 微众银行发展中存在的问题和挑战 . [检索时间：2020 年 5 月 5 日]. http：// www. lunwenstudy. com/hbyh/121791. html.

针对操作风险，微众银行需要重视风控识别技术的改进和全覆盖，加强网络安全建设。微众银行也应逐步完善制度建设，在征信系统上要注重操作的规范性，注重对用户个人隐私的保护，避免出现有关负面舆论。

(三)财务风险

微众银行的不良贷款率较低。根据统计数据，微众银行的不良贷款率从 2015 年的 0.12%上升到 2020 年的 1.20%，已经突破了 1%。

表 2.17　　　　　　　　不良贷款率的变化①

	2015	2016	2017	2018	2019	2020
不良贷款率	0.12%	0.32%	0.64%	0.51%	1.24%	1.20%

央行规定，任何商业银行的资本充足率都要大于 10.5%。自从 2016—2020 年，微众银行的这一指标就处在下降的趋势中，由 20.21%下降至 12.41%，这说明其抗风险能力的下降。另一个要考察的指标是资产负债率，近年来微众银行的资产负债率也在不断升高。综合以上两方面的变化，微众银行具有较大的财务风险。

表 2.18　　　　　　　　资本充足率的变化

	2016	2017	2018	2019	2020
资本充足率	20.21%	16.74%	12.82%	12.90%	12.41%

正如在第二节中讨论过的，微众银行 2016—2018 年的净息差出现下降

① 微众银行 2019 年年度报告.［检索时间：2020 年 5 月 1 日］. https：// stdd. webankcdn. net/epss/upload/www/pdf/annual_report_2019. pdf.

的趋势，究其原因，随着互联网贷款红利的缩减，微众银行也会遇到发展的瓶颈，净息差无法长期处在较高的水平。

针对财务风险，微众银行需要更加注重客户流量的稳定性和金融信用数据的可靠性，从而实现盈利水平的稳定。

二、产品与服务创新性不足

微众银行面对的第二大难点在于产品与服务的创新性不足。首先，它的经营范围有限，目标客户多为个人及小微企业，主营业务定位于短中长期贷款，全社会对互联网银行的看法也局限在"普惠金融"的圈子内。①

在我国的互联网产业当中，如果出现了某个新兴领域，那么将会涌现出大量的相似产品或服务。所以，互联网金融的红利也被"冲淡"了。就互联网银行而言，首先，它的产品和服务也与其他传统商业银行十分类似，微众银行主打的"微粒贷"等虽然能满足目标客户的需求，但其金融服务模式趋于平庸化；其次，微众银行的营销渠道单一，理财产品的丰富程度还需要不断加强，最后，它的短板还包括宣传力度不足。② 微众银行的创业和筹备势头猛烈，国务院总理李克强曾亲临视察，并亲自操作放出了第一单小额贷款，③ 宣传效果十分明显。可是，后来微众银行的宣传力度变得越来越小，营销手段趋于僵化。这会导致的结果是，营销渠道进一步缩窄，客户流量无法提升，从而盈利能力下降。

所以，尽管微众银行是现阶段互联网银行的领头羊，但它依然存在产品和服务创新性不足等问题。

---

① 申雅琛(2015). 浅析互联网银行的发展机遇与挑战——以微众银行为例. 商场现代化，16，240-241.
② 微众银行发展中存在的问题和挑战. [检索时间：2020 年 5 月 5 日]. http://www.lunwenstudy.com/hbyh/121791.html.
③ 专家解读：李克强考察前海微众银行有何深意？. [检索时间：2021 年 7 月 5日]. http://politics.people.com.cn/n/2015/0104/c1001-26322036.html.

第五节　微众银行未来可行的发展策略

一、完善风险管理控制系统

(一)规范授信审批和信贷管理流程

"一直以来，互联网金融的核心是在金融，而科技公司做互联网金融缺少的就是风险管控体系。"①传统银行的风险管控系统已经运行了足够长的时间，是得到了历史的检验的。但是网络银行的风险管控体系仍需完善，微众银行可以设计一套更为规范的信贷管理流程，降低贷款给小微企业可能造成的逆向选择和道德风险，以改善目前信用的高风险现状。

微众银行的贷款业务管理可分为客户信贷准入、授信额度审核批准、签约发放贷款、风险监测预警和不良资产催收保全等流程。我们可以以大数据模型和政策为主完成系统准入、额度计算、授信审批和各项风控措施，同时结合线下审核审批、贷后管理的方式，进行信用风险全流程管理。"②

微众银行应对信用风险的主要措施可以总结如下。首先，就风险识别来说，微众银行可以背靠腾讯的技术、依托互联网大数据，基于信贷产品和服务对象的个体化特征，以数据的方法构建产品和用户体系，进行风控建模，量化分辨可能存在的信用风险和欺诈风险。其次，从风险分析的角度来说，微众银行可以"设计并使用匹配消费者个体风险的计量与分级手段，设立科学的目标群体的财务水平之还原方法、适度计量其资金所需要

---

① 微众银行的尴尬局面．[检索时间：2020 年 5 月 5 日]．https：//www.weiyangx.com/151677.html.

② 刘槿汐(2018)．我国互联网银行的发展模式研究．硕士学位论文．济南：山东大学.

的额度，并对已授信额度进行系统性地记录、监测和分析。"最后，就风险控制来看，微众银行可以设立并优化"微粒贷""微业贷"等贷款业务的"风险管理模型体系以及不良资产催收和保全方案，充分借鉴目前三家互联网银行采取的客户信贷准入、授信额度审核批准、签约发放贷款、风险监测预警、反欺诈分析、市场数据和营销方案研究，并以动态化手段遍布信用贷款的前、中、后期全过程。"

（二）规范授信审批和信贷管理流程

互联网银行不仅要面临并解决信贷等传统银行需要面对的风险，还要负责应对网络安全建设中的风险与问题。因此，针对影响个人信息保护的安全风险，微众银行应学习国外先进的风险管理技术水平和风险防控能力，建立一套技术系统，完善加密和解密过程，加强网络安全建设的力度。就微众银行自身来说，还应该基于腾讯身的社交 DNA 属性，打造更加完备的流量场景。微众银行可以依托腾讯自积极与消费场景连接，利用大数据寻找或变现流量，打造安全网络交易场景。如此一来，通过大数据平台，微众银行能够打造自身的网络安全体系，降低网络安全风险。

微众银行不仅自身要提升网络安全建设的性能和效果，还应该通过宣传提高公众的风险防范意识，以免在远程网络操作过程中上当受骗。具体渠道包括在微众银行的网络平台上放置公众须知、进行广告宣传、设置规范流程确保公众知晓正规的操作程序（例如必须在规定时间阅读公告等）、在公众进行网络手续办理的同时开启高强度的安全防范系统。

由于互联网银行也会遭受到互联网环境和金融市场的多重压力，因此微众银行在网络安全建设和操作风险的防范与控制上也应该提升相应的风险管理水平。

（三）提升客户流量

微众银行的不良贷款率在不断上升、吸储能力较弱，同业负债依赖度高，而资本充足率也处于一个下降的趋势了，出现这种情况的原因有二。其一是因为互联网银行缺少线下物理网点，且有远程开户等政策的限制，无法开设 I 类账户，支取现金和转账等部分功能受限，导致互联网银行的吸储功能受到较大制约，存款基础较为薄弱。没有源源不断地存款，资产端（贷款等）就运转不起来。尤其在"2019 年末前同业负债不能超过负债总额 1/3"等监管政策的逐步生效后，互联网银行的负债结构调整压力进一步增大。其二，互联网小贷牌照要求公司的资金来源仅为资本金、捐赠资金，或融入资金；但持消费金融牌照公司还可通过向境内同业拆借，发行金融债券等方式获取资金。这意味着消费金融持牌企业在增资、扩大规模方面，相对小贷牌照（即多数互联网银行公司）具有更多主动权。

因此，要解决上述问题，必须吸纳更多资金、提升客户流量、同时增强客户流量的稳定性。互联网银行不仅需要从传统银行的客户中拉一部分过来，还需要通过精准客户定位开拓更广阔的客户市场——这就要求微众银行定位个存小贷，挖掘"长尾客户"的多样化需求。

微众银行战略发展定位是"连接者，是一个互联网平台，是一个连接普罗大众、微小企业、创业企业这类客户群体与传统的金融机构。"[1]微众银行副行长黄黎明此前公开演讲中表示，微众银行未来的特点是轻资产、开放、低成本运营，服务的客户群体包括城市年轻白领、都市蓝领、小微企业等，连接的外部合作方包括银行、小额贷款公司、服务商、消费金融公司等，坚持"普惠金融为目标、个存小贷为特色、数据科技为抓手、同业合作为依托"[2]。因此，在这样一个市场定位下，微众银行需要在一开始就利用线上应用场景，针对不同客户群，推出不同形态产品，同时不断筛选出适合微众银行这一平台客户的金融机构和产品及服务——针对小微企业贷款需求和个体贷款需求而开发的"微粒贷"就是很好的例子，为自己互

---

[1]　吴简(2016)．互联网银行的发展策略研究．硕士学位论文．广州：暨南大学．

[2]　微众银行黄黎明：依托腾讯平台，连接大众客户和金融机构．[检索时间：2020 年 5 月 5 日]．https：//tech. huanqiu. com/article/9CaKrnJPuN9.

联网平台上的客户提供更为多元化的、更适合个体化的金融产品，满足
"长尾需求"。如此一来，微众银行就能够吸纳更多资金、提升客户流量、
同时增强客户流量的稳定性。

(四)加强员工管理

微众银行要想成为行业的领头羊，打造互联网银行的知名品牌，还需
要对内加强内部监督管理体制，形成完善的员工管理体系。

在员工管理方面包括以下三点："一是划清不同业务部门的权利和职
责界限，尤其是大数据处理分析、客户信用评级和网站客服部门应各司其
职并且独立运作；二是建立权力审批制度，明确每项贷款业务对应的负责
人，发生不良贷款时损失追溯到人；三是建立绩效考核体系，明确赏罚机
制，以此来提高员工积极性、防止道德风险的发生。建立安全的计算机操
作系统，加强对互联网安全技术的研究和开发，将诸如计算机病毒、黑客
和硬件故障等风险降至最低水平。"①

二、创新投融资产品和服务

(一)金融产品创新

正如刘槿汐老师所说："当前微众银行提供的产品覆盖了存款、理财、
贷款三大类，其他如跨行转账、消费、支付、投资计划、缴纳费用等方面
还未能涉足，总的来说产品种类还无法满足整个市场的需求，并没有真正
意义上开展所谓的个性化服务。所以，在未来的时间里，创造、实施并实
现'一对一'式个性化产品才是真正的目标。"微众银行主打的"活期+"背
后对应的理财产品是货币基金，打法也是通过补贴让货币基金收益率超过
余额宝，"微粒贷"本质是信用卡业务，并没有将大数据征信等技术引入业

---

① 刘槿汐(2018). 我国互联网银行的发展模式研究. 硕士学位论文. 济南：山
东大学.

务当中，缺乏核心创新业务；其推出的"微业贷"也是面向深圳小微企业的业务，金融产品形式较为单一。

微众银行需要大力进行金融产品创新，满足不同人群的不同种类金融消费需求。想要进行更广泛的金融产品创新、开发出更符合时代潮流的产品，微众银行可以与其他金融公司——例如保险、证券、众筹领域的头部公司——进行更为全面、深度的合作。

微众银行还需要打造自己的品牌力量，让其在各大互联网金融公司，尤其是互联网银行中形成相当的品牌号召力。这就需要微众银行通过对不够完善的盈利模式进行调整、并打通不够清晰的商业模式，来实现金融产品的数量和质量双重提升。如此，才能够进一步实现产业结构优化和升级。正如岳敏在《我国互联网民营银行现状及发展建议——基于浙江网商银行和前海微众银行的对比分析》一文中所说，微众银行提升品牌号召力的具体途径包括："①通过大数据技术来对业务活动分析判断，将可能产生的业务风险提前规避。②对盈利渠道进行拓宽，让中间业务的利润得以增加，继而降低对存贷差收入的过度依赖。③在银行系统对接、同业资金拆借、经济资金头寸安排、国家经济趋势分析等方面应与传统银行无缝合作、资源共享。"[1]

(二) 金融服务创新

微众银行作为一个线上的互联网银行，其线下的服务相对线下实体银行来说可谓是微乎其微。但是，微众银行需要进行线上金融服务制度和体系的创新。技术创新不仅要应用在各类金融产品中，还需要引入到它的服务场景当中。

正如联合国 2006 年发布的《建设普惠金融体系》(*Building Inclusive Financial Sectors for Development*)一书所指出，互联网金融体系的四个基本

---

[1] 岳敏(2018). 我国互联网民营银行现状及发展建议——基于浙江网商银行和前海微众银行的对比分析. 全国流通经济, 01, 79-81.

特征为："①个人、家庭以及企业等所有层面的参与者都能以合理的价格获取广泛的金融服务，包括信贷、储蓄、保险、理财、转账、支付、汇兑等金融服务。②拥有健全的金融机构，这些机构有严密的内控机制并接受市场监督，存在规范的行业标准以及市场监督机制。③金融机构具有财务上的可持续性，从而能确保金融服务的可持续性。④拥有多层面的竞争性的金融服务提供者能够提供多样化的选择。"①其中第一点和第四点强调了金融服务中应该更加注重普惠化服务、个体化服务的特征。

由于消费观念转变、消费需求旺盛，年轻消费者对消费贷产品的接受程度更高。例如，根据百融数据统计，20—30岁的年轻人是消费金融公司的客户主力军，30岁以下人群占比超过70%，40岁以下人群占比超过90%；且消费金融公司客户中，拥有信用卡的比例不足1%，用户群体多为在校大学生、刚步入社会的毕业生、刚进城的务工人员、蓝领工人等。由于消费水平提高、消费升级深入人心，消费金融下沉至三、四线等小镇城市，微众银行的线上金融服务体系更要重点关注"长尾用户"、更加注重"长尾效应"，与银行信用卡业务实现差异化竞争。由于传统金融服务侧重于大型客户或者小型的优质客户，难以覆盖处于金融长尾市场上的小微客户。这些小微客户是市场经济中最具有创新活力的"细胞"，"只有通过更加注重金融服务体系中的'长尾效应'，才能够解决他们的瓶颈问题，建立更加完善、覆盖面更广的金融市场体系。"②

此外，微众银行还可以依托腾讯的社交生态系统打造符合当代潮流的金融服务场景。目前，微众银行已经推出了微众银行小程序，把APP中的重要业务同步放进了微信小程序中，打造了简单易操作、随时可存取的金融场景，对金融消费模式进行了创新和升级。此外，在和其他金融机构或

---

①　Building Inclusive Financial Sectors for Development. [Retrieved on 2020.05.05]. https：//www. docin. com/p-853954082. html.

②　丁杰(2015). 互联网金融与普惠金融的理论及现实悖论. 财经科学，06，1-10.

线上平台进行合作、共享数据库和用户画像的过程中，微众银行还可以把自己的金融服务场景和金融创新产品植入合作机构的场景中，让自己的服务场景在衣食住行的时间和空间上最大程度发挥互联网金融的优势。

第三章 区块链技术在银行间 跨境支付中的应用

第一节 跨境支付1.0时代

一、引言

跨境支付是国际贸易中的重要环节，在全球经济一体化不断加速的当代，世界各国各地区之间的贸易日益频繁。随着贸易量的不断增加，跨境支付过程中所遇到的一些问题也逐渐暴露出来，并成为影响国际贸易顺利开展的关键因素。

二、传统跨境支付方式及优缺点

传统跨境支付方式主要有银行电汇、国际卡组织、专业汇款公司、第三方支付四种方式。

(一)银行电汇

银行电汇是世界范围内最主流的跨境支付方式。银行电汇主要通过使用SWIFT的通道，实现跨境汇款。此种跨境支付方式采用代理行模式，由代理行通过内部网络和各种币种的清算系统，实现资金的划转。

这种方式能够省去很多比较繁琐的程序，整个过程以网络为载体，运

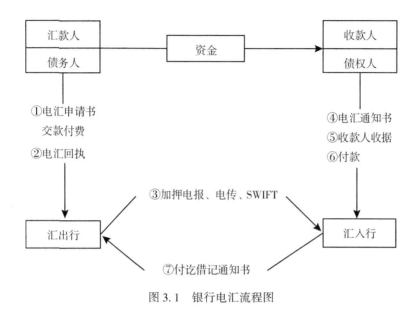

图 3.1　银行电汇流程图

用效率比较高。但是这种方式也具有一定的缺点，如成本高、时间长、准入门槛高、出错率高、安全性低等。

（二）国际卡组织

国际信用卡组织主要是指以 VISA、MASTER 等为代表的国际专业信用卡公司，能为消费者提供很好的免欺诈保护。由于我国的国内信用卡制度不完善，个人信用指数受重视程度不足，所以在我国使用国际信用卡的便利性远低于西方国家。另外国际信用卡接入系统复杂，以致支付失败率极高。

（三）专业汇款公司

相较于传统银行汇款，专业汇款公司有其独特的优势，如汇款到账速度高，手续费等成本低。但专业汇款公司的缺点在于，其货币种类有限，国内通过 VISA QSP 与 MASTER PF 认证的支付机构不足 15 家，买方与卖方对专业汇款公司的信赖程度也面临着挑战。

三、基于区块链技术的跨境支付方式

新型的支付方式借助区块链的强大底层技术，呈现了一个全新的支付系统。

(一)区块链技术特点

区块链本质上是一个去中心化的分布式账本数据库。所有的信息环环相扣，储存在区块链的各节点上，从而实现区块链全网对于数据信息的共识。区块链技术主要有三个特点，分别为去中心化、不可篡改和可追溯性。

(1)去中心化。去中心化是区块链技术的颠覆性特点，它无需中心化代理，实现了一种点对点的直接交互，使得高效率、大规模、无中心化代理的信息交互方式成为了现实。

(2)不可篡改。区块链本质上是一个注重安全和可信度超过效率的一项技术，数据信息一旦被写入区块中就不能更改撤销。篡改者需要同时修改超过半数的系统节点数据才能真正的篡改数据，这种篡改的代价极高，导致几乎不可能。

(3)可追溯性。区块链是一个分散的数据库，分散数据库记录了区块链每笔交易的输入和输出，且这些数据信息都是具备唯一性的，因此可以轻松地追踪资产数量变化和交易活动，对产品流向和税务进行实时监管。

(二)新型支付流程优点

新型支付流程的优点主要有两大类：一类是成本，一类是普惠金融。

1. 成本方面

(1)金钱成本减低。

传统跨境支付模式有支付处理成本、财务运营成本和对账成本等多种成本。区块链处理节点的减少，减少了流程冗长造成的中间成本，从而减少费用。

(2)时间成本降低。

传统跨境支付模式中银行只有在日终才对支付交易进行批量处理，再加上跨时差导致的系统运行和操作时间、人工审批核准的时间等，跨境支付完成所需要的时间十分长。而基于区块链的跨境支付采取端对端的贸易结算方式，能够减少中间不必要的环节，加快了流程处理速度和减少了文件的周转时间，可以做到接近于"实时清算"，7 * 24 小时不间断服务。

(3)减少出错率。

传统跨境支付模式人工对账的出错率较高，且需要至少24 小时才能查询。相比而言，由于区块链技术全程信息可实时查询，全天服务无时间限制，自动对账，使得基于区块链技术的跨境支付结算能进行实时交易验证和监控追踪，减少了出错率。

(4)安全性提高。

区块链的非对称加密算法保证了交易的安全性。分布式账本降低了提单操作风险，合同执行的预定条件和不可撤销性降低了交易对手风险。由于数据的及时同步共享，双方都能够更好地掌握资金流动情况。

2. 普惠金融方面

(1)全民参与度提高，门槛降低。

传统跨境支付模式里的很多都是垄断，不是所有银行都能平等加入，只有符合特定条件的才可以。而基于区块链的全新支付模式能提高全民参与度，门槛降低，让大大小小的所有银行都能成为市场参与的主体。

(2)货币流动性提高。

速度提升、成本降低后，货币流动性自然会提高。

第二节　跨境支付 2.0 时代：区块链解决银行间
跨境支付的国外企业案例

一、瑞波 Ripple 简介

2012 年 Ripple 横空出世，致力于以区块链革新跨境支付，Ripple 网络是世界上第一个开放的支付网，开发的分布式支付协议、记账系统基于区块链技术，通过去中心化的共识机制交易并记账，每秒可以处理 1500 多笔交易，确认时间只需 4 秒，可以实现全天候 24 小时不间断支付，每笔手续费低至 0.00001Ripple 币（十万分之一个 Ripple 币，不到 1 美分，几乎为零）。同时该网络支持各种货币，包括法定货币美元、人民币、欧元等以及各类数字货币，以高效、透明、低成本的跨境支付网络弥补了传统 SWIFT 系统的不足和局限，做到了降低成本和普惠金融。

具体来说，Ripple 协议是一种联邦拜占庭协议①，维护着一个公共的分布式总账本。通过"验证"和"共识"机制，交易信息会迅速、及时地计入总账本，几乎每隔几秒就会产生新的分账实例用以记录新的交易，每个验证节点依据自己的列表记录自己信任的节点，当所有验证节点的列表中都有超过 80% 的节点相同，就达成了共识，最终再将每个分账按时间先后形成区块，组合为共同的总账本。这个过程去除了传统支付系统的中心化机构，降低了时间和资金成本，以分账本共识代替了全体共识，提高了效率也消除了不必要的同步成本，这也是 Ripple 系统最大的特点。

2016 年，Ripple 公司发布了一份题为"The Cost-Cutting Cast for Banks"

---

① 联邦拜占庭协议：主要特征是去中心化和任意行为容错，通过分布式的方法，达到法定人数或者节点足够的群体能达成共识，每一个节点不需要依赖相同的参与者就能决定信任的对象来完成共识。

的去中心化总账技术①(Decentralized Ledger Technologies，DLT) 调查报告，用以说明了 Ripple 网络为用户带来的利益：使用 Ripple 网络和 Ripple 币进行跨境支付的机构可以较原系统省下 42% 的成本；仅仅使用 Ripple 网络但不使用 Ripple 币可以降低 33% 的费用和 60% 以上的流动性成本、45% 以上的支付运营成本；同时若使用 Ripple 币作为做市商，降低 Ripple 币的波动性，低波动状态下进行交易可以降低 60% 以上的交易费用。②

2020 年，Ripple 公司发布了《2020 支付中的区块链报告：从采用到增长》区块链支付年度报告。该报告显示，全球五个地区(北美、欧洲、中东和非洲、拉丁美洲和亚太地区)对区块链和加密货币的熟悉度高达 82%—94%，且加密货币在不同地区的受欢迎程度(62%—75%) 略高于区块链(52%—73%)。这场全球疫情已经导致支付服务提供商重新考虑其业务和运营模式，且随着严格公共卫生指标和隔离标准的出台，数字资产可以实现必要的非接触式体验。

二、瑞波 Ripple 主要产品和服务

Ripple 目前的产品和服务主要为 XCurrent、XRapid 和 XVia，分别适应不同的应用场景，三种产品相互协同，共同组成了高效的 Ripple 网络。

（一）XCurrent

XCurrent 是一个依靠中间银行清算的系统和支付处理，能够以更快的速度，更高的透明度和效率在银行之间发送信息和结算。传统的支付系统需要通过复杂的系统和清算行，Ripple 网络在银行间设立了分布式的账本，每当有银行 A 向银行 B 转账，可以靠中间银行 C 进行清算。实质上通过分

---

① 去中心化总账技术：区块链技术打破了中心化的控制，让所有的节点都变成了其他人的中介，使得任意两个个体之间直接交易成为可能。

② 区块链在跨境支付与结算领域的应用及案例研究 . [检索时间：2020 年 4 月 20 日]. http：//www. lzkmt. com/jinrongxingqing/detail45502234. htm.

布式账本，使 A 在 C 开设的银行账户及 B 在 C 开设的银行账户内的金额发生了转变，通过其他银行节点和分账本记账，用各自的分账本形成了总账本。这样的方式去掉了中间机构，使支付更加快捷迅速，成本也大大降低。

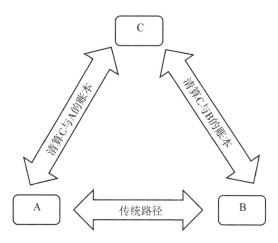

图 3.2　传统清算方式与区块链清算方式示例

同时，使用该产品的唯一条件是加入 Ripple 的网络，相比之下，SWIFT 加入门槛高，通常只有大型跨国银行可以加入，小型机构难以进入，且进入的金融机构还被要求建立自己的网络和支付系统，并花费大量成本维护与防范各类风险。

因此 XCurrent 降低了跨境支付的门槛和成本，做到了普惠金融及降低成本。

（二）XRapid

XRapid 是一个提供流动性保证的解决方案，通过 Ripple 币这个"中间桥接货币"降低手续费，从而改进 XCurrent 系统。以往新兴市场进行跨境支付前都要开立该市场法币的账户，手续复杂且资金的流动性成本较高。

而交易时利用 XRP 代币作为介质，去掉了法币兑换法币的过程，解决部分货币不能兑换的问题，因此该产品能够让更多类型的货币参与跨境支付，迅速的兑换也减少了资金的占用，同样也做到了普惠金融与降低成本。

虽然 Ripple 拥有自己的 XRP 代币，但和比特币等数字货币不同，它的主要业务并不是发行及流通代币，而是作为系统稳定运营的储备金，也为了使更多的货币可以参与自由转账和交易。

（三）XVia

XVia 是一个付款接口，主要是为了扩展 Ripple 网络的应用场景，让 XCurrent 和 XRapid 的用户体验更加直观。客户可以通过 Ripple 的标准化接口直接使用 XCurrent 和 XRapid 的功能而不需要下载 Ripple 的客户端，这种轻量级产品使得 Ripple 网络的使用更加便捷。同时，XVia 也可以作为一个类似中心化银行的机构，为流动性做市商及汇出、汇入行点对点交易创造基础。有交易的机构基于对该中心的信任，将资金交由中心转交、支付即可。

相比之下，SWIFT 系统只能到指定的银行柜台办理业务，这会给当地没有指定柜台的用户带来较大的负担。通过 Ripple 网络，用户不再需要去指定的银行柜台而是通过手机端就可以完成办理跨境转账业务。这不仅可以提高转账效率，而且可以惠及偏远地区或者银行网点所不能到达的地区，也做到了普惠金融。

三、Ripple 瑞波与其它支付方式的对比

表 3.3　　　　　　　瑞波 Ripple 与其他支付方式的对比

	Ripple	SWIFT 银行汇款	Bitcoin 比特币
系统	区块链	金融电信网络	区块链+电子货币
是否为中心化	去中心化	中心化	去中心化

续表

	Ripple	SWIFT 银行汇款	Bitcoin 比特币
交易凭证	账本间协议	国际通用信用证	账本间协议
服务平台	多样化移动平台	授权代理银行	区块链平台
服务对象	全球各地各类金融机构	大型跨国银行	个人与机构
交易费用	0. 00001Ripple 币 （几乎为 0）	高额电讯费	0. 0001—0. 0005BTC （几乎为 0）
交易时间	4 秒	2 天左右	约 1 小时
交易币种	法币及各种电子加密币	法币	比特币

（一）瑞波 Ripple 与 SWIFT 银行汇款对比

Ripple 与 SWIFT 银行汇款相比最大的差别在于系统、服务平台、服务对象、交易费用、交易时间、交易币种。

Ripple 的服务平台为多样化移动平台，服务对象是全世界各类金融机构，而 SWIFT 只能在授权代理银行办理业务，同时参与交易的也只有高评级的大型跨国银行。由此可见，Ripple 拓宽了跨境支付的平台和服务对象，推动普惠金融。

Ripple 的交易费用和交易时间相比 SWIFT 系统都有很明显的降低。美国商业资讯 Business Wire 报道，参加了 Ripple 网络的 XRapid 平台试点的金融机构，目前已经相对于传统支付方式节省了 45%—70%的成本费用。除了节约成本外，Ripple 还促进了交易速度的提高，交易时间也从平均的两天以上缩短到了 4 秒。由此可见，Ripple 从这两个方面做到了降低成本的目标。

最后是交易币种的差别，相比于 SWIFT 来说，Ripple 网络对币种的包容性更强，可以交易法币及各种电子加密币，凸显了普惠金融的特点。

（二）瑞波 Ripple 与比特币对比

Ripple 与比特币同为以区块链为基础的产品，但是 Ripple 网络只用到了区块链技术而没有将自己的 XRP 代币 Ripple 币作为平台硬性交易媒介，安全性和普惠性更高。由于比特币等数字货币的出现和发展，大型银行都在权衡对数字货币的发行和应用，而 Ripple 网络为这些银行提供了一个结合区块链和数字货币的现成方式。通过 Ripple 网络，各国银行使用现行的法币就可以进行交易，因此相比比特币支付方式会更能得到监管机构、主权国家的支持。同时 Ripple 不仅支持数字货币的交易，也支持法币的交易，应用场景比比特币更加广泛。

四、瑞波 Ripple 的风险分析

Ripple 的主要风险仍然为区块链技术的共同风险，也是用户关心的重点。同时，法规政策等监管问题也是 Ripple 不能忽视的问题。

除此之外，Ripple 网络的共识机制在算法上也有一些漏洞和风险。以 Ripple 协议共识算法（Ripple Protocol Consensus Algorithm，RPCA）[1]为例，虽然 Ripple 协议共识算法在每个验证节点都提前确定一些信任列表，通过列表上的信任点投票共同完成，缩短共识花费的时间，提高了效率，但此算法非常容易遭受攻击，黑客可以伪造节点，甚至可以大量扩散潜伏，并在某个时间突然攻击所有网络。

五、瑞波 Ripple 未来发展趋势

首先，截至 2021 年 2 月，Ripple 已经和超过 100 家金融机构达成了合作，包括渣打银行、西太平洋银行、桑坦德银行和西班牙对外银行等。[2]

---

[1] Ripple 协议共识算法：使得一组节点能够基于由特殊信任节点达成共识。在共识过程中，各个需要共识的交易需要接受来自信任节点列表中的节点的投票，只有超过一定阈值后才能达成共识。

[2] XRP 牛年还能继续牛吗？［检索时间：2021 年 3 月 30 日］. https：//new. qq. com/rain/a/20210204A0C6Y000

Ripple 网络及其主要产品可以大幅度降低交易时间和交易成本，提升跨境支付的效率，同时降低了使用门槛，惠及银行体系不发达的地区和国家，分享经济全球化的成果。随着国际贸易的增加和经济全球化进程的加快，对跨境支付的需求上升会扩展 Ripple 网络的使用人群和范围，也能推动 Ripple 网络的进一步发展。

但 Ripple 系统要得到全球范围内被广泛认可和使用还有相当大的不确定性。首先，国际上的大中型银行都拥有自己支付系统，即刻使用 Ripple 系统会产生高昂的更换成本。其次，Ripple 系统相关的监管及法律法规政策都还没有统一的制定标准，从安全性和稳健性的角度出发，金融机构用户和金融监管方也会对其保持谨慎的态度。何况从现实来看，区块链技术应用在安全性方面的确还有待增强，近期基于以太坊平台的 The DAO 被盗事件就是典型的例子。

与运行方式和法律法规等监管都较为成熟的 SWIFT 系统相比，Ripple 系统和区块链技术都还处于发展的初始时期，距离进入成熟时期和产生大量基础用户的阶段还有很长的路要走。短期内 SWIFT 系统仍然会是最主要的跨境支付方式，但在未来相关法律法规监管等日趋完善后，基于区块链技术的 Ripple 系统会利用自身优势为跨境支付作出不小的贡献。①

第三节　跨境支付 2.0 时代：区块链解决银行间跨境支付的国内企业案例

一、区块链跨境支付应用模式

现阶段银行间支付主要依靠中间结算机构，中间结算机构比较复杂，包括一系列繁琐的程序。就跨境结算而言，由于不同国家、地区的结算程序不同，银行汇款约需要 3—5 个工作日甚至更久才能完成。这是非常低效

---

①　从 Ripple 看跨境支付的未来 . [检索时间：2020 年 5 月 20 日] https：//mp. weixin. qq. com/s/X0uxdUOIcS8GdmYJPMgTrg.

的，并且会导致资金的大量占用。鉴于区块链具有可直接买卖、共享及安全的特性，区块链跨境支付交易时不需要人工参与，且交易过程不会引起即时交易产品所有权的争议，这保证了跨境支付交易的实时性和可靠性，同时这种交易模式也具有高度的可用性和渐进性。

跨境银行间结算存在不同的模式，分别为"清算银行"模型和"代理银行"模型：

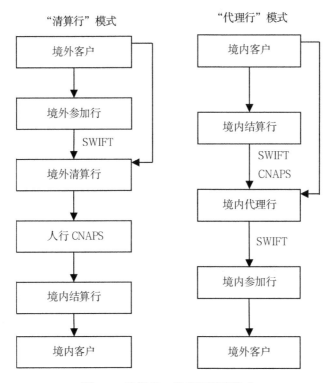

图 3.4　清算行、代理行清算模式

在"清算银行"模式下，离岸清算银行成为连接中心。境外企业客户和境内企业申请人民币结算业务进行交易时，境外客户应联系境外参与银行或直接联系境外清算银行提出请求。境外授权的商业银行和境外清算协会应按照法律规定签订有关协议，并依照协议开立人民币账户，进而从事清算业务。同时，国内外参与银行通过中央银行的人民币支付系统直接向国内银行借款，以达到人民币有效流通的目的。相反，在"代理银行"模式下，国内商业银行取代了海外清算银行的地位，与其订立相关协议，最终完成跨境人民币清算和结算。以上的业务流程复杂，成本高，效率低的特点，无法促进商业银行跨境清算业务的可持续发展。

二、区块链跨境支付的应用优势

随着跨境支付频率增加，银行跨境支付的弊端也愈加明显。在跨境支付中，由于不同机构会计制度的异化，只有在两家银行建立联系后才能完成跨境支付。虽然当今互联网高度发达，但跨境支付不能跳过银行、保管机构和第三方支付平台等中介机构，因此跨境支付存在程序繁琐、成本昂贵、时效性差的问题。这也成为了国际业务发展的主要突破口。

据中国证券网报道，2017 年 3 月招商银行通过首创区块链直联跨境支付应用技术，实现了区块链和银行业务的首次结合，标志着国内首个区块链跨境领域项目的成功落地。与传统的支付方式相比，直联跨境支付系统采用底层区块链技术，并布局新的支付系统。

首先，将权力下放和金融相结合，将每个业务对象作为一个独立的节点，以实现与海外的点对点清算连接，减少中间环节，节省人力，成本和时间。取消了传统的大规模中央型架构，基于区块链的跨境支付系统，能够完成快速传输、提高效率。

其次，招商银行在会计监管中增加了分布式分类账技术，以区分自由贸易单位结算和外币支付系统，以避免造成混乱并进一步加快结算速度。

此外，招商银行在安全性方面也利用了区块链。首先，跨境支付信息很难篡改，双方资金安全得以保障；其次，整个系统的运行和新节点的扩展不受节点故障的影响；最后，由于招商银行拓展海外业务的需要，新的海外机构也需要在加盟后与母公司进行资本交易。基于区块链的新清算系统可以使新海外机构得以迅速加入，及时与母公司进行交易。

三、区块链对招商银行跨境支付业务的应用影响

2017 年，招商银行率先实施了区块链跨境支付业务，该业务适用于全球现金管理领域的跨境直连清算、全球账户统一视图，以及跨境资金归集这三大场景。此外，据金色财经报道，招商银行也是世界首家将区块链技术应用到以上三大场景的商业银行。

招商银行在海外设有不少子公司，包括新加坡分行、伦敦分行、香港分行、纽约分行和美国代表处等。分支机构与总行之间的资本及其他业务交易。因为现阶段跨境清算、结算系统手续繁琐复杂，审批环节冗多，很难完全满足招商银行的需求。基于区块链的跨境清算系统，使链上的任意双方机构可以进行清算。

2017 年 3 月 9 日，招商银行为前海蛇口自贸片区注册企业南海控股有限公司通过永隆银行向其在香港同名账户实现跨境支付，标志着区块链跨境支付业务的首次完成。同年 9 月 22 日，招商银行通过直联跨境支付系统，为境外客户在上海自贸分账核算单元中开立的 FTN（Free Trade Non-resident）账户向其香港同名账户实现了港币跨境支付，标志着招商银行完成了首笔 FT（Free Trade）区块链跨境支付业务。该区块链系统的成功运行也标志着跨境支付业务的发展取得了新突破。

首先，传统的跨境结算中存在多个参与链接，"如果前一个链接未完成，则下一个链接无法执行。一旦需要修改和查询汇款信息，则之前和之后的信息传输都会带来巨大的沟通成本，这将对清算效率产生致命影响。"而在招商银行自主研发的直链跨境支付技术中，清算涉及的所有各方都实现了"上链"。通过利用区块链的点对点传输特征，跨境结算减少了中间环节，将票据交换所的人力和成本集中在一个中央节点上。与传统的大型中央架构的分钟级传输时间相比，区块链系统可以在几秒钟内完成外汇资金的传输，大大节省了人工和时间成本。

其次，现运行的直链跨境支付系统引入了分布式账本技术 DLT

(Distributed Ledger Technology)，使自由贸易单位结算和总部外币支付系统能够分别记在不同的账簿上，补充了传统的支付渠道，避免了区块链电子货币面临的合法性和监管问题。

最后，由于区块链系统中每个节点是分散式运行的，所以即使其中的部分节点发生故障，整个系统也可以继续正常运行，从而确保了信息和资金的安全传输。

表 3.5   **使用区块链前后的支付变化**

阶段	使用区块链前	使用区块链后
支付变化	银行内 ①清算对账系统 ②积分系统 ③客户征信系统 ④融资租赁系统 ⑤供应链金融系统	银行间、银企间 ①银行间清算对账系统 ②银行间积分系统 ③银行间客户征信系统 ④银企间融资租赁系统 ⑤银行间供应链金融系统

第四节 跨境支付 3.0：央行数字法币的发展现状分析及未来展望

一、基于区块链技术的跨境支付的现存问题

虽然在跨境支付 2.0 时代，区块链的应用打破了传统跨境支付中的诸多困境，但其在发展过程中也暴露出许多问题，如：

（1）系统替换成本高。世界各国的跨境交易绝大多数依托 SWIFT 网络完成，用户从原有系统向区块链技术过渡仍需要很长时间的接受、学习和适应过程，同时，新系统的应用推广还要面对高昂的系统建设成本及未知

的风险成本。

(2)缺乏行业标准。区块链技术发展尚不成熟，各国政府和企业还处于探索阶段,，交易体系完全开放，交易需求不尽相同，各国对区块链的态度不明，很难形成统一的行业标准。此外，各国对金融机构的监管也存在差异，加之区块链去中心化的特点，通过区块链进行的跨境交易监管难度也较大。

(3)法律法规不健全。目前，针对区块链这类新技术大范围应用于跨境支付后可能出现的问题还需更加深入细致的预判评估，对这些问题的事前预防及事后处理也没有形成完善的方案，如果在未来应用中出现纠纷，没有完备成熟的法律体系作参照和指导。

二、跨境支付进入 3.0 时代——央行数字货币的发展潜力

随着央行数字货币(Central Bank Digital Currency，简称 CBDC)的出现，跨境支付也随之进入了 3.0 时代。2020 年 1 月，国际清算银行(BIS)发布的全球数字货币报告显示，在占世界经济总量90%的 66 个国家中，有 6 家央行表示三年内可能发行可供个人和企业"一般使用"的数字货币，覆盖全球约 16 亿人口；另有 12 家央行表示有望在六年内发行数字货币。

央行数字货币在跨境支付上存在明显优势。第一，央行数字货币可能改变以分布在全球的代理行和清算行关系为基础的跨境支付格局。央行数字货币能够使企业、个人获得之前只有金融机构才能使用的支付工具和服务，降低对 SWIFT 系统和 CHIPS 的依赖。分布式账本技术也能实现点对点系统上的价值转移，而不用再经过商业银行进行转账。第二，央行数字货币能够降低交易成本。智能合约有助于降低外汇交易成本，并通过更大规模的资产通证化来降低证券发行和交易成本。第三，央行数字货币能够减少交易时间。央行数字货币采用点对点的方式转账，利于增加透明度，并促进货币服务商之间的竞争，促进普惠金融。

三、跨境支付进入 3.0 时代——推动央行数字货币跨境支付

(一)中国央行数字货币发展历史

表 3.6 央行数字货币发展历程

时间	事件
2014 年	中国央行成立专门的研究团队,对数字货币发行和业务运行框架、数字货币的关键技术、发行流通环境、面临的法律问题等进行了深入研究。
2017 年 1 月	央行在深圳正式成立数字货币研究所。
2018 年 9 月	数字货币研究所搭建了贸易金融区块链平台。
2019 年 7 月 8 日	在数字金融开放研究计划启动仪式暨首届学术研讨会上,中国人民银行研究局局长王信曾透露,国务院已正式批准央行数字货币的研发,央行在组织市场机构从事相应工作。
2019 年 8 月 2 日	央行在 2019 年下半年工作电视会议上表示将加快推进法定数字货币的研发步伐。
2019 年 8 月 18 日	中共中央、国务院发布关于支持深圳建设中国特色社会主义先行示范区的意见,提到支持在深圳开展数字货币研究等创新应用。
2019 年 8 月 21 日	央行官微发布两篇有关数字货币的文章,一是发表于 2018 年 1 月的副行长范一飞谈央行数字货币几点考虑,二是支付结算司副司长穆长春 8 月 10 日在伊春的演讲。
2020 年 4 月 14 日	网络上流传的一张央行数字货币在农行账户内测的照片。据称,苏州相城区是央行数字货币(DC/EP)的重要试点地区。
2020 年 4 月 17 日	央行数字货币研究所就央行数字货币内测一事做出最新回应。央行数字货币研究所称,当前网传 DC/EP 信息为技术研发过程中的测试内容,并不意味着数字人民币正式落地发行。
2020 年 4 月 22 日	雄安新区管理委员会改革发展局组织召开了法定数字人民币(DCEP)试点推介会,19 家拟参与落地应用的试点单位参会。

续表

时间	事件
2021年3月15日	辽宁省大连市两家燃油贸易企业通过数字人民币(e-CNY)支付方式在航运产业数字平台上完成了一笔燃油交易的结算业务，这是中国首笔用数字人民币来实现B2B的支付结算。
2021年1月5日	邮储银行在上海交通大学医学院附属同仁医院员工食堂测试了"可视卡"形态的硬件钱包，首次将数字人民币的"卡片"形态曝光在大众视野中。
2021年2月8日	"铜钱"形态的数字人民币硬件钱包在雄安亮相，由农业银行河北雄安分行研发，支持两个硬件钱包"碰一碰"双离线支付。
2021年2月14日	在"数字王府井冰雪购物节"北京数字人民币试点活动中，邮储银行继上海可视卡之后，推出了叠加"健康宝"功能的数字人民币可视卡和指纹卡硬件钱包。除了数字人民币消费外，用户持该产品在健康宝设备上一贴，即可完成健康宝状态查询和登记。

(二)运营模式：中心化管理机制，双层运营投放体系

数字人民币采取中心化管理、双层运营。人民银行在数字人民币运营体系中处于中心地位，负责向作为指定运营机构的商业银行发行数字人民币并进行全生命周期管理，指定运营机构及相关商业机构负责向社会公众提供数字人民币兑换和流通服务。参与数字人民币研发的运营机构主要包括工行、农行、中行、建行、交行、邮储银行，移动和工行，联通、电信和中行分别成立联合项目组参与研发，蚂蚁和腾讯两家互联网企业旗下网商和微众银行也参与研发。

(三)央行数字货币在跨境领域的应用

央行数字货币跨境支付能够极大地提高支付便捷性和安全性，降低支付成本，进而提升国际经贸往来的支付结算效率。BIS的调查显示，全球

超过一半的央行认为跨境支付效率是使用央行数字货币的关键动力之一。当前，一些央行已经展开相关探索，研究合作的可行性。例如 m-CBDC Bridge（多边央行数字货币桥）项目，由中国人民银行、国际清算银行、香港金融管理局、泰国央行、阿联酋央行等合作，探讨分布式账本技术（DLT）在跨境支付金融基础设施方面的潜力；Project Jura 项目，由法国央行、瑞士央行、国际清算银行等共同实施探索两家批发型央行数字货币的跨境结算，及在 DLT 平台上的数字安全。

央行数字货币跨境使用仍面临风险。虽然跨境支付成为央行数字货币的重要探索方向，但多数央行对此感到担忧，并未明确其跨境使用的前景方向。根据 BIS 调查，约25%的央行正在考虑是否允许外币央行数字货币，但只有8%的央行考虑在其他国家使用本币央行数字货币。除了技术标准、基础设施等因素，央行数字货币跨境使用尚存在一定风险。一方面，央行数字货币跨境使用将致使"数字美元化"。接受外币央行数字货币使用，将在支付与金融交易领域对本币产生替代效应，特别是对于国内经济不稳定、本币高通胀的国家，接受全球稳定币或外币央行数字货币可能加剧内部风险。另一方面，央行数字货币跨境使用将加大宏观管理难度。宏观经济管理与对外经济合作将变得更加复杂，避税等违法行为监督面临挑战，本币、外币央行数字货币无序流动将加剧市场波动。目前，大多数国家在国内对于使用外币进行交易没有任何限制，仅26%的受访央行有此类限制。但是，根据 BIS 调查，如果外币央行数字货币在国内被广泛使用，近三分之一的央行表示可能会重新考虑其外汇限制。

央行数字货币安排成为可行方式。相较于其他模式，整合跨境支付方式，在传统批发支付系统上实现互联操作，形成多边央行数字货币桥安排更为可行。多边央行数字货币桥安排并非建立一个与国内货币竞争的新的记账单位，而是侧重于设计具有访问框架和互联选项的国家央行数字货币安排，有效促进跨货币央行数字货币支付，完善全球跨境支付安排。首先，增强原有系统兼容性，包括兼容技术、监管标准、协调认证机制等。其次，连接央行数字货币系统，共享技术接口互联，或者建立统一的清算机制。再者，整合成一个单一的系统，将多个央行数字货币整合到单一平台上运行，建立中央银行互认 ID 机制。在这一过程中，加强各国间政策协调至关重要。

（四）未来发展的重点

未来，央行将积极响应二十国集团（G20）等国际组织关于改善跨境支付的倡议，研究央行数字货币在跨境领域的适用性。根据国内试点情况和国际社会需要，央行将在充分尊重双方货币主权、依法合规的前提下探索跨境支付试点，并遵循"无损""合规""互通"三项要求与有关货币当局和央行建立法定数字货币汇兑安排及监管合作机制，坚持双层运营、风险为本的管理要求和模块化设计原则，以满足各国监管及合规要求。

一是适时适度扩大试点范围。进一步扩大试点应用场景覆盖面，实现特定试点区域内的应用场景全覆盖，打造数字人民币生态体系。同时，结合研发试点工作实际扩大参研机构和试点测试地区范围。二是研究完善相关制度。积极推进《中国人民银行法》等法律法规的修订。研究制定数字人民币相关管理办法，加强数字人民币个人信息保护，建立健全数字人民币运营系统全流程安全管理体系。三是加强重大问题研究。深化法定数字货币对货币政策、金融体系、金融稳定深层影响的研究评估，积极参与法定数字货币国际交流，以开放包容方式探讨制定法定数字货币标准和规则，共同推动法定数字货币发展。

第四章　第三方支付平台发展模式分析
——以拉卡拉为例

第一节　第三方支付行业现状

一、产业链简介

第三方支付最早源于美国的独立销售组织制度（Independent Salesorganization，ISO），指收单机构和交易处理商委托 ISO 做中小商户的发展、服务和管理工作的一种机制。美国诞生了许多著名的第三方支付公司，如 PayPal、Amazon Payments、Yahoo！PayDirect 等。中国在行业中的发展情况也并未落后太多。1998 年政府领导班组确定"首都电子商务工程"启动。1999 年，首信易支付平台上线，创造了中国首家 B2C（Business-to-Consumer）第三方支付公司。2004 年，支付宝在中国成立，在此之后行业逐渐得到了中国公众的接受和认可。近年来，随着互联网技术发展、电子商务行业的兴起，国家也出台相关政策加以激励，第三方支付行业处于快速发展阶段。

第三方支付行业的产业链上下游关系相对较为简单，其中主要包括监管部门、商业银行、清算机构、商户、用户和基础服务供应商，以及处在中心地位的第三方支付平台等。监管部门主要是指中国人民银行，负责制定一系列保护投资者权益、维护金融市场秩序的法律，和行业相关的法律规章。例如 1999 年颁布的《银行卡收单业务管理办法》、2015 年颁布的《非银行支付机构网络支付业务管理办法》等,用以监督商业银行和支付机构,另一方面也承担了审核第三方支付机构资质、发放相关牌照的职责。商业银行则接受监管部门的监督,同时负责处理、验证各个银行账户上发生的交易信息。支付清算机构主要指的是由中国人民银行所指定的两家机构:中国银联、网联清算,它们负责为商业银行、支付机构提供清算服务。基础服务供应商的范围比较广泛,和行业有直接关联的供应商包括软硬件技术生产商、资质审核机构和通讯运营商等。

第三方支付平台则处在行业产业链的核心地位,作为商户和消费者交易的中间方,主要为商户提供收款服务,其优势如下[1]:

(1)成本优势:第三方支付平台降低了政府、企业、事业单位直连银行的成本,满足了企业专注发展在线业务的收付要求;

(2)竞争优势:第三方支付平台的利益中立,避免了与被服务企业在业务上的竞争;

(3)创新优势:第三方支付平台的个性化服务,使得其可以根据被服务企业的市场竞争与业务发展所创新的商业模式,同步定制个性化的支付结算服务。

二、市场规模

在中国,第三方支付产业的市场规模有着随年份逐步上升的趋势。如表1所示为2013—2020年中国大陆非银行支付机构的网络支付业务量。其中,互联网支付和移动支付占据着主导地位,支付宝和微信等规模较大的支付企业在账户侧支付的发展迅速,而拉卡拉等主要服务商家的支付机构在收单侧也有着较快的增长。近年来,随着市场逐渐被分割完毕,行业竞争的激烈程度日益加剧以及相关法律法规和监管的不断完善,市场规模的增速已有略微放缓的趋势。

---

[1] 第三方支付.[2021.5.15检索].https://baike.baidu.com/item/第三方支付/3625139?fr=aladdin#3 1.

表 4.1　**2013—2020 年中国大陆非银行支付机构的网络支付业务量**①

单位：千亿元；亿

年份	2013	2014	2015	2016	2017	2018	2019	2020
交易金额	92.2	247.2	494.8	992.7	1432.6	2080.7	2498.8	2945.6
交易笔数	153.38	374.22	821.45	1639.02	2867.47	5306.1	7199.98	8272.97

三、竞争格局

近年来，第三方支付行业的市场规模日趋庞大、发展势头保持迅猛，其中企业之间的竞争自然也非常激烈。第三方支付行业当前的竞争格局中，大型机构始终保持着较强的优势。由于用户在涉及资金安全时通常趋向于信任规模较大的机构，而相对更不愿意信任名声较小的公司，所以品牌效应在用户选择自身喜好并长期使用的支付机构中起到了关键性的作用。另一方面，行业的用户黏性很高，使用者通常不会随意更改自己所习惯的支付方式。这两个因素同时导致了大型机构在竞争中优势超出其他对手，而新企业进入行业的壁垒则较高。

第三方支付的业务主要向两极化发展。一类机构走向横向综合化，以支付宝为例，其建立了了支付宝、蚂蚁聚宝、芝麻信用等应用，分别在支付、理财、风险评估等方面进行了全业务布局；以拉卡拉为代表的另一类机构则长期专注于 B 端即商户侧的支付。由于消费者支付的市场基本已由支付宝和微信占据，企业端用户和跨境支付可能将成为行业竞争的新战场。近年来，监管的政策日趋完善，加之行业的饱和，市场对企业自身的品质也提出了严苛的要求。

---

① 　数据来源：中国人民银行。包含支付机构发起的涉及银行账户的网络支付业务量，以及支付账户的网络支付业务量，不包含红包类等娱乐性产品的业务量。

四、行业综合分析——使用 PEST 模型

PEST 模型是一种行业分析方法，考虑了特定行业所处的宏观环境，以此对该行业进行综合分析，其中 PEST 四个字母分别是政治(Politics)、经济(Economics)、社会(Society)、科技(Technology)的首字母缩写。以下使用 PEST 模型对第三方支付行业进行综合分析。

(一)政治

我国日趋严格的监管政策限制了各种业务牌照的发放，促进了行业的良性发展。2010 年出台的《非金融机构支付管理办法》，规范了行业内"劣币""良币"共存的状况。2016 年，《国务院办公厅关于印发互联网金融风险专项整治工作实施方案的通知》的发布规范了非银行支付机构占用客户备付金以获取利息来盈利的现象，力图激励非银行支付机构努力为客户提供快捷、方便的服务，而不是依靠利息为生。2017 年制定的《条码支付业务规范(试行)》也要求二维码支付形式必须设置支付限额，科学合理地针对客户风险等级制定相应的最高额度，减少了二维码支付存在的隐患。同时，日趋严苛的监管政策也提高了行业进入壁垒。

(二)经济

非银行支付机构的交易成交量和成交额连年大幅增长，发展势头良好。我国总体经济的增速也长期保持在较高的水平。此外许多用户正在逐渐转向电子商务。这些因素都对第三方支付行业的发展起到正向作用。同时由于互联网支付、移动支付的便利性，未来相当一段时间内难以出现替代品，可以预期第三方支付行业的增长趋势仍能够继续保持。

(三)社会

中国互联网络信息中心 2021 年发布的《中国互联网络发展状况统计报告》显示我国网民规模非常庞大，且网络普及率仍然有充分的上升空间。

截至 2020 年 12 月，中国的互联网普及率约为 70.4%，网民规模达到了 9.89 亿人，相比 2020 年 3 月上升 5.9 个百分点。我国使用手机上网的网民占所有网民的比例非常高，达到 99.7%，手机网民规模为 9.86 亿人，相比 2020 年 3 月上升了 0.4 个百分点，已经趋于饱和。互联网早已是当前社会必不可少的一个组成部分，互联网理财、互联网商务都是一项潮流。随着中国互联网基础设施的进一步普及，能够预期第三方支付行业规模在中国还会有持续的增长。

(四)科技

智能 POS 机(point of sale)、区块链等新兴技术在不断发展，人工智能技术也在以很快的速度更新迭代，同时未来 5G 技术(5th-Generation Mobile Communication Technology)普及后，云计算会得到进一步加强。随着这些科学技术的不断推进，互联网支付、移动支付的用户体验将会更加令人满意，安全性也会逐渐提高，第三方支付行业中的企业如果能更好地应用这些技术，就将会受到更多用户的追捧。

第二节　拉卡拉简介

一、发展历程

拉卡拉公司成立于 2005 年，是联想旗下的综合性金融科技平台之一。拉卡拉公司的主营业务分为支付和金融两大板块。由于 2016 年金融业务被剥离到拉卡拉控股的子公司拉卡拉金融旗下，所以本节只讨论拉卡拉的支付业务。从拉卡拉的 14 年发展历程来看，拉卡拉大致分为 4 个阶段。

2005—2010 年是 1.0 阶段，拉卡拉开创"线上购物，刷卡支付"的新模式。2007 年起拉卡拉在北京、上海等全国各地开设便利支付点。拉卡拉便利支付点不仅为居民提供水、电、煤等生活缴费服务，还提供信用卡还款、转账、余额查询等民生支付服务，为便利店引流、增加客户黏性。①

2011—2014 年是 2.0 阶段，拉卡拉进军国内的银行卡收单行业。2011 年 5 月，拉卡拉成为首批央行颁发的《支付业务许可证》获取公司之一。② 次年拉卡拉推出了针对小微商户及大中型连锁商超的 POS 服务和针对个人用户的多种产品，初步建立了覆盖银行、商户、个人的第三方支付市场。

2015—2018 年是 3.0 阶段，拉卡拉全面拥抱移动互联网。从 2015 年开始，拉卡拉进入快速发展时期，并接连发布 mPOS、智能 POS、收钱宝盒和超级收款等收单产品，全面支持扫码、刷卡、NFC 等支付方式。③

2019 年至今是 4.0 阶段，拉卡拉进军产业互联网，开创基于科技、云服务及人工智能的"支付+SaaS"服务。2019 年 8 月 16 日，拉卡拉投资千米科技公司并通过千米的 SaaS 服务，在分销端和门店端为商户提供数据化、互联网化的解决方案。④

二、商业模式

拉卡拉依托于"线上+线下""硬件+软件"，为客户提供企业收单、个人支付和产品销售服务。通过运用大数据和云计算，拉卡拉与金融机构和企业进行跨界合作，为客户的业务痛点提供解决方案。

三、融资情况

在融资方面，拉卡拉进行了多轮融资，具体数额如表 4.2 所示。

---

① 孙棋琳，李真（2015）. O2O 互联网金融模式平台研究. 金融法苑，91.
② 拉卡拉官网.［2021.5.20 检索］. http：//www. lakala. com.
③ 艾媒研报 | 拉卡拉：一波三折终上市，收单还能撑多久.［2020.6.8 检索］. https：//www. iimedia. cn/c1000/64171. htm.
④ 爱分析：产业支付生态成未来趋势，拉卡拉支付与 SaaS 协同效应显著.［2020.6.8 检索］. https：//www. sohu. com/a/358205856_114988.

表 4.2　　　　　　　　**2005 年到 2020 年拉卡拉的融资经历**

融资时间	资金性质	资金规模
2005 年初	初始资本	200 万美元
2007 年 3 月	第二轮融资	800 万美元
2009 年 2 月	第三轮融资	2500 万美元
2010 年 12 月	天使轮	未透露
2012 年 9 月	A 轮	未透露
2014 年 8 月	B 轮	未透露
2015 年 5 月	C 轮	15 亿元
2016 年 2 月	并购	未透露
2019 年 4 月	IPO 上市及以后	1 亿元

第三节　产品分析

拉卡拉的主要产品可以从两个方面概括：为实体小微企业提供收单服务，同时为个人用户提供支付服务。其具体业务内容包括：商户收单、个人支付及增值金融类业务等，在 2016 年的第四季度，为了进一步聚焦第三方支付业务，拉卡拉剥离了增值金融服务。从它的财务数据来看，其主营收入主要来自收单业务，个人支付业务，以及两者衍生的硬件销售及服务。

而在 2019 年的年报中，拉卡拉将产品重新分类为"支付业务""商户经营业务"和"其他"。相较于 2018 年，该公司的商户经营业务增长劲头十足，同比增幅达到 119.59%；而支付业务的营收却有所下降，同比增幅为-16.74%，体现了 2019 年国内第三方支付行业的严峻形势。

表 4.3　　　　　　**2016—2018 年拉卡拉主营业务收入情况①**　　　单位：元

	收单业务	个人支付业务	硬件销售及服务	增值金融业务	其他
2016	126910.57	13205.18	23840.54	91592.38	448.01
2017	237166.23	9487.95	31654.72	0	212.33
2018	507106.64	10788.58	48241.6	0	1804.34

表 4.4　　　　　　　　**2019 年与 2018 年营收对比②**　　　　　单位：元

	2019 年		2018 年		同比增减
	金额	占营业收入比重	金额	占营业收入比重	
营业收入合计	4899421582.02	100%	5679411603.66	100%	−13.73%
分行业					
第三方支付	4899421582.02	100%	5679411603.66	100%	−13.73%
分产品					
支付业务	4346259687.05	88.71%	5220118484.85	91.92%	−16.74%
商户经营业务	441740271.80	9.02%	201166505.44	3.54%	119.59%
其他	111421623.17	2.27%	258126613.37	4.54%	−56.83%
分地区					
国内	4899421582.02	100%	5679411603.66	100%	−13.73%

2020 年，公司重点布局商户赋能业务，将产品重新分类为"支付业务""科技服务业务"和"其他"。拉卡拉为应对新冠疫情的挑战，采取"以支付为切入，整合信息科技，服务线下实体，全维度为中小微商户经营赋能"

---

① 拉卡拉 IPO：主营业务单一 营收增速面临放缓.［2021.5.20 检索］. http：// finance. sina. com. cn/stock/observe/2019-03-15/doc-ihrfqzkc4203804. shtml.

② 拉卡拉支付股份有限公司 2019 年年度报告.［2021.5.20 检索］. https：// pdf. dfcfw. com/pdf/H2_AN202004091377845001_1. pdf.

的 4.0 战略；加强混合云建设，逐步推进业务转云和产品 SaaS 部署。2020
年度内该公司的营业总收入达 55.62 亿元，相较于 2019 年增长 13.53%。
整体收入结构的改善是拉卡拉在 2020 年上半年疫情对线下商业造成巨大冲
击的同时，依然能够实现业绩高速增长的主要原因。

表 4.5 　　　　　**2020 年与 2019 年营收对比**① 　　　　　单位：元

	2020 年		2019 年		同比增减
	金额	占营业收入比重	金额	占营业收入比重	
营业收入合计	5557375312.78	100%	4899421582.02	100%	13.43%
分行业					
第三方支付	5557375312.78	100%	4899421582.02	100%	13.17%
分产品					
支付业务	4665379566.31	83.95%	4346259687.05	88.71%	7.34%
科技服务业务	638354183.22	11.49%	441740271.80	9.02%	44.51%
其他	253641563.25	4.56%	111421623.17	2.27%	127.64%
分地区					
国内	5557375312.78	100%	4899421582.02	100%	13.43%

一、POS 收单业务

(一)业务介绍

拉卡拉的收单业务主要是通过 POS 机、手机收款宝、扫码终端(收钱
宝盒、超级收款宝和静态二维码)等终端产品为入口，为商户提供收单服

---

① 拉卡拉支付股份有限公司 2020 年年度报告．［2021.5.20 检索］．https://
pdf. dfcfw. com/pdf/H2_AN202104091483246998_1. pdf? 1617999311000. pdf.

务。其收单业务分为三个步骤：收单机构首先与特约商户签订银行卡受理协议；之后，在特约商户与持卡人达成交易；最后，收单机构为特约商户提供交易资金结算服务。这一过程中，收单机构通过向商户收取手续费获得收益。拉卡拉充当持卡用户和签约用户的第三方支付机构，将资金从持卡用户的银行、微信、支付宝中，通过银联、网联结算到拉卡拉中，最后转借到签约商户的收款银行中。

（二）业务优势

拉卡拉的 POS 收单业务主要具备三个优势：品牌效应、全牌照以及金融科技布局。

（1）品牌与行业地位优势：自 2012 年起，拉卡拉进入国内银行卡收单行业，至今已经积累了显著的品牌效应和众多的客户群体。截至 2021 年 4 月，拉卡拉累计服务商户超过 2500 万户，拥有 3 万家积分消费的合作商户门店，在全国各省、市以及主要的二级城市均设置了分支机构，具有强大的营销推广、行业合作、服务商户的能力。良好的品牌影响力和强大的推广服务网络将进一步促进拉卡拉收单业务交易规模的上升，并形成相互受益的良性循环。

（2）全牌照优势明显：2011 年，拉卡拉成为国内首批获得全支付牌照的企业之一。随着国家政策收紧，第三方支付监管日趋严格。截至 2020 年 9 月，我国共发放非金融机构支付业务许可证 9 批，现存仍未到期或仍未被注销的牌照公司共有 242 家。从牌照数量来看，仍未到期或仍未被注销牌照数量有 384 张，其中银行卡收单 62 张，预付卡发行与受理 147 张，预付卡受理 6 张，互联网支付 108 张，移动电话支付 48 张，数字电视支付 5 张，固定电话支付 8 张。鉴于央行支付牌照的发放通道几乎关闭，未来很难再出现具有全牌照的第三方支付企业，在政策上为第三方支付行业铸就了高进入壁垒。

（3）金融科技的战略布局优势：拉卡拉还加速布局增值业务，基于区块链、人工智能、大数据等前沿技术，开发了新零售格局下的云采购、云分销等商业模式，并推出了"云小店""汇管店""收款码"、"云收单"等"支付+SaaS"产品。此外，2020 年，中国人民银行在全球率先开启数字人民币试点工作。拉卡拉也成为了首批与中国人民银行数字货币研究所签订战略合作协议的两家支付机构之一，真正进入了数字人民币核心试验领域。①公司积极推动产业创新的战略优势将不断提升其核心竞争力。

三、其他支付业务

个人支付业务有三个子方向：便民支付业务、跨境支付业务。

(一)便民支付业务

作为拉卡拉自主研发的"远程自助银行中间业务系统"，便民支付业务可以为个人用户提供四大民生服务：自助银行服务、便民缴费服务、生活服务。业务入口为拉卡拉安装在社区商铺中的智能便民支付终端。

(二)跨境支付业务

跨境支付业务是拉卡拉为开展电子商务的境内外商户提供的支付结算服务，包括针对跨境交易电子商务平台的外币、人民币跨境支付结算，以及针对境内交易电子商务平台的支付结算。同时，拉卡拉也通过和国内跨境物流仓储企业合作，为商户提供跨境物流仓储及相关增值业务。2020年，公司与 MasterCard 、VISA、Discover、American Express 等国际卡组织合作，扩大跨境支付渠道。自 2020 年至 2021 年 4 月，拉卡拉共计服务商户 5172 家，交易规模达 153 亿元人民币，业务覆盖香港、美国、欧洲、日本等国家和地区。②

---

　　①　拉卡拉支付股份有限公司 2020 年年度报告．［2021.5.20 检索］．https：//pdf. dfcfw. com/pdf/H2_AN202104091483246998_1. pdf？1617999311000. pdf.

　　②　拉卡拉支付股份有限公司 2020 年年度报告．［2021.5.20 检索］．https：//pdf. dfcfw. com/pdf/H2_AN202104091483246998_1. pdf？1617999311000. pdf.

(三) 发展模式分析

在 C 端支付市场上支付宝、财付通占绝对优势，并且已形成了两大巨头垄断的市场格局。2019 年支付宝和财付通分别占据中国第三方移动支付市场 54.4% 和 39.4% 的份额，合计 93.8%。在寡头占有超高市场份额的情况下，移动支付 C 端市场几乎定局，拉卡拉移动支付业务的增长空间被严重挤压。

正因如此，拉卡拉将主战场转向跨境支付业务，为其在移动支付端寻求新增长点。拉卡拉一直在积极建设境外收付汇的渠道，首批获得国家外管局批准的跨境外汇支付业务资格，已打通境内商户在北美以及欧洲地区电商平台的收款业务。2019 年拉卡拉与 Skyee 展开合作，为 Skyee 提供人民币跨境支付及清分服务，同时 Skyee 为拉卡拉提供资金跨境服务。双方结合各自的优势产品，合作为境内外企业提供(涵盖海外收款、国际清分、人民币收单及跨境和汇率管理一体的)一站式的跨境金融服务。

第四节　拉卡拉与 Square 作为第三方支付平台对比

一、美国 Square 公司简介

Square 是美国一家移动支付公司，正式成立于 2009 年 2 月。经过十多年的发展，公司于 2918 年第三季度首次实现季度盈利，净利润为 1964.3 万美元。Square 主要服务于中小型企业，为其提供以支付为中心，涵盖金融、营销等的多元化服务，通过收购 Caviar、Weebly 及与 eBay 等战略合作进一步拓展业务。公司最先推出的旗舰产品是 Square Reader，一个外置的移动刷卡器，将其插到手机耳机插孔中，配合智能手机的使用，可以在任何网络状态下，通过应用程序匹配刷卡消费，使消费者、商家可以在任何地方进行付款和收款，并保存相应的消费信息，通过将智能手机、平板等设备转变为收款终端，在很大程度上降低刷卡消费支付的技术和硬件要求。在美国，商家要申请使用 POS 机程序非常繁琐，并且花费很大，一些小商户申请成本很高，因此 Square 面世不久便依靠其低廉简易的支付硬件设备，加上低廉的手续费，迅速占领了美国市场。2012 年，Square 接受了来自星巴克的 2500 万美元的投资，成为借记卡和信用卡支付的独家代理商。随后 Square 不断进行业务扩张，相继推出了 Square Register(同步实体店销售信息)、Square Stand(iPad 销售系统)、Square Cash(电子邮件汇款)、Square Market(帮助卖家建立在线支付功能店铺)、Square Order(订餐及在线支付)、Square Capital(金融服务)等品牌产品。在进行业务扩张的同时，Square 也积极进行全球扩张。除美国之外，公司已在加拿大、日本、澳大利亚、英国、爱尔兰开展办事处，成功布局四大洲。①

表 4.6　　　　　　　　　　**Square 公司发展事件表**②

时间	事件
2009.02	Jack Dorsey 与 James Morgan McKelvey 共同创立 Square
2009.12	首次推出网站 squareup.com. 旗舰产品 Square Reader 上线
2011.05	发布 Square Case（后更名为 Square Wallet）和 Square Register
2013.05	推出 Square Stand，将 Apple iPad 变成更完整的销售点系统；发布 Square Cash
2013.06	Square Market 上线，允许卖家在平台上建立具有在线支付功能的商铺
2014.05	Square Order 运营，人们可以从附近的餐馆订餐并在线支付。推出 Square Capital，为使用 Square 的商户提供商业融资
2014.08	收购 Caviar，为高端餐厅提供食品配送服务
2018.04	宣布将收购网络服务商 Weebly

---

　　① Tenbagger 专题研究系列(1)-深度剖析美国第三方支付公司 Square 后，我们看到了什么？.［2021.5.20 检索］. https：//max.book118.com/html/2019/0411/5304244142002024.shtm.

　　② Square，Inc.［2021.5.21 检索］. https：//en.wikipedia.org/wiki/Square_Inc.

时间	事 件
2018.07	eBay 与 Square 达成新的伙伴关系
截至 2019.05	已收购人工智能初创公司 Eloquent Labs
截至 2020.02	已收购深度学习公司 Dessa
2020.11	收购免费的自助报税服务平台 Credit Karma Tax，并将使其成为 Cash App 部门的一部分
2021.03	收购音乐流媒体平台 TIDAL 的大部分股份

Square 和拉卡拉在商业模式、商业路径上非常相似：两家公司都是为中小微商户提供增值服务；都是在满足不同业态下商户收款需求的同时，不断为其日常经营提供理财、保险、广告营销、新零售等全维度服务。因此，拉卡拉也被称为是"中国版的 Square"。

二、美国 Square 公司发展阶段

Square 的发展历程大体上可以分为三个阶段：

(一)成立初期

Square 的主要用户群体是缺乏支付设备的中小微商户，其通过推出磁条读卡器、芯片读卡器等硬件产品将智能手机、平板等设备转变为收款终端，解决智能支付问题。例如 2009 年 12 月推出的 Square Reader，以及 2013 年 5 月推出的可以将 iPad 变成更完整的销售点系统的 Square Stand。

(二)业务扩张阶段

Square 在提供支付终端的基础上，也通过"软硬结合"的方式聚焦垂直市场，在个人支付、商家借贷、餐饮配送三大领域衍生出增值服务。例如 2013 年发布的 Square Cash 实现了个人对个人支付，允许人们通过电子邮件向朋友汇款、储存和支付个人花费；2014 年推出的 Square Capital 能够为

商家提供借贷、商业融资等金融服务；2014 年收购 Caviar 并提供餐饮食品配送服务。

（三）赋能商户阶段

Square 通过 Point of Sale 软件帮助商家实现智慧经营：提供有关销售的实时信息；允许商家跟踪销售；将为商家提供针对性的营销广告等。① 通过构建一个完整的用户服务生态系，Square 帮助商家管理整个商业周期。

三、Square 与拉卡拉的业务对比

表 4.7　　　　　　　　　　拉卡拉与 Square 的业务对比

业务	拉卡拉	Square
企业收单	POS 收单	POS 收单
个人支付	便民自助银行服务、便民缴费	Square Cash，现金应用程序
产品销售	电商业务，线上+线下模式	Square Appointments，Caviar
软件与开发者平台		Square Point of Sale，Square Payroll，Build with Square
金融服务	信贷业务，征信业务	Square Capital

（一）企业收单

拉卡拉和 Square 在成立初期的发展战略都是以"为中小商户提供便捷的收单服务业务"为中心，通过自主研发各种硬件，例如 Square 公司的 Square Reader、Square Register、Square Stand、Square Terminal；拉卡拉公

① Tenbagger 专题研究系列（1）-深度剖析美国第三方支付公司 Square 后，我们看到了什么？.［2021.5.20 检索］. https：//max. book118. com/html/2019/0411/530424414 2002024. shtm.

司的手机收款宝、智能 POS 终端等，致力于满足不同业态下商户的收单服务。

(二)个人支付

拉卡拉的便民支付服务是通过在社区商铺中安装拉卡拉终端，为个人 C 端提供自助银行类服务，并且通过整合各地的公共事业提供便民缴费服务。而 Square 的个人支付业务主要依托于 Square Cash 平台，通过提供对金融系统的访问权限，实现个人对个人之间的支付和转账。此外，Square 还添加了现金应用程序，开通了比特币业务，实现了 P2P 付款。

(三)产品销售

两家公司都建立了相同的销售方式，即线上线下联动，但分别采用了不同的经营模式：

拉卡拉更类似社区电商，因为其有线下实体店铺。拉卡拉通过为传统小店提供一个 APP、一个线上平台以及拉卡拉的平台使其能够走进电商领域，帮助其克服了成本高、效率低、信息不对称的劣势。例如"拉卡拉小店"，"社区商城"打通了小店与供货商之间的供应链，以及"身边的小店 APP"类似于社区版的淘宝。

而 Square 则推出 Square Appointments 应用程序，服务、零售和食品相关行业的商家可以创建一个从预订到付款的无缝体验模式，而且该软件还有基于搜索的用户界面和快速条码扫描，使销售商能够更好地了解客户的习惯，提供更加个性化的服务。除此之外，Square 还推出食品订购平台 Caviar，功能类似于中国的美团外卖，可以帮助卖家运营提供差异化服务的餐馆，为客户提供外带和外卖的服务，商家无须支付额外的管理费、手续费即可提高销售额并增加其收入。

(四)软件与开发者平台

这是两家公司的最大不同之处：

拉卡拉在赋能商户的软件以及自定义平台的研发方面成果还较少，更多的还是聚焦在支付领域。反观 Square 通过"软硬结合"的模式，在自主研发硬件的同时还研发软件，其硬件、软件和付款处理是一体化的。以下将具体介绍 Square 的发展模式。

在硬件方面，支付和 POS 服务都是通过 Square 的硬件实现的，包括接受付款、简化操作和分析业务信息，主要有 Square Reader、Square Register、Square Stand、Square Terminal。这些设备通过软硬件结合，将移动设备变成功能强大的 POS 解决方案。硬件业务是 Square 支付业务拓展的重要基础，但其主要是为软件提供配套支持。

在软件方面，Square 形成了多种软件协同管理的模式，向商家提供一个开放式的平台，帮助商家实现智慧经营。例如 Square Point of Sale，Square 的 POS 软件，提供云端报告和分析工具，能够为商家提供有关销售的实时信息、客户和员工的数据。Square 的软件服务还提供其他的高级功能，如位置和员工管理、自定义员工权限、创建员工考勤卡等，使得商家快速成长；通过将客户和交易数据与 POS 相关联，允许商家按地点、设备或员工跟踪销售，并提供有针对性的广告。Build with Square 是 Square 的开发人员平台，允许商家及其开发人员进行自定义商务解决方案的搭建，帮助其更有效地、更有针对性地管理产品销售，例如实时进行价格的调整，建立库存和在线销售的连接等，而且卖家可以通过这个自定义的平台将 Square 与其他第三方应用程序整合，汇总他们的所有业务数据。

（五）金融服务

拉卡拉的金融业务主要包括两个方面：一个是贷款，即向商户和个人提供贷款。对个人用户提供的主要产品是"替你还"，个人用户可以申请拉卡拉代为偿还，同时选择还款期限，并根据支付相应的利息。这个业务通过整合客户的交易数据来分析客户的诚信度进行客户的筛选，所以逾期率、不良率较低，收益率较好。针对企业拉卡拉推出的产品是"POS 贷"，即根据每月 POS 的流水评估企业的信用从而为企业提供不同数量的贷款；

另一方面是投资，提供类似支付宝余额宝功能的在线理财产品。同时，通过收集、反馈和整合线下的便利店、商户以及移动支付的海量数据开展征信业务——"考拉征信"，而事实上，征信业务最终的目的还是服务于其信贷业务，可以说拉卡拉在金融服务方面提供的是更全面、类似于闭环的业务。

Square 公司与金融相关的服务包括：购买库存或设备、扩张财务金融业务、进军国际市场。在个人金融业务方面 Square 主推的就是 Square Cash，其功能主要在于个人对个人的支付和转账业务。Cash App 通过提供对金融系统的访问权限，允许客户通过电子方式发送、存储和支付个人花费。企业可以使用现金应用程序接受客户付款，同时使客户能够发送和跟踪 P2P 付款，并将存储的资金存入其银行账户。客户收到直接存款或金融机构的付款后可以使用 Visa 借记卡进行购物、或在 ATM 上取款。同时个人也可以用存储的资金购买和销售比特币。[1] 但是 Square 尚未涉猎个人的信贷或征信业务。公司对商家推出的产品是 Square Capital，通过与银行合作，并基于公司积累的用户付款和 POS 流水数据向合格的商家提供贷款，避免了冗长的贷款申请流程的同时也加强了风险管理。此外，Square 也推出了分期付款业务，为商户销售商品提供了更大的可能性。总体来看，Square 在金融服务上更加注重 To B 的业务拓展。

四、Square 与拉卡拉发展模式对比

可见，拉卡拉和 Square 的商业模式以及商业路径非常相似，并都以商户服务作为其核心价值，初期为中小商户提供便捷收单服务，积累并达到一定商户规模之后，开始为商户提供更多的增值服务，解决其更多方面的需求，增加商户的黏性，但二者的商业生态却不同。

---

[1]　Tenbagger 专题研究系列(1)-深度剖析美国第三方支付公司 Square 后，我们看到了什么？. [2021. 5. 20 检索]. https：//max. book118. com/html/2019/0411/53042441 42002024. shtm.

(一)Square 公司——趋于横向的综合化平台发展

2019 年 Square 总营业收入为 4714 百万美元。截至 2019 年第四季度，Square 的业务收入分为四大板块，分别是交易收入板块、订阅和服务收入板块、硬件收入板块，其中订阅和服务收入占总收入的比重则从 2015 年一季度的 3%上升至 2019 年四季度的 21%，订阅和服务正在成为 Square 越来越重要的收入来源，也是其重点发展的业务。[①] 2020 年 Square 营业收入共计 9498 百万美元，相比上一年增长 101.5%。截至 2021 年 3 月，Square 第一季度的销售额飙升了 266%。可以看出，新冠肺炎疫情为 Square 提供了在线服务红利。受疫情影响，美国民众都不太愿意去银行交易，在这特殊时期下不少用户会选择线上支付平台解决了他们这一需求。同时很多原来没有银行账号的人，会为了领取美国政府的失业救济金而主动去 Square Cash 开账户。在这两个因素的利好下，这大大地促进了 Square 在全美的渗透率。

Square 公司从支付业务起家，通过向商家提供自主研发的软件和实惠的硬件，帮助其能够实现个性化的支付解决方案，并为商家提供结算、分析报告、数字收据、员工管理等多元化的增值业务，提供一个综合性、全方位的托管支付服务，并通过软硬结合的模式赋能商户，帮助商家管理整个支付生命周期，构建一个完善的用户服务生态系统，打造一个商业的闭环；并利用其在发展支付业务时积累的商业资源，打造一个"向心"的商业生态系统，在全产业链布局打造金融生态。可以说其商业生态是以支付为中心，向外辐射搭建产品服务生态系统——趋于横向的综合化平台发展。

但 Square 公司营收主要来源于支付服务的服务费用(费率为 2.75%)，并且对每笔支付需要向发卡机构支付一定费用(费用为 1.9%)，因此毛利率是较为有限的。在业务扩张阶段，公司费用支出逐渐增长，因此难以实

---

① 异曲同工的中美支付标杆，Square 与拉卡拉的逆势增长之谜.［检索时间：2020 年 6 月 11 日］. http：//finance. sina. com. cn/roll/2020-05-27/doc-iircuyvi5333278. shtml.

现盈利，毛利率多靠订阅服务和资本服务来带动扩张，而且随着电子支付日益便捷，获取中小型商户的难度日益增大，多是依靠大公司大客户来拉动，业务发展面临天花板。

(二)拉卡拉公司——趋于纵深的垂直化发展

拉卡拉相继推出智能 POS、智能收银台、收钱宝盒、超级收款宝等多样化智能终端，全面满足不同业态下的商户收款需求，2020 年拉卡拉的营业收入增长达 13.43%，一部分原因可以归因于最初为 C 端提供便民支付业务的时候积累了一定的品牌效应和长足客户群，在规模效应和商户粘性上的壁垒较为坚固，但是拉卡拉公司"内生式+外延式发展"的动力不足，公司除支付业务外的自主研发的业务还不成熟，对中小微企业的多元化布局不够深入，这也是 2020 年拉卡拉战略布局产业互联网，推进业务转云和产品 SaaS 部署的原因。可以说拉卡拉其商业生态是以收单业务为核心，深入核心业务——趋于纵深的垂直化发展。

第五节 未来展望与思考

一、行业发展趋势

(一)金融科技推动行业发展①

第三方支付行业一直走在金融科技创新的最前列，其本质是通过支付媒介的转变从而链接更多的支付场景，但并未触及支付基础设施建设。支付清算系统存在协作效率低、风控力差、监管难等问题。随着云计算、区块链等金融科技技术的广泛应用，支付清算系统将会从协作模式、风控、

---

① 艾瑞咨询：2020 年中国第三方支付行业研究报告. [2021. 5. 21 检索]. http://www. 199it. com/archives/1031348. html.

应用场景及监管等多方面进行重建。未来几年，支付业务里金融科技的投入将逐渐增加，新一代支付清算系统将会在提高效率及风控和监管效果的基础上链接更多的贸易与应用场景，"支付新基建"也将随着技术的不断投入而越发成熟。

表4.8　　　　　　"支付新基建"下的支付清结算系统升级

"支付新基建"下的支付清结算系统升级	
业务协作模式	区块链等金融科技将重塑传统支付清结算系统，分布式协作模式将替换传统的"流水线模式"，特别是在跨境支付业务中，分布式清结算机制将提高工作效率
支付风控	基于分布式协作网络，嵌入智能风控系统，通过对可疑交易的审查，进行风险预判，继而通过可追溯系统特性，监控可疑交易流向并做出冻结交易等相应措施
支付场景	新一代支付系统将适配物联网下的诸多应用场景，在"5G+"的加持下，保证各类终端场景下的支付效率
支付监管	监管将协同支付清结算升级，通过智能审查体系，可对反洗钱等场景会实现更为有力的监管，降低人工成本，提升效率

（二）监管体系造就市场多样性①

在支付领域，监管机构由之前的宽松到现在的愈发严格，推动了对支付机构的进一步筛选。未来收单市场将逐渐体现整合性。与此相对，监管机构对区块链、云技术等新兴技术的支持态度又造就了未来增值服务市场的多样性。在监管政策的引导下，整体企业服务市场将呈现差异化的发展趋势，最终促使整体市场结构更加合理规范。

---

①　易观分析：中国第三方支付行业企业服务市场数字化专题分析 2020. ［2021. 5. 21 检索］. https：//www. analysys. cn/article/detail/20019633.

表4.9　　　　　　整体企业服务市场多样性的具体表现

整体企业服务市场多样性的具体表现		
收单服务市场	2017年以后，监管政策日趋严格，并根据支付机构的经营能力、技术能力等方面，不断撤除不合格机构，促使收单市场逐渐集中。同时，留存的支付机构提供的收单服务愈发精细化	收单服务市场集中
增值服务市场	鉴于监管机构对新兴技术持支持的态度。第三方支付机构可在传统支付手段的基础上，融合新兴科技，提供各种增值性服务。各支付机构凭借差异化的企业服务能力，促使B端企业服务市场呈现百花齐放的局面	增值服务市场分散

(三)疫情将加速行业数字化进程[①]

受新冠肺炎疫情影响，消费者只能通过线上渠道消费，许多企业的线下获客渠道被阻隔。而疫情爆发前已经完成"线上+线下"布局的商户较少，因此大量商户在疫情期间依托产业支付服务商进行数字化升级，进一步完善智能支付业务、线上融资业务、数字化营销业务、数字化管理业务，加速构建线上云店铺。在未来几年中，商户的数字化升级进程将进一步加快，布局"支付+"产业支付服务商将快速发展。

二、拉卡拉的未来发展方向

拉卡拉应借助自身在支付服务领域的市场经验和已构建的核心业务服务系统，向高效的多元化平台发展和横向的综合化平台发展。高效的多元化推广方式指挖掘核心支付业务，扩大商户规模。拉卡拉在服务众多中小微商户的基础上，可以拓展大型商户和行业客户，提升商户质量，同时也可以通过兼并收购的形式吸纳更多业内优质企业。横向的综合化平台指在

---

① 艾瑞咨询：2020年中国第三方支付行业研究报告．[2021.5.21检索]．http：//www．199it．com/archives/1031348．html．

支付业务的基础上，围绕商户自身的核心业务需求，将服务延伸至商户经营的各个流程中，以建立平台化共生生态系统。在横向的综合化平台发展模式下，拉卡拉将服务从"帮助中国实体小微企业收单"扩展到"帮助中国实体小微企业做生意"，充分运用支付业务产生的资金流、信息流和大数据，实现个人、商户企业、生产企业、金融机构间的服务连接，以及商户企业和生产企业间的商品供销连接。①

---

①　招商证券研究报告：拉卡拉：第三方支付领军企业．[2021.5.21 检索]．https：//max. book118. com/html/2019/0614/6213001055002040. shtm.

第五章 中外移动支付发展现状及未来创新发展模式探讨

第一节 移动支付存在的问题及面临的挑战

一、移动支付存在的问题

第一，通信网络分布不均匀、发展不充分的问题。移动支付主要的基本科技工具是通信网络，而通信网络建设存在城乡资源分配不平衡、地域分布不均匀的情况。作为基础技术支撑的通信网络的发展问题是移动支付长远发展面临的主要问题。

第二，支付安全与风险防范问题，亟须健全联防联控体系。自从移动支付产生发展以来，有关支付安全的问题层出不穷，严重影响了社会治安，威胁了我国公民的财产权。根据猎网平台发布的有效举报，2020 年新型冠状病毒肺炎疫情期间（2020 年 1 月 24 日至 2021 年 3 月 13 日）3243 例诈骗与 2019 年同期的 2200 例相比，上升了 47%。[①] 同时，"00 后"被骗者由 2014 年的 0.7% 上升到现在的 15.8%，2015 年至 2020 年的年复合增长率为 87.0%，增势迅猛。这显示的一是被骗总人数日趋增加；二是年龄日趋降低。由此反映出互联网带动移动支付发展迅猛，并且网络诈骗已成为

---

① 新冠肺炎疫情期间网络诈骗趋势研究报告 .［2020. 06. 02 检索］. http：//tech. china. com. cn/roll/20200324/364477. shtml.

诈骗犯罪的主要手段。

第三，移动支付行业法律规范与行业准则体系建设水平有待提高。即使中国在移动支付领域拥有该方面的法规与行业规范，但是实际操作中仍面临着许多方面的困难，针对具体问题的解决方案不周全、监督与管理的力度不足等问题依然存在。

第四，移动支付在数据与信息的管控方面需要加强。互联网高度发达的时代，移动端高度普及，人们对信息安全问题的关注度自然变高。然而移动支付存在漏洞，这会使得该领域的服务诚信度下降，还会造成用户体验感差、对相关业务不信任等严重后果。同时，互联网大数据时代，数据造假及数据统计不准确问题频频发生，会导致真实数据与统计上报数据有出入的现象发生，而借鉴引用该错误数据的工作则会造成信息不对称的严重后果。

第五，小微商户的管理问题。在条码支付和聚合支付业务开展中，小微、个体商户在实际操作中普遍采用"一证"入网方式，这一方式与现行管理制度不符，应该通过综合考虑支付安全性和监管政策灵活性，研究明确小微商户管理的要求和规范。

第六，移动支付业务交易信息规范问题。国家对于金融机构在客户信息、交易记录等方面的信息保存、管理和服务提供方面都是有严格规定的。2017 年，央行在该领域发表相关规范文件之后，金融机构在交易信息准确化方面的水平有了明显上升，但是依旧会发生信息上报错误的事情，我国支付信息交换标准化方面的进程仍待进一步推动。

第七，用户从外部渠道验证身份的方式缺乏。在金融机构在组织进行用户实名化更新的操作中，会产生外部验证渠道无法有效跟上进度的问题，单单凭借金融公司自身的微薄之力去发展更多的外部验证渠道是很不现实的。

第八，客户端下载与定制终端成本问题。以手机为载体进行移动支付，借助通信网络这一技术手段，需要通过安装客户端软件，或使用特定的支持 NFC 技术的终端，而这一系列操作要求使用者克服知识壁垒和手机更换成本。若服务不免费，移动支付对用户的吸引度将大大降低。

二、移动支付面临的主要挑战

首先，是技术更新换代的挑战。近年来各大高科技研发中心都在致力于开发出更智能的佩戴机器，而新研发的产品会在旧机器的基础上增加新的功能，既能满足原始用户的需求，又能吸引大量新型用户的注意力，这就给移动支付的载体手机带来了巨大威胁。[①]

其次，交易资金流向监管难度大的挑战。第三方支付加入后带来的业态变化，也给监管带来了新的挑战。针对移动支付领域的创新可能带来的一些行业乱象，监管部门已经有所关注和行动。下一步，将不断完善监管规则，升级监管手段，其中，规范创新、严控交叉金融风险等将是下一步严监管的重点。[②]

此外，来自数字货币的挑战。央行从 2014 年开始就在研究数字货币，[③] 也正在内测研发一款新的数字货币的 App，[④] 不但具备移动支付功能(支付、股票、基金、汇款等)，并且取消手续费。因其较老牌移动支付平台微信和支付宝相比，在品牌、技术、资本方面都有一定的优势，给传统移动支付平台带来巨大冲击。2021 年 3 月末，广义货币(M2)余额 227.65 万亿元，流通中货币(M0)余额 8.65 万亿元，[⑤] 由国家"印钞"的数量现已下降至不到 5%，现金比重的下降和基于区块链的算法货币的上升，

---

① 尹志超，公雪，郭沛瑶(2019). 移动支付对创业的影响——来自中国家庭金融调查的微观证据. 中国工业经济，3：119-137.

② 徐渊，王艳(2014). 移动互联网金融：产生条件、发展趋势及面临的挑战. 南方金融，3：31-34.

③ 财经观察："央行数字货币"破茧还有多久. [2021.04.20 检索]. http：//www. xinhuanet. com/fortune/2019-12/18/c_1125360605. htm? baike.

④ 知情者：央行有一款名为"数字货币"的 App 四大行各有测试版本. [2021.04.20 检索]. https：//baijiahao. baidu. com/s? id = 1677324997753465717&wfr = spider&for = pc.

⑤ 央行：3 月末广义货币余额 227.65 万亿元 同比增长 9.4%. [2021.04.20 检索]. https：//baijiahao. baidu. com/s? id = 1696850537261638671&wfr = spider&for = pc.

已是大势所趋。

第二节　中外移动支付平台的商业模式对比分析

为了更好地进行商业模式对比分析，本节选择了代表性较强的支付宝和 Apple Pay 作为案例。支付宝是国内移动支付的最具代表性的平台，同时具备收款支付、朋友转账、查询快递信息等功能，与日常生活息息相关、紧密结合。而 Apple Pay 是苹果公司开发的手机支付功能，2014 年在美国发布，2016 年其业务在国内上线，2017 年其支持了好友转账，2018年更新了北京与上海公交卡的功能，Apple Pay 网页支付技术也进入了中国,[1] 结合中国特色发展自己。

本节将分别从技术支持、发展背景、盈利模式以及面对挑战四个不同方面切入，简析这两个大型移动支付平台的不同之处。

一、技术支持

支付宝支持多种支付方式，其主要的支付途径是利用二维码进行扫码支付，它的本质是一个具备信誉保障的独立第三方支付平台，通过与银联或网联对接而促成交易双方进行交易。除了二维码支付，支付宝支持的其他支付方式有：(1)网页快捷支付，通过支付宝与银行的合作，保障支付的高效与安全；(2)声波支付，在支持声波支付的机器前，选择支付宝中的当面付即可完成支付；(3)NFC 支付，在支付宝界面将公交卡放置在手机的 NFC 芯片处，即可查询余额并充值；(4)刷脸支付，在支持刷脸支付的机器前完成人脸识别即可完成付款，无需使用手机，

而 Apple Pay 则主要依赖于近场通讯技术(NFC)的支持，在 IPhone 录入银行卡信息后，用户线下支付时只需靠近 POS 机按下指纹或使用面容即

---

[1]　Apple Pay 百度百科．［2021.04.21 检索］．https：//baike.baidu.com/item/Apple%20Pay.

可，实质上 Apple Pay 是将手机当做银行卡刷，可以将其视作一种电子卡包。关于近场通讯技术，其是在非接触式射频识别（RFID）技术的基础上，结合无线互连技术研发而成，使用了 NFC 技术的设备（例如移动电话）可以在彼此靠近的情况下进行数据交换，应用广泛，在移动支付、门禁、防伪、身份识别、电子票务领域都有应用。① NFC 技术对移动设备具有一定的要求，需要相应的移动设备具备 NFC 芯片，NFC 的推广对终端设备也有一定的需求，但部分地区相关设备的建设还存在一定的困难。

二、发展背景

支付宝和 Apple Pay 诞生和发展的背景其实有很大区别，这是由不同国情决定的。

第一，国内电子商务的兴起是支付宝诞生的一大背景。2003 年淘宝网首次推出支付宝服务，② 从而保障在淘宝网进行交易的买卖双方资金安全，确保交易正常进行。第二，中国人口众多，移动支付市场潜力巨大，推动普惠金融发展乃大势所趋。第三，人们日常消费活动习惯使用现金交易，信用卡的普及率不高，信用卡的用卡环境不成熟。第四，国内互联网金融监管环境较为宽松：直至 2017 年底，人民银行才印发《条码支付业务规范（试行）》，对第三方支付平台的条码支付业务做出相关规定，加大对第三方支付平台的监督管理。其中提到，当条码支付业务涉及跨行交易时，需要通过人民银行跨行清算系统或者具备合法资质的清算机构处理。③ 此外，作为监管机构的中国人民银行主要负责审核第三方支付企业的资质，决定其是否可以获批牌照，而对于后续的线上交易缺乏实际监管。④ 在这样的

---

① 近场通讯百度百科 . [2021. 04. 21 检索]. https：//baike. baidu. com/item/近场通信.
② 支付宝百度百科 . [2021. 04. 21 检索]. https：//baike. baidu. com/item/支付宝.
③ 薛淞（2018）. 探究近几年我国第三方支付的发展与监管 . 时代金融，15：237-238.
④ 桂毅茜（2017）. 中美第三方移动支付发展现状研究 . 管理观察，30：159-160.

环境下，得益于扫码支付的便捷性，支付宝很快占领大量市场，也使得通过智能手机进行消费的方式成为中国社会一大主流消费方式。

Apple Pay 的诞生相对较晚，发布于 2014 年的苹果秋季发布会。① 此时美国的信用卡体系早已发展成型，非常成熟完善，用户缺乏动力改变原有的消费支付习惯。面对极度依赖信用卡的美国消费者，苹果的创新空间较为有限。② 此外，美国对于第三方支付平台的监管较为严格。美国监管者认为第三方支付平台不是传统的银行类存款机构，它们一般被界定为货币转移服务商，应该遵守货币转移服务商相关法律制度，并受到各州货币监管者的监管；美国虽然没有在联邦层面立法对货币转移服务商进行立法，但是绝大多数洲进行了立法对其进行监督与管理；美国的存款保险法律制度也可以保护用户的资金安全；美国支付领域还有保护消费者的反欺诈法律制度，体现为《电子资金转移法》(Electronic Fund Transfer Act，EFTA) 及其实施细则 E 条例(以下简称"EFTA/E")、《借贷真实法》(Truth in Lending Act) 及其实施细则 Z 条例(以下简称"TILA/Z")，整体而言用户的权益受到了较好的保护。③ 因此，Apple Pay 最终也没有尝试搭建新的第三方支付平台，而是止步于电子卡包。

三、盈利模式

支付宝和 Apple Pay 截然不同的诞生背景在一定程度上影响了他们的盈利模式。

首先作为第三方支付平台，支付宝直接与银行达成一定协议，所缴纳的手续费由商家和支付宝中的单方或双方共同承担；第二，支付宝搭建起

---

① 2014 苹果秋季新品发布会百度百科. [2021.04.21 检索]. https：//baike.baidu.com/item/2014 苹果秋季新品发布会.

② 腾讯科技(2015). 中美移动支付 PK 美国完败信用卡阻碍美移动支付发展. 金卡工程，11：31-33.

③ 美国如何监管第三方支付机构. [2021.04.22 检索]. https：//www.finlaw.pku.edu.cn/hlwjryfl/gk_hljryfl/2014_jrfy_20181029112703389884/zdbq10y/239964.htm.

一个完整的阿里生态链，生态模式较多，结合了线上零售和线下服务保障。例如，当用户使用支付宝在淘宝、天猫平台下单购买后，快递信息将在菜鸟裹裹中显示，并有很大一部分快递通过菜鸟驿站进行投递。如此一来，阿里以其灵活多样的合作模式，提升用户粘性，绑定了大量的个人扫码客户。第三，除了作为保障交易资金安全的第三方平台，支付宝也通过提供线上理财服务(例如余额宝等)吸纳了大量资金。

Apple Pay 实质上是将手机当做信用卡刷，所以它与传统意义上的刷卡支付并没有本质区别。根据可以查询到的公开资料，苹果公司可以通过以下方式获利：(1)在 App Store 购买需要付费的应用或在 App Store 下载应用后在 App 中通过 Apple Pay 支付购买相应的资源，苹果公司可以获得 30% 的抽成；(2)Apple Pay 在美国向每笔信用卡交易抽成 0.15%，同时向银行抽成 1%；在澳大利亚，Apple Pay 对每笔交易抽成 0.15%，向银行抽成 0.5%；[①] (3)在 Apple pay 个人转账过程中如果使用的是信用卡需要额外支付 3% 的手续费。[②] 此外，作为一家硬件公司，苹果意图通过结合支付服务与硬件产品的方式，提升用户粘性，最终促进产品销售。

四、面临挑战

在互联网时代，支付宝和 Apple Pay 面临的一些挑战是共通的，如何更好地保护用户隐私、提升交易的安全性、保障支付的稳定性、提高软件的便捷度都是他们面临的问题。但是就二者的特殊情形而言，支付宝的发展会面对来自国内微信支付、银联闪付的激烈竞争，中国人民银行政策调整带来的挑战，支付宝国际化进程也会受到 Paypal 的制约。

而 Apple Pay 面对的最大挑战是用户数量不足，这是它高昂的硬件要求所导致的。Apple Pay 只支持 iPhone 6、Apple Watch、iPad Air 2、iPad

---

① 　Apple Pay 入华如何赚钱　费用抽成实已让步 . [2021.04.22 检索]. http：//www. techweb. com. cn/digitallife/2016-02-22/2282179. shtml.

② 　不止打赏抽成 30% Apple Pay 信用卡转账也要 3% 手续费 . [2021.04.22 检索]. http：//finance. sina. com. cn/stock/usstock/c/2017-06-11/doc-ifyfzhac1221605. shtml.

mini 3 及以上机型，且系统版本需更新至 iOS 9.2 以上，Watch OS 2.1 以上，这无疑是给 Apple Pay 的使用者设置了一道门槛，只有购买较新款的硬件产品，才有资格使用 Apple Pay。第二，Apple Pay 所依赖的核心技术 NFC 普及度较低，手机制造商、运营商、金融机构以及线下商户的利益难以协调一致。线下商家不愿承担升级收银系统的成本，手机制造商也缺乏足够动力安装昂贵的 NFC 芯片。第三，仅就 Apple Pay 在中国大陆的发展而言，尽管它和银联闪付达成合作，但是目前与其达成合作的银行数量仅有 126 家，① 刷公交卡功能仅支持 14 种公交卡，② 线上支持 Apple Pay 网页支付的商家却依然不多，根据其官网数据，仅 35 家③。

　　以上就是对中外规模较大、热度较高的两个移动支付平台所做出的对比分析。总体而言，支付宝在中国以及亚太地区、Apple Pay 在欧美地区的发展态势良好，未来仍有广阔的发展空间。在国际化进程中，二者都会结合相应地区的特殊情况将自身努力本土化，但是支付宝在这一方面较 Apple Pay 做得更好一些。

第三节　移动支付+公共服务

一、公共领域的移动支付现状

　　普华永道 2019 年对全球消费者洞察力的调查显示，④ 移动支付在各个

---

① 亚太地区参加 Apple Pay 计划的银行和发卡机构.［2021.04.24 检索］. https：//support. apple. com/zh-cn/HT206638

② Apple Pay 公交.［2021.04.24 检索］. https：//www. apple. com. cn/apple-pay/transit/.

③ Apple Pay 适用范围.［2021.04.24 检索］. https：//www. apple. com. cn/apple-pay/where-to-use/.

④ 《全球消费者洞察调研 2019》中国报告.［2021.04.25 检索］. https：//www. pwccn. com/zh/industries/retail-and-consumer/publications/global-consumer-insights-survey-china-report—2019. html.

公共领域都有了卓越的发展，中国移动支付普及度达86%，相比亚洲其他地区在各类商业消费领域都有全面的覆盖。但是移动支付指数在全国排名前三十的大部分城市，其政务民生的移动支付指数显著低于商业消费的移动支付指数①。

这表明，移动支付在公共交通、卫生、政务等公共服务领域覆盖范围还不够大，这种现象的产生是多方面的因素共同造成的。

首先，在公共领域发展移动支付具有跨地区、跨部门、跨层级的要求。发展移动支付不仅需要规范收款方和付款方，还需要协调这中间涉及的各个参与对象。

其次，在公共领域发展移动支付还存在各种各样的困难和挑战。第一，移动支付是一块巨大的市场蛋糕，有较大的的融资需求，消费者参与进来后会产生巨大的市场利益，因此需要平衡各个利益代表之间的分歧。第二，在大数据的背景下，发展移动支付势必涉及数据的共享问题，一方面，只有实现数据的全方位共享，才能够加快工作效率，使移动支付更好地服务于公共民生，另一方面这些数据包括收入等公民隐私数据，也包括社保等政府涉密数据，"能否共享、如何共享、共享什么"都是建设过程中需要考虑的问题。第三，我国移动支付的技术建设较为领先，各类科技公司都率先推出最新技术提高移动支付的便捷程度，但政府的信息化建设是滞后的，尤其是在法律制度层面还未跟上，存在顶层设计不够完善、信息资源共享不足、标准规范缺失的问题，这使得参与者的切身利益不能够得到保证，也给政府基层发展移动支付带来一定的障碍。第四，移动支付是在线的，它需要相匹配的终端环境，在部分乡镇地区，还尚未实现终端环境和基础设备的配套，给当地用户移动支付带来困难。

要想在公共领域发展移动支付，基于上述面临的困境，需要采取相对应的措施。这当中包括近场支付的推广、产业链的合作和支付终端识别技

---

① 国家信息中心：2019 中国移动支付发展报告 .［2021.04.25 检索］. http：//www. 199it. com/archives/953247. html.

术创新。移动支付是一套复杂的流程，产业链的合作是势在必行的，否则当中的各个环节均采取具有单体特色的服务，会给公众使用带来巨大的困难，也会耗费一定不必要的经济成本。另外也要注重终端设备的识别技术创新，这不仅仅为了实现设备的配套，也是为了保证大数据环境下的支付安全，其中要着重注意生物识别技术的创新。

在这样的大背景下，"实现移动支付产业链共赢局面，打通数据和资源共享"这一目标如何实现。本节将从公共交通和大型医院两个方面进行论述和介绍。

二、移动支付+公共交通

公共交通具有运量大、普及度广的优点，在公共交通领域推进移动支付不仅具有巨大的经济效益，也能够提高社会生活的便捷程度。在新冠肺炎疫情期间，使用公共交通出行时采取移动支付方式也可以减少对纸币的反复接触，对于降低新冠病毒传播的可能性大有裨益。但公共交通领域的移动支付发展仍较为滞后和不平衡，这主要是以下三方面造成的：

第一，我国的公共交通管理体制具有明显的区域划分性质，即便是同个县域内也存在多个公共交通公司。这些公共交通公司尽管在相关的制度和线路上有些冗余，但具有一定的历史渊源，发展时间较长，形成了各具特色的管理体制。发展移动支付需要整合它们的收费模式和管理体制，而这对于政府相关部门来说是一项巨大的工作。

第二，公共交通具有稳定的收益。如果在公共交通领域推广移动支付，需要对各个利益代表进行整合，这势必会导致利益的分割，同时也会使得客户资源逐渐被分散，这是公共交通公司不愿意看到的。公共交通领域涉及公交集团代表、城市道路建设代表、基础设备代表、政府代表，需要对其利益做好平衡。

第三，公共交通工具是移动的，其并不是固定的支付场所。如果移动支付仅通过数据网络进行远场支付，会因为信号的不稳定等问题造成支付和收款的不稳定；而如果通过 NFC 进行现场支付，在部分四线城市和乡镇，相关设备的建设还未跟上。

而我们也应当注意到公共交通领域移动支付也有一定的长处，其主要是通过 NFC 和双离线技术得以实现。

对于 NFC(Near Field Communication)技术，前文已有所介绍，此处不再赘述，Apple Pay 的公交卡功能就是借助其得以实现的。对于双离线技术，这一模式主要针对信号问题加以解决，现阶段主要包括第三方 APP、银联支付和支付宝及微信推出的乘车码。第三方 APP 指除支付平台外的其他 APP，例如北京的"易通行"、上海的"metro 大都会"等等，这些 APP 承担着一定的成本，因此会有较多广告冗余，同时因公司体量较小，在技术方面往往不能跟上，在 APP 功能实现上存在一定的空缺，在操作上经常遇到卡顿的问题，在应用市场上往往评分不高。银联支付通常通过手机闪付和银联二维码实现，相较来说安全性非常高，但稳定性不高，同时对于各个公交公司以及消费者而言存在普及度不够的问题。支付宝和微信推出的乘车码是现阶段普及度较高的方式，浙江省内多个城市均可以通过支付宝乘车码实现畅通无阻的公交乘坐，深圳、广州等城市的微信乘车码普及度也相当高。但应注意，这种普及是具有城市局限性的，对于中西部和部分乡镇结合区域，因地方利益分割局面，引入乘车码成本较大，尚未实现乘车码的普及。

因此，要想实现移动支付在公共交通领域的覆盖，要注重两个融合：第一个是市场、品牌和地域的融合，打造覆盖范围广的支付平台，尽可能杜绝到达一个城市，下载一个 APP 的现象；第二个是兼顾使用者、公交公司、支付平台和政府的融合，让使用者不担心利益受损，公交公司无须分摊其利益，支付平台无须担心客户分流，政府无须担心公信力受损。

三、移动支付+医院

医院如果保持使用诊疗卡而不引进移动支付，主要有需要提前预存金额、查询困难、对相关科室人员有技术要求这三方面的缺陷，实现移动支付的覆盖是必然的。

尽管医院和公共交通一样是复杂、人员流动大的公共场所，但其特殊之处在于场所的多样性。这种多样性主要包括三个方面。首先，医院和政府之间（即医院和社保部门之间）存在多样性，同一城市的政府与当地的不同医院、不同城市的政府与不同城市的医院如何进行对接存在各自的特殊性，尤其是一线城市的大型医院，应该实现与多个城市社保部门之间的对接；其次，不同的医院之间采用不同的收费系统，要注意设计能够实现互通有无的平台实现收费的统一性；再次，医院内不同部门之间也存在对象的多样性，要注重诊疗部门、住院部门、管理部门、药品部门等之间的协调。

基于这样的多样性，医院部门移动支付的覆盖应该从便利用户和实现对账系统的整合两方面考量。要着重解决两个问题，即信息的共享和保护以及服务节点多的问题。医院部门要注重对患者信息的保护，这包括患者的诊疗信息和财务信息，但诊疗信息不能一味地保护，对于转诊等事件还应该注重信息的共享；服务节点多这一问题是显然的，医院部门涉及窗口扫码支付和授权用户支付两种模式，对于窗口支付要考虑收费、退费等问题，对于授权收费要考虑预约、挂号收费、就医反馈等问题。因此在医院内推行移动支付需加强相关平台的建设，研究显示上海等一线城市的医院通过 ESB（Enterprise Service Bus）平台实现对这一目标的实际监管，① 这一平台具有两大优点，即使用标准化协议便于异构系统交互和灵活面对多个对象。在医院引入移动支付系统后，要注重防火墙和网络安全的建设，相关支撑建设也应该跟进。

第四节　移动支付+区块链

在移动支付的发展过程中，与区块链的结合是其发展的一个重要方

---

① 袁骏毅，陈璨（2020）．基于 ESB 的医院统一移动支付平台应用研究．中国医疗设备，35：101-103.

向。目前，已经有 Ripple、Diem、Circle 和 AlipayHK 等应用较广泛的区块链支付平台。下面将详细介绍 AlipayHK 的发展背景、核心技术和主要业务。

一、AlipayHK 发展背景简介

支付宝从 2019 年 6 月开始在香港地区推出可以对区块链技术进行运用的跨境汇款平台 AlipayHK。香港地区的用户可以运用该平台向菲律宾的对接支付平台 Gcash 进行转账。支付宝选择菲律宾作为试点对象是因为菲律宾有很多在境外的务工人员，需要定期将薪酬寄回国内，他们有强大的跨境支付需求，而 AlipayHK 推出的服务正好能够帮助他们解决这一刚需。

根据 AlipayHK 官网公布的数据，香港已经有超过 10 万家商户支持用 AlipayHK 付款，用户总量已超 200 万。① 除了香港地区之外，AlipayHK 还支持用户在粤港澳大湾区的 9 座内地城市直接进行消费，并且无需提前换汇。从 2019 年 7 月 21 日开始，AlipayHK 的移动支付服务支持范围逐步从粤港澳大湾区扩展至全国，区块链落地应用场景也从移动支付开始逐步扩展到其他领域。

在疫情期间，AlipayHK 的交易量不降反升，2020 年上半年交易笔数以及交易金额均较去年同期取得双位数百分比的增幅，而 2020 年 6 月份加入合作的中小型商户数量亦较 2019 年同期升超过 44%。② 2020 年 2 月相比 2019 年 12 月，香港当地居民用 AlipayHK 点外卖，已占当地部分餐馆生意的五成。③ 使用 AlipayHK 不但减少了现金的流动，甚至避免了当面的接触，除了提高了交易的效率与便捷程度，也对于遏制新冠肺炎疫情的蔓

---

① 关于 AlipayHK.［2021.04.26 检索］. http：//www. alipayhk. com/zh/about.

② AlipayHK 交易额疫市录双位数增幅.［检索时间：2021 年 4 月 27 日］. http：// cj. takungpao. com/news/text/2020/0722/199176. html.

③ 大湾区抗疫各显神通：香港人爱用 AlipayHK 点外卖 澳门人用支付宝上淘宝囤货忙.［检索时间：2021 年 4 月 27 日］. http：//news. eastday. com/eastday/13news/auto/news/china/20200318/u7ai9165463. html.

延，保护香港居民的身体健康做出了一定的贡献。

二、AlipayHK 核心技术简介

尽管国内外有多个平台都基于区块链发展了支付业务，但是各个平台使用的技术仍然存在差异。AlipayHK 与其他常见平台的主要差异如下：

（一）采用联盟链，不涉及数字通证

在区块链支付领域运用较为广泛的 Diem 平台推出了稳定的内部通证作为流通媒介，通证的价值需要由多种法币进行支撑，这也是许多平台的常见做法。其他基于加密货币的跨境汇款平台如 Ripple 和 Circle 等，也都使用了现有的或者内部设立的加密货币作为流通媒介。然后，加密货币在应用中对于供给和需求的匹配以及价值涨跌方面并不稳定，经常出现在短期内大幅波动的现象，因此在大规模商用的推广中很容易出现问题。而 AlipayHK 平台并不涉及数字通证，只是通过与各个银行以及其它国家的支付平台进行合作，基于联盟链技术实现跨境汇款。联盟链的使用能够保证数据在交易过程中无法篡改，也能保护用户的数据隐私。

（二）阿里平台优势，交易规模大

阿里在云计算和大数据方面一直拥有技术优势，通过与区块链技术进行互补创新，对接现有系统即可以在 BaaS（Blockchain as a Service）平台上开发新的业务。同时，蚂蚁区块链技术现在可以支持的用户规模已经达到 10 亿人次，处理的交易量每天可达到 10 亿笔，信息处理规模每秒钟可以达到 10 万笔，这些数据也体现出蚂蚁区块链能够支持区块链的大规模的落地应用，相比其它平台在交易规模方面具有优势。①

---

① 蚂蚁金服区块链推出开放联盟链，可处理每秒 10 万笔跨链消息．［检索时间：2020 年 6 月 1 日］．http：//www.itbear.com.cn/html/2020-04/376163.html.

三、传统移动支付与区块链交易对比

对于微信支付和支付宝而言，他们仍然是一个中心处理系统，平台在用户之间承担了中间机构的仲裁功能。同时，平台获得了用户的大量数据，但数据并不公开，也不会与用户共享，而且这些平台的支付范围仅限于平台内部。而对于基于区块链的交易而言，尽管公链、私链、联盟链三者去中心化的程度不同，但区块链都是无法在用户之间承担中间机构的仲裁功能的，用户之间进行一对一交易，避免了被中间平台控制的风险。同时，区块链上的交易数据全部公开，并且交易范围也可以跨平台。

AlipayHK 利用区块链技术对传统移动支付方式进行了改进，发展了跨境汇款和其他多项服务。

表 5.1　　　　　　传统跨境汇款方式与 **AlipayHK** 的对比①

对比内容	传统跨境汇款	区块链跨境汇款
交易速度	数个工作日	秒到账
时间限制	非 24 小时服务	24 小时服务
交易成本	手续费和汇率较高	手续费和汇率较低
交易安全性	钱可能丢失	全程可追溯
交易透明性	监管方需要各参与方提供信息	各方信息实时公开

传统的跨境汇款方式需要的汇款时间比较长，一般需要一至数个工作日，并且交易所需手续费和汇率高，每个环节都需要收费，最高收费率可达 10% 以上。同时，跨境汇款的流程不公开透明，监管方需要各参与方提供信息，用户也无法准确了解目前汇款进行到哪个节点，而且汇款可能丢失。另外，交易在途期间时间长，就存在汇率波动风险等问题，传统跨境

---

① 蚂蚁金服推出全球首个区块链跨境汇款服务 . [2021.04.27 检索]. https://tech. antfin. com/community/articles/92.

汇款这些问题产生的根本原因在于跨境汇款需要涉及很多中间机构，每个机构都要对交易进行审批，流程冗杂。而 Alipay 运用了区块链分布式记账的特点，使得跨境交易的各个中间机构能够同步平行进行审批，减少了跨境汇款所需时间。通俗来说，区块链将原来为串联模式的跨境汇款变成并联模式。①

除了跨境汇款这一主要业务之外，支付宝还开发出了其他多个区块链支付的应用场景，推出了"蚂蚁链"，并且不仅限于粤港澳地区，在内地多个城市已经进行了试点和推广。根据蚂蚁链官网资料显示，蚂蚁链应用场景包括金融、融资租赁、贸易金融、溯源、数字版权、区块链合同、政务民生、数字政府、教育职业认证、数字营销、数字物流、数字仓单、区块链公益、医疗健康。就医疗健康来说，蚂蚁链官网展示了"处方流转"②与"健康服务"③两种场景具体是如何实现的。就区块链处方流转而言，蚂蚁链构建了一种由医院、药店、配送方、支付平台、监管者多方参与的协作联盟，由此解决处方流转过程中可能出现的问题，保证处方安全可信不被篡改。其优势在于数据的安全性更高，应用更加迅速，避免处方丢失，账本易于追溯，处方易核销，可实现穿透式管理，最终实现在线问诊、处方开具与流转、药品配送三步骤的流水化，提高患者看病的效率。就区块链医疗健康服务平台而言，其利用了区块链的可追溯性与难篡改性特征，保证用户的健康数据实现安全共享与流转，实现病人家属远程签字确认、健康数据跨机构流转追踪与审计等功能。其优势在于蚂蚁链具有领先的数据及隐私安保能力，可以从底层保障用户的数据与隐私安全，并且其具有强大的生态整合能力。打通了支付宝平台，发挥支付宝的民生服务能力。

---

① 蚂蚁金服推出全球首个区块链跨境汇款服务．[2020.04.27 检索]．https：//tech. antfin. com/community/articles/92.

② 区块链处方流转．[2021.04.28 检索]．https：//antchain. antgroup. com/solutions/prescriptiontransfer.

③ 区块链医疗健康服务平台．[2020.04.28 检索]．https：//antchain. antgroup. com/solutions/mhsp.

第五节　中外移动支付的创新路径

一、多维度场景拓展

人民银行 2020 年支付结算工作电视电话会议于 2020 年 4 月 23 日在北京召开。会议总结了 2019 年以来支付结算的工作成果。会议在深刻地分析了支付结算面临的挑战后就 2020 年重点工作作出部署。会议要求要拓展移动支付应用场景，优化支付基础设施功能，推进对外开放，服务国家战略大局。①

近些年移动支付的应用场景在不断扩展，多维度场景扩展是移动支付模式中最重要的创新方向。

首先是政务基于移动支付。移动支付可以将政府部门间的软硬件打通，从而支持"一网通办"。对于个人的政务需要，可以实现政务系统内缴费全部移动化，对于政府官员而言，可以实现政府部门内部数据和政务处理流程轻量化与透明化，提升政务办公效率，可以更快更好地提升我国政务服务水平。

其次是移动支付服务 B 端企业。线下的大部分 B 端客户仍与传统金融体系打交道，他们呢还没有享受到移动支付带来的便利与优势，如何改变这些 B 端客服，让他们使用到移动支付的产品、享受到移动支付的服务是移动支付平台需要解决的问题。以钢铁行业举例，应用移动支付与区块链可以将 B 端企业的全部上下链进行整合，整合部分包括货权的确认、转让、电子回单，包括仓储、物流，最重要的是包括相关的金融支持环节，从而提升行业效率。

最后是银行与普惠金融服务移动化，移动支付可以成为银行与普惠金

---

① 人民银行召开 2020 年支付结算工作电视电话会议．［2020.06.01 检索］．http：//finance.sina.com.cn/money/bank/yhpl/2020-04-24/doc-iirczymi8103936.shtml.

融的重要载体，例如 BankSimple 希望打造出下一代的网络银行服务，将实时数据、财务的预测性管理和移动支付整合于一体，旨在帮助用户远离普通银行的手续费等收费问题的困扰。BankSimple 提供了一个界面，用户可以将所有银行账户整合于一体，并可以设定自己的支出与储存目标，这样 BankSimple 就可以对账户实行动态管理，并保障用户完成其理财目标。①其盈利点在于利息和交易的服务费。银行与普惠金融在移动支付上的应用还有待进一步挖掘，可以想象，其未来发展必然会改变银行和普惠金融行业的现状。

二、场景下沉

在移动支付的创新模式中，场景下沉是成果最突出最明显的，场景下沉是指移动支付向三四线城市和农村等地域延伸。

中国人民银行于 2019 年发布的《2018 年农村地区支付业务发展总体情况》显示，② 在广大农村地区，移动支付业务继续高速发展成为网络支付的主流支付方式，2018 年，非银行支付机构为农村地区提供网络支付业务共计 2898.02 亿笔、金额 76.99 万亿元；分别增长 104.4%、71.11%。其中，互联网支付 149.18 亿笔、金额 2.57 万亿元，分别增长 21.56%、22.57%；移动支付 2748.83 亿笔、金额 74.42 万亿元，分别增长 112.25%、73.48%，占网络支付份额分别为 94.85%、96.66%。③ 与移动支付同步兴起的，是农村地区电商产业的迅猛发展，2018 年，非银行支付机构为农村地区网络商户提供收款 5.32 亿笔、金额 2626.31 亿元。分别增长 92.53%、

---

① BankSimple 打算再造个人银行.［2021.04.28 检索］. https：//36kr.com/p/1639198212097.

② 2018 年农村地区支付业务发展总体情况.［2021.04.28 检索］. http：//www.gov.cn/xinwen/2019-04/02/content_5378936.htm.

③ 2018 年农村地区支付业务发展总体情况.［2021.04.28 检索］. http：//www.gov.cn/xinwen/2019-04/02/content_5378936.htm.

46.58%。① 移动支付让三四线城市和农村地区这些下沉市场享受到移动互联网的红利。

三、移动支付出海

随着近些年中国互联网的迅速发展，并且伴随着中国"一带一路"倡议的不断推进和实施，中国对外投资迅速发展，其中移动支付作为互联网和金融两大领域的结晶，在各方的努力下，出海取得了很多成果。

举例来说，印尼是中国数字经济在南洋投资的重要国家之一，其在东南亚国家中市场规模最大。中国企业对印尼移动支付的投资注重合规经营、协同作战、本地化发展和树立长远战略观。其中一个具体的成果是印尼本地的电子钱包 DANA Wallet，其是印度尼西亚主流的电子钱包之一。DANA Wallet 是在 2017 年由蚂蚁金服和印尼 Emtek 集团共同创立，因此，DANA 也被称为"印尼支付宝"。DANA 的目标是为印度尼西亚提供一个值得信赖和快捷的移动支付系统，通过 DANA 钱包，印尼用户可以安全地进行无现金和无卡支付，如同支付宝一样便捷。DANA Wallet 对于常见的电子钱包服务进行了全方面的开发，为印尼用户提供了账单支付与话费充值等服务，甚至提供缴付水电费与缴纳社保的服务。

诸如印尼 DANA Wallet 的移动支付出海应用还有许多，移动支付出海和移动支付场景下沉是对应的，都是对于移动支付全球市场的开拓。

四、生物识别

从技术创新的角度来说，移动支付一直在与生物识别技术结合，并追求识别的准确性、高效性和实用性，随着人们接受程度的提高，刷脸支付越来越普遍，"脸码融合"的支付方式作为移动支付里程碑式的技术创新，将在未来一段时间内于移动支付在个人端的应用中占据重要地位。除了人

---

① 2018 年农村地区支付业务发展总体情况 . [2021.04.28 检索]. http：//www.gov.cn/xinwen/2019-04/02/content_5378936.htm.

脸识别外，声纹、指纹等识别技术也在蓬勃发展中，生物识别于支付安全性而言，可以表现出最高形式的安全性，如果可以建立起多维度的生物识别特征库，人的唯一性识别率就会提高，从而保障支付的安全性。

就刷脸支付而言，其需要具备以下几项基础：（1）硬件基础：硬件层面需要运用的 3D 结构光摄像头或 TOF 摄像头或者红外线双目摄像头，以此获取人的面部信息；（2）数据基础：获取人脸信息需要由人脸数据库作为支撑才可以进行识别，二代身份证数据库就提供了人脸数据库的基础；（3）通信基础：有了硬件获取信息和人脸数据库的支撑，需要有通信渠道将二者沟通起来完成识别与认证，5G 与云平台的发展提供了良好的通信环境，从而保障支付的时效性。

举例来说，2019 年 9 月 27 日，郑州地铁刷脸乘车功能正式上线，其首创了"脸码兼容"的乘车模式，改变了之前济南地铁作为国内首家支持刷脸乘车的地铁系统的乘车模式。①郑州地铁通过这样的移动支付模式，将扫码与刷脸形成了互补，使得用户可以自行选择乘车支付的方式，其优点有许多，首先是解决部分线路和闸机不支持刷脸的技术现状，其次这样的模式也充分彰显了移动支付对于用户的隐私，肖像自由的尊重，将移动支付的技术创新上添加上了足够的人文关怀。

---

① 2019 支付行业创新产品"脸码兼容"，郑州地铁上线刷脸乘车 . ［2020. 04. 07 检 索 ］. https://www. sohu. com/a/364286909 _ 120498768? scm = 1002. 44003c. fe020c. PC_ARTICLE_REC.

第六章　IPFS 及 Filecoin 的应用可行性分析

第一节　IPFS 简介

一、分布式网络与分布式存储

(一)IPFS 与 HTTP

星际文件系统(InterPlanetary File System，IPFS)是一种分布式的、点对点(peer-to-peer，简称 P2P)的新型超媒体传输协议，主要作用是提供数据的存储和传输，能够分布式存储和共享文件，对标 1996 年作为标准被公布的 HTTP 协议(Hyper Text Transfer Protocol，超文本传输协议)。它是一个开放源代码项目，自 2014 年开始在 Protocol Labs 的帮助下发展迅速。[1]

表 6.1　　　　　　　　　　**Protocol Labs 大事记**[2]

2013	8 月	IPFS 和 Filecoin——用于分散网络和云存储的新协议——开始作为原型进行发展

---

① IPFS 与 Filecoin 都是 Protocal Labs 的项目；Protocal Labs 自成立以来已经获得包括斯坦福大学、Union Square Ventures、Y Combinator、Naval Ravikan 等在内的数十位投资机构的投资。

② Protocol Labs. [2021.7.14 检索]. https：//protocol.ai/about/

2014	5 月	Juan Benet 创立 Protocol Labs，同时 Protocol Labs 也是 YCombinator S14 项目的组成部分之一
	7 月	首次发布有关 IPFS 和 Filecoin 的论文
2015	2 月	go-ipfs alpha 发布
	第三季度	IPFS 在以太坊以及其他区块链网络中获得使用
2016	3 月	Protocol Labs 获得 Blue Yard、USV 等机构的融资
	4 月	go-ipfs 0.4.0 发布
	6 月	libp2p、Multiformats、IPLD 从 IPFS 中分离
2017	第一季度	Protocol Labs 重新设计了 Filecoin 协议，并使用 AngelList 创建的 CoinList 初始版本以实现 Filecoin 和其他代币的销售
	7 月	Protocol Labs 发布论文 Filecoin v2
	第三季度	Protocol Labs 通过 Filecoin 代币销售共募集资金 2.058 亿美元
	10 月	CoinList 作为独立公司成立，从 Protocol Labs 和 AngelList 中分离。Protocol Labs、Cooley 与其他代币创建者、法律专家、投资者之间合作成立 SAFT 项目
2018	1 月	SourceCred 项目成立
2019	2 月	Protocol Labs 引入 Permissive License Stack，作为知识产权的开源算法；同时 Filecoin 代码面向互联网社区开放
	12 月	Filecoin Testnet 启动
2020	4 月	IPFS 0.5.0 发布
	5 月	Testground，用于大规模测试、基准测试、模拟 p2p 系统的平台，正式发布
	10 月	Filecoin 主网启动

在 IPFS 网络中的节点将构成一个分布式文件系统。如果用户需要在 IPFS 网络中储存一些数据，这些数据将会通过特殊的加密算法被分割成若干个碎片，分散存储到各地的存储器里，这种存储方式实际上是一种容错

机制：将数据复制足够多数量并存放在不同地区的不同存储器中，那么即使某一存储器中的数据被完全摧毁，通过其他地区的存储器中的备份也可以完整恢复数据，极大地保证了存储在 IPFS 上数据的安全性。

IPFS 会对保存的数据进行加密以保证存储的隐私性，被加密的数据无法被其他人查看，其他人能看到的只是被加密的数据碎片。当需要读取数据时，所有存储器会同时发送保存的数据碎片，机器接受后根据 IPFS 协议自动进行拼接。相比较而言，中心化的 HTTP 模式只由一个服务器发送数据，若是在相同的带宽条件下，IPFS 的这种由多个机器同时发送数据的方法会比 HTTP 模式快许多。

表 6.2　　　　　　　　　　　**IPFS 与 HTTP 对比**

协议	IPFS	HTTP
特点	分散的点对点网络传输协议	集中式的客户端-服务器网络传输协议
	使用数据的密码哈希来请求数据	使用托管数据的地址请求数据
IPFS 优点	数据被复制到多个节点，因此可以在任何时候进行访问	服务器关闭或故障则无法访问数据
	带宽很高，因为从拥有该数据副本的最近对等方请求数据	多个客户端同时从一台服务器请求，因此提供的带宽很低。
IPFS 缺点	IPFS 相对较新，并且不如 HTTP 流行	HTTP 已被很好地确立为行业标准
	要运行 IPFS，需要在计算机上手动设置	几乎所有机器都内置了 HTTP 支持
	IPFS 在外行中的普及率较低	几乎每个人都使用 HTTP 来访问 Web

IPFS 相较于传统 HTTP 网络协议具有很多优点，尤其是其分布式，节省带宽且传输速度更快的优点使得它有能力构建一个更安全、高效，成本

更低廉的网络，可以把它看作某种超级网盘：去中心化的储存空间能够减少客户在网络存储上的花费，同时享受到更优质的存储服务。

（二）IPFS 的困境

IPFS 网络面临一个主要的问题，就是有价值的数据没有办法保证长期存储。IPFS 需要将 P2P 软件的按需下载转变为资源的长期存储；而长期存储需要保证其服务质量，否则没有用户愿意利用这样的网络存储自己有价值或需要服务质量保证的数据资源。不同于中心化的存储，IPFS 网络可能会变得十分松散，即存在用户随意退出、网络质量不稳定、存储地理位置不确定、硬件性能参差不齐等问题，这些问题都会阻碍 IPFS 对于资源的有效存储，换句话说，很难在商业领域中使用。

可以简单理解为：IPFS 需要利用别人的闲置硬盘，帮用户存储文件和数据，然而没有人会愿意免费地贡献自己的资源。

因此，IPFS 的开发者们决定设置一套激励机制，吸引更多的用户贡献自己的硬盘和带宽资源，或一批专业的存储服务商来提供更专业、安全和稳定的存储服务，这就导致了 Filecoin 的诞生。

（三）IPFS 的关系图谱

为了解决 IPFS 在实际应用中的方方面面问题，Protocal Labs 在 2020 年十月上线 Filecoin 主网前开发了激励层 Filecoin 项目，还有许许多多模块去服务 IPFS 网络的底层。表 6.3 简单地整理出相关的研发工作：

表 6.3　　　　　　　　　　　**IPFS 关系图谱**

项目	作用	简述
IPFS	分布式存储，点对点传输	应用层，系统级集成模块
IPLD	转换中间件，用于统一数据结构，能够使不同系统之间进行数据交换和相互操作	IPFS 底层模块，定义数据

续表

项目	作用	简述
Llbp2p	建立一个可用 P2P 网络层，发现节点、连接节点、发现数据、传输数据	IPFS 底层模块，传输数据
Multiformats	加密和描述 NodeID 以及指纹数据的生成，在现有协议基础上对值进行自我描述和改造	IPFS 底层模块，加密与描述数据
Filecoin	赋予数据价值，为开发者，需要检索和存储数据的用户，代币持有者，提供存储服务的矿工，以及检索服务提供者提供五方激励；且包含 Libpp，IPLD 等 IPFS 底层模块	激励层

二、IPFS 工作原理简介

IPFS 是点对点(peer-to-peer，p2p)存储网络。存储的数据可通过位于世界任何地方的对等点进行访问，这些对等点可以中继数据，存储数据，或同时执行两者。每一个 IPFS 节点上都会存一个地图，每个地图之间互相连接，所有 IPFS 节点地图加起来变成一个分布式哈希表。IPFS 通过其内容地址而不是其位置找到需要的数据。这意味着当人们向网络请求数据的时候，会根据数据本身的 ID 哈希值，采用一种数学计算的方式，来查找所需资源，然后通过建立连接来下载数据。

IPFS 的三个基本原则是：

- 通过内容寻址(Content addressing)进行唯一标识
- 通过有向无环图(Directed acyclic graphs，DAG)进行内容链接
- 通过分布式哈希表(Distributed hash table，DHT)进行内容查找

这三个原则相辅相成，形成了 IPFS 的生态系统。

(一)内容寻址

IPFS 使用内容寻址，它使用数据的内容而不是数据的位置来标识数

据。按内容查找在生活中比较常见。例如，你在图书馆里通过书名来寻找一本书时，这就是内容寻址，因为你在查找时要输入的是内容。而如果要使用位置寻址来查找一本书时，则应按其所在位置进行查询：二楼第一个书架上第三层的第四本书，但如果这本书被人移动了位置，找到的就不是原本的书了。

相比之下，每份使用 IPFS 协议的数据都有一个内容标识符（content identifier，CID），即其哈希值。哈希值对于其来源内容而言是唯一的，即使哈希值与原始内容相比可能短很多。

许多分布式系统利用通过哈希进行内容寻址作为一种手段，不仅可以识别内容，还可以将内容链接在一起，加密数字货币的区块链就利用了这一策略。但是，这些系统中的基础数据结构不一定可以相互操作。

星际链接数据（Interplanetary Linked Data，IPLD）为这些系统中的基础数据结构的相互操作提供了解决方案。IPLD 对哈希链接的数据结构之间进行转换，从而实现跨分布式系统的数据统一。IPLD 提供了用于组合可插拔模块（一种 IPLD 节点的解析器）的库，以在多个链接的节点之间解析路径与查询。IPLD 提供了一种在可寻址内容的数据结构之间进行转换的方法。

IPFS 遵循特定的数据结构协议。IPFS 协议使用这些协议和 IPLD 从原始内容获取一个 IPFS 地址，该地址唯一地标识 IPFS 网络上的内容。

（二）有向无环图（DAG）

IPFS 和许多其他分布式系统利用了称为有向无环图（Directed acyclic graphs，DAG）的数据结构。具体来说，IPFS 使用的是 Merkle DAG，其中每个节点都有一个唯一的标识符，该标识符是节点内容的哈希。换句话说，IPFS 通过内容哈希值识别数据对象。

为了构建内容的 Merkle DAG 表示，IPFS 通常首先将其分成多个块。将其拆分为多个块意味着文件的不同部分可以来自不同的来源并可以快速进行身份验证。

所有数据，不管是文件还是文件夹都有内容标识符（content identifier，

CID）。假设你有一个文件，它的 CID 可以识别它。与该文件位于同一文件夹下的其他文件也将具有各自 CID。文件夹的内容就是文件夹下各文件的 CID，对文件夹下文件的 CID 进行哈希得到的 CID 就是文件夹的 CID。

Merkle DAG 的另一个有用功能是将内容分成多个块，如果你有两个相似的文件，它们可以共享 Merkle DAG 的一部分，即，不同 Merkle DAG 的一部分可以引用相同的数据子集。例如，如果你要更新网站，则只有更新的文件才会收到新的内容地址。旧版本和新版本可以为其他文件提供相同的数据。这可以使传输大型数据集的版本（例如基因组研究或天气数据）更加高效，因为你只需要传输新的或已更改的部分，而不必每次都创建全新的文件。

（三）分布式哈希表（DHT）

IPFS 使用分布式哈希表（distributed hash table，DHT）查找需要的数据。哈希表是一种由索引找到内容（keys to values）的数据库。分布式哈希表是一种将哈希表分散在分布式网络中所有对等方的表。查询 DHT 即可得内容所存储的位置。

查找需要的数据时，IPFS 先查询一次 DHT 以得到数据的不同碎片存储在网络中的哪些对等方里，接着 IPFS 再次使用 DHT 查找这些对等方的当前位路由。因此，为了获得内容，IPFS 需要两次查询 DHT。

IPFS 找到数据的当前位置后，需要连接到该数据并进行交换。IPFS 链接到具有所需内容的一个或多个对等节点，向它们发送数据请求，然后让它们返回请求的块（数据碎片）。这些块到达后，IPFS 对它们的内容进行哈希处理以获取 CID 并将它们与请求的 CID 进行比较来对其进行验证。

IPFS 通过内容寻址（content addressing）进行唯一标识，通过有向无环图（Directed acyclic graphs，DAG）进行内容链接，通过分布式哈希表（distributed hash table，DHT）进行内容查找，这三个原则相辅相成，形成了 IPFS 的生态系统。

第二节 Filecoin 简介

一、加密货币与激励

Filecoin① 是基于 IPFS 的一个由加密货币驱动的去中心化存储网络，这一项目于 2017 年 8 月 10 日首次公开发行(ICO)，筹集了超过 2.5 亿美元。Filecoin 项目有自己的代币 FIL，它用于激励公众参与进来贡献存储资源，极大地增加了网络节点数量。一共计划发行 20 亿枚，其中分配给未来矿工的占 70%，发放的半衰期②是 6 年。Filecoin 已经在多个交易所上线交易，并在交易时可轻松兑换为美元、比特币、以太币等法币和代币。2020 年 10 月 Filecoin 主网已上线投入使用，在上线后仅一个月内其存储能力就已超过 1EiB。

IPFS 是一个点对点的网络。对于 P2P 网络而言，参与下载的用户越多，下载的速度就越快。同样地，IPFS 需要有更多的用户参与进来，贡献自身的带宽。但是，如果没有一套好的激励机制，大家就没有意愿贡献出自己的存储资源了，这时候，Filecoin 作为激励的重要性就可见一斑了。

它的原理，是通过有效的激励机制将世界上空闲的存储空间和带宽统一起来并提供给有需要的用户，类似于云存储界的 Uber 和 Airbnb③。它们的商业模型都是将资源变成生态参与者需要的实用服务，并以此获取报酬。

在 Filecoin 网络中，存储服务提供商(也就是"矿工")为网络提供开放的硬盘存储空间，来赚取 Filecoin，同时矿工将定期产生证明来保证存储。而用户则花费 Filecoin 来将文件存储于去中心化的网络中。

---

① Filecoin FAQs.［2020. 5. 12 检索］. https：//filecoin. io/faqs/
② 每经过一个半衰期，代币发放减少 50%
③ filecoin 工作原理 .［2020. 5. 12 检索］. https：//msd. misuland. com/pd/4133
852421208147228

一个很重要的问题是，为什么选择 Filecoin 作为激励层，而不选择传统的金融工具作为激励？这就需要更加细致的讨论它的原理，即 Filecoin 的共识机制和工作流程。下表简要的介绍了加密货币常用的共识机制。

表 6.4　　　　　　　　　　　　**加密货币常用共识机制**

共识机制	作用简介	代表性加密货币
工作量证明 （PoW）	通过完成大量的计算机运算来寻找猜测值，共同争夺记账权利，谁先找出正确值并正确完成记账工作，谁就得到系统的奖励	比特币（BITCOIN）
权益证明 （PoS）	通过持有加密货币的数量和时长来决定持有者获得记账的机率	以太坊①（ETH）
委托权益证明 （DPoS）	基于权益证明衍生出的一个解决方案，持有加密货币的人可以投票给固定的节点，选出若干代理人，并将记账和验证工作交由代理人。	比特股（BTS）

而 Filecoin 具有与很多加密货币不同的共识机制，即一种混合共识机制——利用了复制证明（Proof-of-Replication，简称 PoRep），时空证明（Proof-of-Spacetime，简称 PoSt）和预期共识（Expected Consensus，简称 EC）证明。其中最重要的共识机制是复制证明。Filecoin 能够成为一个 IPFS 所需要的激励层，很大程度上是由于这些共识机制。

表 6.5　　　　　　　　　　　　**Filecoin 共识机制**

共识机制	作用简介
复制证明 （PoRep）	新的存储证明（PoS），是一个交互式证明系统。在这个系统中，存储的提供者需要证明其为一个数据资源分配了自己的硬盘空间资源，并且所存储的数据是可检索的。

---

① 严格来现在的 ETH 采用的是 PoW 和 PoS 双证明机制

续表

共识机制	作用简介
时空证明（PoSt）	证明一段时间内矿工存储了特定数据
预期共识（EC）	选举出来一名或者多名矿工来创建新的区块，矿工赢得选举的可能性跟矿工当前的有效存储（算力）成正比。

二、Filecoin 基本工作流程

通过图 6.6 我们可以了解到整个流程，基本的操作只有两种即存（Put）与取（Get），市场内的角色包括了客户、矿工和市场管理者（Manager），流程如下：

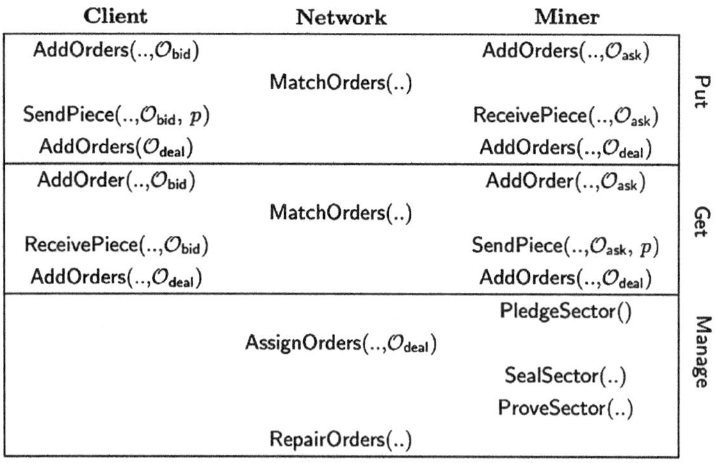

图 6.6　Filecoin 基本工作流程①

客户与矿工分别发送一个 bid order 和 ask order 到市场上，同时客户的订单需要注明存储时间与备份数量等信息来影响价格。

---

① Filecoin 挖矿原理. [2020.5.10 检索]. https：//github. com/filecoin-project/go-filecoin/wiki/Mining-Filecoin#set-your-price-for-storage

Manager 验证订单的合法性，完成后对于 bid order 就锁定客户资金，对于 ask order 则锁定存储空间。

Manager 方执行 Put. MatchOrders 和 Get. MatchOrders，成功后标记订单为 Deal 状态，并在 AllocationTable 中登记订单信息。

将文件存储至矿工硬盘，生成 PoRep（即复制证明）发送给交易网络，存储到区块链。

矿工此后定期向交易网络发送 PoSt（时空证明）证明存储，网络在验证之后定期付款。这其中涉及两个存储证明方案，一个是复制证明，它允许矿工证明数据被复制到了他所指定的物理设备上，另一个是时空证明，它允许矿工证明在指定的时间点存储了某些数据，这两个证明是这种去中心化交易得以达成的基础。

第三节　IPFS／Filecoin SWOT 分析

首先将分析的结论以表格方式呈现。

表 6.7　　　　　　　　　　IPFS/Filecoin SWOT 综合分析

内部环境 外部因素	优势 1. 数据安全 2. 永久保存 3. 节省成本 4. 下载速度更快	劣势 1. 对硬件、软件、运维的要求高 2. 较高的进入门槛
机会 1. 时代机遇 2. 市场潜力大 3. 顶尖投资机构背书	So IPFS/Filecoin 在分布式存储领域具有较大优势和广阔前景	Wo 利用投资优势，进一步发展技术，降低门槛，扩展用户规模
风险 1. 政府监管 2. 中心化云端存储的快速发展	St 1. 迎合监管/增加抗审查性 2. 长期来看分布式存储占优	Wt 加强与政府合作，推广应用

一、优势分析

(一)数据安全

(1)IPFS/Filecoin 安全特性:IPFS 的一个特点是基于内容的地址(绝大多数的 IPFS 文件的哈希都是以"Qm"开头)来替代传统互联网基于域名的地址。同时 IPFS 会将上传的文档拷贝多份,并将每一份进行拆分,拆分后的每一部分会分散存储在去中心化的 IPFS 网络节点上。拷贝多份可以保证即使某些节点被攻击/数据丢失/下线,还可以在其他节点中找到文件此外,Filecoin 通过复制证明和时空证明两种重要机制来保证安全性有效地防止女巫攻击(Sybil Attack)①、外包攻击(Outsourcing Attack)②和生成攻击(Generation Attack)③,确保网络的安全稳定。

譬如小王同学想要上传一个 PDF 文档到 IPFS 系统中。小王把 PDF 文档添加到 IPFS 客户端后,IPFS 客户端会将这个 PDF 进行哈希云算,并给出一个以 Qm 开头的哈希值。之后,IPFS 系统将这个 PDF 文档拷贝多份,并将每一份进行拆分,拆分后的每一部分会分散存储在去中心化的 IPFS 网络节点上。

(2)中心化网络和存储受到的安全威胁:2019 年 8 月,亚马逊云服务 AWS 出现故障,导致区块链行业内的众多交易平台出现短暂的服务中断。2020 年 3 月 10 日,欧洲最大的云服务和网络托管服务运营商 OVH 在法国斯特拉斯堡的一家数据中心发生火灾,导致了约 360 万个站点失效,近

---

① 女巫攻击是 p2p 网络中的一种攻击形式,指攻击者利用单个节点伪造 n 个虚拟的身份、账户或节点,并承诺存储 n 份数据。当攻击者实际上存储的数据小于 n 份,却提供了 n 份存储证明时,攻击成功。

② 外包攻击指当攻击者收到检验者的提供数据证明的要求后,攻击者利用其他矿工那里存储数据生产的证明提交给系统,但是实际上他们并没有存储数据。

③ 生成攻击指攻击者 A 可以使用某种方式自行生成数据并通过该数据通过检验证明。

15000 个用户信息受到影响，其中包括部分法国政府的数据。随着越来越多的公司将自己的数据、资料托管在亚马逊 AWS、阿里云等云服务器上，一旦这些中心化的云服务提供商出现问题或是遭受到黑客攻击，造成的负面影响难以想象。中心化存储必然会面临安全性问题。

(二) 永久保存

现行的 HTTP 协议依赖中心化服务网络，如果服务器被关、网页 404，用户将无法访问，即互联网中心化存储的一个明显弊端是内容可以被永久性地删除。

而理论上，IPFS 是有可能实现一个永不消失的文件系统。Filecoin 的发展将经历三个阶段：生态布局阶段①、公共数据存储阶段②、实际数据存储阶段③。在第三个阶段中，商业应用程序已经完全开放，可以永久存储人类社会所需的重要信息。从更宏观的层面说，IPFS 为下一个阶段的"信息自由"，提供了一个坚实的基础。

(三) 节省成本

存储成本高昂，这是互联网中心化存储的另一大弊端。主流的两大网盘 iCloud 和 Dropbox，每年在存储空间上付出大量成本。

从本质上讲，分布式存储网络可使用数百万台服务器设备而不是数百或数千。而这意味着存储的可用性通常要高得多，并且存储数据的成本会低得多。

Filecoin 竞价机制也有利于降低存储服务价格。Filecoin 矿工通过提供

---

① 自 2010 年 10 月 Filecoin 主线上线后两年期间均属于生态布局阶段。这一阶段是为获得足够的存储空间和商业运营，为以后的漏洞修补建立完善的体系。

② 根据 IPFS 白皮书，公共数据存储阶段将于 2025 年结束。这一阶段是为了提高未来的网络安全和开放存储应用。在该阶段矿工可以获得 70% 的区块奖励和 30% 的存储奖励。

③ 实际数据存储阶段将持续到永远。在该阶段矿工可以获得 70% 的存储奖励和 30% 的区块奖励。

存储空间，以有效存储作为算力，参与网络治理，竞争区块打包权。在
Filecoin 的机制下，整个网络通过区块奖励来支付矿工硬件成本，以此来提
供存储服务，存储服务以竞价促进交易，该竞价机制有利于降低存储服务
价格。

（四）下载速度更快

中心化存储模式下如果一万个上海用户在一台北京服务器上下载同一
部电影，同样重复的数据需要从北京往上海传一万遍，给骨干网造成了巨
大的传输压力，降低了下载速度。而 IPFS/Filecoin 会寻找离你最近的文件
存储节点，大大提升了下载速度，且帮助骨干网节省带宽。

二、劣势分析

（一）挖矿成本高

Filecoin 挖矿采用的是复制证明和时空证明，其核心因素包括高性价比
的硬件+深度定制的挖矿系统+稳定的运维。这使得 Filecoin 挖矿在硬件、
软件、运维方面有着超高要求和壁垒。例如在硬件方面，大量的数据处理
需求从一开始就排除了一般配置的家庭电脑，并且由于 Filecoin 采用系统
集群的架构，单台专业机器甚至无法参与挖矿。在运维方面，矿工必须保
证提供不间断的存储服务，否则就可能面临算力清零、抵押被扣的风险。
庞大的挖矿成本使很多矿工望而却步。[1]

（二）较高的进入门槛

首先，想要应用 IPFS 网络需要手动搭建，对于没有相关知识的普通人
可能难以理解。对于企业而言，HTTP 协议有相对完善的基础设施保障，

---

[1]　IPFS 算力挖矿 . [2021.07.16 检索]. https：//mp. weixin. qq. com/s/LF4m41v
SkoetRsPBdScCIA

但 IPFS 网络没有，因此机会成本很高。其次，通过使用加密货币 Filecoin 来处理每次交易，会产生一定的进入门槛，用户必须在交易所先购买其他代币并兑换成 Filecoin 才能使用该服务。

三、机遇分析

分布式存储商业模式明确清晰，市场规模呈增长趋势，对于矿工来说，整个市场是有利可图的。此外，Filecoin 提供了强有力的数据供应链，恰好弥补了 Web3① 生态的不足，让区块链更实用。在数据宇宙的 Web3 生态里，数据生命周期中的任何阶段都可以被存储，并且安全、可验证、无需认可。

此外 IPFS/Filecoin 项目投资方大多是顶尖投资机构。譬如红杉资本、斯坦福、美国著名的 YC 创业孵化器、投资领域大鳄 DCG、文克莱沃斯兄弟基金会等。这也充分说明了 Filecoin 潜在的增长空间。

四、威胁分析

IPFS/Filecoin 可能达成的"信息自由"目标与目前政府监管存在冲突，IPFS/Filecoin 项目发展初期大概率会遇到政策阻力，尤其在中国这样对信息存在强监管，且对加密经济和金融市场也有强管控的国家。

但从长远来看技术革新会催生配套的法律监管体系。2021 年 5 月，国家发改委、中央网信办、工业和信息化部、国家能源局联合印发《全国一体化大数据中心协同创新体系算力枢纽实施方案》，明确提出加快布局全国算力网络国家枢纽节点，启动实施"东数西算"工程，构建国家算力网络体系。因此，相较于高耗能纯竞争的比特币矿业，以 IPFS 为代表的低耗能服务性的数据存储矿业将在未来将迎来发展新机遇。②

---

① Web3 核心元素包括：隐私和所有权、透明度、标准、可组合性、治理以及新商业模式。

② IPFS 数据存储迎来发展新机遇．［2021.07.16 检索］．https：//mp. weixin. qq. com/s/njAAUrzAx9LObxWye7XfoA

第四节 IPFS/Filecoin 实际应用

需要注意到的是，HTTP 的发展是由蒂姆·伯纳斯-李于 1989 年在欧洲核子研究组织所发起。IPFS 则是 2014 年由 Protocol Labs 正式开始发展。所以，在互联网时代，与 IPFS 相关的所有项目都是新生儿。本节仅选取了存储项目、流媒体信息传输两个层面作为 IPFS/Filecoin 的代表案例来浅析其落地应用现状。由于 Filecoin 主网于 2020 年 10 月才正式上线，时长尚不足一年，在项目发展和数据统计上均不完善。因此笔者在存储项目实例分析中另选用 Siacoin 作为比较对象。

一、存储项目实例对比分析——以 Amazon S3 和 Sia 为比较对象

（一）Amazon S3 和 Sia 简介

1. 亚马逊简单储存服务（Amazon S3）

Amazon S3（Amazon Simple Storage Service）是亚马逊提供的专业云存储服务，属于亚马逊于 2006 年推出的云服务体系 AWS（Amazon Web Service）的一部分。

由于互联网的发展，用户对于存储、持有以及分析数据的需求变得越来越多，然而开发大量内部 API 和底层设施，从而掌控和业务相关的海量数据，成本是相当高昂的。亚马逊正是注意到了这一行业痛点。他们打造了完整的内部软件集合，向用户提供了一个简单的 Web 服务接口，可用于随时在 Web 上的任何位置存储和检索任何数量的数据。可以说，2006 年 Amazon S3 的发布，预示着中心化云时代的来临。

亚马逊是云存储行业的绝对巨头。截至 2021 年第一季度 AWS 的市场份额为 32%，而排名第二的 Microsoft Azure 仅为 19%。①

① ① AWS vs Azure vs Google Cloud Market Share 2021. ［2021. 07. 17 检索］. https：//www. parkmycloud. com/blog/aws-vs-azure-vs-google-cloud-market-share/#: ~: text = For%20the%20full%20year%20of%202020%2C%20cloud%20infrastructure，a%20seven-year%20head%20start%20before%20facing%20like-minded%20competition.

2. Sia

Sia 是 2017 年上线的一个去中心化存储项目。通过编码技术、加密技术和区块链，Sia 使得一群互不了解和互不信任的计算机节点联合起来成为统一的云存储平台。它将数据拆分、加密，然后通过其去中心化的网络对拆分和加密过的数据进行分发，并且保证所有文件都在多个设备上拥有备份。

Sia 实质上采用的仍然是与比特币一致的 PoW（Proof of Work）的认证机制。它维护自己的区块链，同时也发行自己的代币 Siacoin。系统中需要两种矿工，一种是采用 PoW 机制打包区块的矿工，另一种则是出租存储硬件的矿工。前者通过算力挖矿获得收益，后者则通过与存储空间的租用者交易获得 Siacoin。具体来说，租用者支付 SiacoinsToken 给区块链，如果满足了协议条款，这些 Token 就会支付给硬件提供者，如果协议没有按照预期完成，Token 就会返回给租用者。

（二）对比分析

1. 价格

Sia 采用了去中心化机制，避免了建立与维护一个庞大的硬件中心所需的成本，并且硬件提供方之间也可相互竞争，因此其提供了相当有优势的价格。表 6.8 展示了 Sia 与 Amazon S3 等三个最大的云存储提供方的存储与传输价格。

值得注意的是，Sia 不仅在存储上有着巨大的价格优势，在云端数据下载上也是如此。由于中心服务器有着高昂的带宽成本，数据传输所要求的回报甚至可能超过存储本身。而由于采用了 P2P 机制，去中心化存储在这一点上有着巨大优势。

表 6.8　**截至 2021 年 7 月 16 日 Sia 与三大中心化存储提供方价格对比**①

	Sia	Amazon S3	Microsoft Azure	Google Cloud
Storage（＄/GB/Month）	0.003+	0.021	0.017	0.02
Download（＄/GB）	0.001+	0.05+	0.04+	0.12

---

①　siastats. info.［2021.07.16 检索］. https：//siastats. info/storage _ pricing. https：//www. backblaze. com/b2/cloud-storage-pricing. html

2. 存储资源

作为已上线去中心化存储项目中市值较高的公司，Sia 的数据存储量仍然无法与中心化存储项目相比。截至 2021 年 7 月 16 日，Sia 网络的容量为 3.4PB，已被使用的存储量为 1.22PB①。而中心化云存储市场的巨头其存储量都以十万 PB 计。

去中心化存储如今做不大，一方面是由于技术不完善因此无法大面积铺开，另一方面也有受众方面的局限性。而 IPFS/Filecoin 基本解决了技术上的一些难点。同时 IPFS 已经运行了一段时间并且显示出颠覆传统 HTTP 的可能性。可以说，如果它在未来可以大面积铺开的话，去中心化存储在整体的云存储市场中占据重要地位，甚至超越中心化存储的市场份额就有了可能。

3. 安全与隐私问题

中心化存储在过去已经展示出许多问题。以 Amazon S3 为例，其安全性问题主要集中在故障与数据泄露两方面。2017 年 2 月，Amazon S3 出现大规模异常，被迫时隔多年强制重启系统，对整个北美互联网造成巨大冲击。而其数据泄露问题更为频繁，如 2017 年美国选民数据泄露案，2019 年 Facebook 用户数据记录泄露事件，2019 年 Capital One 数据泄露案，2020 年 AWS S3 宕机致 200 余万道琼斯客户数据泄漏案等。

Sia 通过在多台不相关的设备上建立备份，避免了单点故障问题。同时 Sia 存储的是加密数据，密钥属于原数据拥有者，因此泄露风险很小。Sia 在安全方面的问题更多地与区块链系统有关。由于没有解决同一矿工提交一份文件的多份认证的问题，存在女巫攻击的风险。

由于采用了新的时空证明和复制证明两种共识算法，IPFS/Filecoin 可以处理之前去中心化存储系统中不完善的地方，同时避免单点故障以及数据泄露问题。但由于难以监管，也存在恶意信息传播的问题。

4. 共识机制与资源浪费

Sia 建立在比特币的基础上，其共识机制是 PoW。在这里，存储与交易记录是分开的两个系统。虽然 PoW 已经被证明是很有效的共识机制，但

---

① siastats. info. ［2021.07.16 检索］. https：//siastats. info/index

其资源浪费问题也受到广泛诟病。Filecoin 通过复制证明避免了这一点，允许拥有更大存储空间的用户获得更大的投票权以达成共识。这种将共识机制与存储结合的办法一方面避免了算力的浪费，另一方面也提升了交易结算效率。

5. 应用兼容性

Amazon S3 是亚马逊云服务的核心组成部分，与亚马逊云服务的各项内容有着密切的关系，可以说是使用亚马逊数据库、云计算、物联网或者机器学习等服务的前提。而 Sia 只提供了单纯的数据存储服务。在大部分时候，2B 业务往往不只需要简单的存储功能，更要求配套的一系列数据计算、分析的能力。这种时候，Amazon S3 或者其他中心化存储大厂就有明显优势。

IPFS/Filecoin 现阶段在数据存储和数据检索上是优于 Sia 的。另外考虑到 IPFS 作为对标 HTTP 的应用层协议，一旦推广开来，还会进一步赋能存储系统。

6. 硬件提供方参与门槛

中心化存储市场门槛极高且都被少数大公司垄断。而 Sia 的参与门槛很低，只要求最少 20G 共享空间。Filecoin 的参与门槛比 Sia 高，而远远低于建立中心化服务器集群。Filecoin 只支持 32G 扇区的硬盘挖矿，普通人分享电脑空闲资源的可能性实际已不存在，更多的是大大降低了中小型存储服务商的入行门槛。

下表总结了这部分的主要内容。

表 6.9　　　　**IPFS/Filecoin 与 Amazon S3、Sia 对比总表**

	Amazon S3	Sia	IPFS/Filecoin
价格	无优势	有明显优势	预期相对中心化存储会有明显优势
效率	存取效率无优势	存取效率有一定优势，交易结算效率低；无法大规模应用	预期效率较高

续表

	Amazon S3	Sia	IPFS/Filecoin
安全与隐私	存在数据泄露与单点故障的风险	无法防范女巫攻击	缺乏监管因而无法防范恶意信息传播
应用兼容性	与亚马逊云服务的各项内容兼容性良好	无	在存储任务之外也支持检索任务
硬件提供方参与门槛	中心化存储市场门槛极高	极低	较低

二、IPFS 在流媒体信息传输中的应用——以 Netflix 为例

(一)Netflix 公司的数据管理

Netflix，中文名为网飞，是起源于美国、在多国提供网络视频点播的提供流媒体服务的公司，位列 2019 年福布斯全球数字经济 100 强榜第 46 名。2020 年 7 月 10 日，按市值计算，Netflix 成为全球最大的媒体娱乐公司。作为对比，国内的视频网站爱奇艺在 2018 年上市时，市场总价值只有 Netflix 的十分之一。

Netflix 在美国提供单一费率的 DVD 和 Blu-ray 光盘的出租服务，这是 Netflix 公司自 1997 年成立以来便开始提供的服务，且至今仍在运行。但随着互联网的发展，Netflix 逐渐转型成为一家流媒体公司。在即时流服务或者说视频点播服务推出后，Netflix 的受欢迎程度有着显著的提升。对于流媒体公司而言，数据存储、数据质量和数据传输速度等都属需要关注的问题。自 2010 年起，Netflix 就将很多数字视频存放在 Amazon 的服务器上，数据再经由内容分发网络(包括 Akamai、Limelight 和 Level 3)传输至各地的网络服务供应商。

Netflix 进行数据管理中最为重要的就是使用其容器①管理平台 Titus：

---

①　容器：即 Linux Container，包含应用程序的代码、配置和依赖项，可用来解决程序需要同一套操作系统和环境的问题。

Titus 用于支撑 Netflix 的视频流、推荐服务、机器学习、大数据、内容编码、演播室技术、内部工程工具和其他一些 Netflix 工作负载等。Netflix 开发人员会定期在 Titus 上部署数百万个容器，这些容器对于 Netflix 的服务工作至关重要，并且通常都需要将它们部署在世界各地的许多地区，以适配该地区的网络流量。

在业务拓展到世界各地后，Netflix 需要解决一个容器分发挑战：如何在大规模，多区域环境中有效地提取与设置容器映像①。

(二)Netflix 与 IPFS 的合作

2019 年 IPFS 开发者大会后，Netflix 宣布与 IPFS 正式合作。

Netflix 找到了一种利用 IPFS 加速云构建，设计和测试解决方案的方法，可以使 Netflix 基础架构内的节点进行协作，并将相同的信息传播到相邻的节点，有助于加快容器分发速度。简单来说就是提高了开发者(代码工程师)和管理者运营和维护平台的效率。

更具体的说，Bitswap 是 IPFS 在两个或多个对等端之间传输文件片段的机制，而 Netflix 利用 Bitswap 协议将发放容器的所需的传输时间缩短了一半。

通过表 6.10 可知，IPFS 网络相较于流行的容器管理平台 DockerHub，还有 Netflix 自用的 Titus，都具有更短的容器提取时间。因此在实际的数据管理中，IPFS 确实具有提高数据传输速度的作用。

表 6.10 **截至 2020 年 2 月容器管理器提取容器图像所需的时间对比**②

	DockerHub	Titus Registry	P2P orginal	P2P optimized
alpine(2.6MiB)	1.2422s	0.7232s	0.225 s	0.029s
mysql(123MiB)	1.7834s	1.9728s	1.7304s	0.6866s

①　容器映像：容器映像是一个自包含的软件，即包含运行所需的所有内容：代码、工具和资源。

②　该表 s 为时间单位秒；MiB 为容量单位；alpine，ipfs/go-ipfs，mysql，DockerHub，golang 为常用的容器 Titus Registry 为常用的容器管理器，P2P orginal 是未优化的 IPFS(P2P)网络，P2P OPTIMIZED 是经过优化后的 IPFS (P2P)网络。资料来源：About Install Docs Team Blog Help New improvements to IPFS Bitswap for faster container image distribution. ［2020.05.25 检索］. https：//blog.ipfs.io/2020-02-14-improved-bitswap-for-container-distribution/

续表

	DockerHub	Titus Registry	P2P orginal	P2P optimized
ipfs/go-ipfs（22MiB）	1.4604s	1.6054s	0.9524s	0.1484s
golang（294MiB）	4.2882s	2.8968s	3.0062s	1.6358s

  未来 Netflix 是否会有更深度的合作，从目前的资料看还不得而知。但能够获得该公司的认可某种意义上说明了 IPFS 技术上的优势与现实中的可行性。

  综上所述，IPFS 是一种分布式的、点对点的新型超媒体传输协议，而利用了区块链技术的 Filecoin 则成为适合 IPFS 的激励层。IPFS 协议具有很多超越现有 HTTP 协议的优点，使得它能够有非常良好的潜在商业应用价值。特别是在数据爆炸的今天，用户对于数据存储、数据传输、数据质量等都有更高的要求，其能够为用户提供一个更安全、更高效、成本更低廉的网络与存储环境则回应了这样的时代需求。由于 Filecoin 主网背靠 IPFS，具有实际应用价值，且具有在加密货币中相对独特的共识机制，使得其获得了很多投资者的青睐。所以，在技术上 IPFS/Filecoin 替代现有 HTTP 协议是可行性的。然而，HTTP 协议现已成为互联网必备的传输协议，社会上已经拥有与其配套的非常完善基础设施，因此要使用 IPFS 颠覆 HTTP 会具有非常高的机会成本。并且，IPFS 可能导致信息难以监管的问题。

  因此，IPFS/Filecoin 项目短期内更有可能作为现有互联网技术的一个补充被部分企业和社群所使用。长期内，IPFS/Filecoin 项目还需要完善的法律法规支持。

第七章　区块链在互联网食品企业的质量安全管理方面的应用

——以三只松鼠为例

第一节　研究背景

一、国家重视食品安全

自 20 世纪 80 年代以来，我国制定了食品卫生法以及与之相关的各种法律规范，随着国际形势、市场需求的变化，食品安全相关的法律规范变得更加健全、系统，以此来有效监督和保障食品安全。我国食品工业的标准化体系分为四级，分别是行业标准、企业标准、地方标准和国家标准，更为具体地，我国已经有千余项食品国家标准和食品行业标准、近万项食品地方标准以及更多的食品企业标准。在改善食品卫生安全状况方面，国家和政府做出了许多努力。

二、"互联网+"食品发展模式

（一）"互联网+食品"是新的潮流与发展机遇

2019 年的《政府工作报告》着重强调了"互联网+"行动，希望由此促进新兴产业蓬勃发展，深刻重塑传统产业。各行各业在互联网信息化的帮助下，对生产组织方式、产品及商业模式进行大幅度的改进，释放新活力，使其自身能够更快地进行信息化、数据化和平台化的转型升级。"互联网+"的出现同样给予食品领域以新的发展机遇。

(二)"互联网+"食品竞争激烈

2020 年的"互联网+"食品行业以零食行业为主，三只松鼠、良品铺子、百草味三家构成"互联网+"食品行业主要格局，竞争激烈。

首先，在每年的"双十一"，这三家互联网零食企业经常发生恶性的低价竞争事件。其次，"互联网+"食品行业在品牌营销方面也面临着激烈的竞争。2017 年下半年，三只松鼠改变以往只把松鼠作为代言人的策略，宣布与偶像组合 TFBOYS 开展合作，开始娱乐化营销。2019 年 1 月 7 日，良品铺子宣布吴亦凡成为其品牌代言人。2019 年 1 月 19 日，百草味官方微博宣布易烊千玺成为新的代言人。此外，这三家公司在资本市场也存在着激烈的竞争。2016 年上市公司好想你(股票代码：002582)斥资 9.6 亿元收购百草味。三只松鼠(股票代码：300783)从 2017 年开始准备上市，直到2019 年 7 月在深交所创业板顺利上市。良品铺子(股票代码：603719)也于2019 年年初提交了招股说明书，2020 年 02 月 24 日在上交所上市。[1]

三、互联网食品行业的安全问题

互联网提供了更加方便的食品消费渠道，但也给食品安全问题带来了新的挑战。食品行业最重要的信息是与食品质量相关的信息，互联网食品安全事件的频频发生，主要是因为在互联网食品行业中，消费者和商家存在严重的信息不对称的现象。

由于信息不对称，消费者有可能会买到大量质量不合格的食品，此类事件会严重损害消费者权益和互联网食品的商业环境。例如，2017 年 8 月

---

[1]　网络零食"三巨头"渐成 行业竞争加剧［2020 年 4 月 15 日检索］. http：// finance. sina. com. cn/review/jcgc/2019-11-25/doc-iihnzhfz1462078. shtml.

15 日，三只松鼠开心果被发现霉菌超标，发通告称问题源于储存运输不当，生产方无法控制。但根本原因还是信息不对称。针对此类现象，我国出台了《网络食品经营监督管理办法》，不过仍然存在一些关键性的问题需要解决。比如，如何从法律方面明确网络食品交易的权责关系（即第三方平台与入网者之间的权责界定）、第三方平台与消费者之间的关系、消费者与入网者之间的关系，如何进一步通过制度和法律解决信息不对称问题，如何从源头上监督和规范互联网食品的安全。

四、应用区块链技术解决问题

销售食品的互联网商家的信用问题与其食品安全问题息息相关。对于一个具有高信用评价等级的商家，消费者会认为其所销售商品具有更好的安全保障。但信用评价由电商平台背书并非毫无缺憾，不法商家常会通过刷单来提升商家等级、伪造用户好评。因此，如何公正地评价传统电商的信用从而保证食品安全成为一个重要问题。

区块链技术具有解决信任问题的特性，可以用于解决食品安全问题。利用区块链技术的共识机制，企业可以把制造商、供应商、分销商、零售商和消费者上链至同一平台，共享一个分布式的账本系统。区块链上可查看产品在其生命周期内的全部活动，并且信息不可篡改，可以保证信息的真实性，从源头上杜绝造假行为的发生。[1]

区块链透明公开的特点，也可帮助商家降低对电商平台的评价、排名体系的依赖。食品商家的交易在供应链的每一个环节，都是真实可溯源的，这样，可以有效抑制了刷单造假的现象。商家将面临着消费者对食品安全、质量评价以及口味感受的绝对考验。高质量经营可以形成好的口碑、增强竞争力，避免了电商平台及流量工具和其他不法互联网食品销售商对商家进行绑架。这样就可以优化整个互联网食品行业生态体系，同时

---

[1]　肖程琳，李姝萱，胡敏思，任腾（2018）．区块链技术在食品信息溯源中的应用研究．物流工程与管理，40（08）：77-79.

也保障了食品安全。

第二节　互联网食品零食企业代工贴牌运营模式分析

一、零食行业传统模式

食品企业传统的分销渠道模式是从生产、仓储到分销商，再到商品超市和小销售部门，最后到消费者，包括横向企业制造商的自营店和专卖店。

表 7.1　　　　　　　分销渠道的优劣势（对比互联网零食企业）①

优势	劣势
渠道覆盖范围广，渗透力强	成本与控制力难以统计衡量
仓储与物流等方面具有更高的效率	花费更久的时长与消费者建立联系，获得信赖，处理其社会关系的效率较低
注重人与人的关系，回头客和老顾客居多	资金周转效率较低，经常有压货款的情况

对于营销渠道，传统营销渠道通过各种传统渠道（如电视、报刊、广播、黄页等）向消费者传递产品、服务、品牌等信息。

表 7.2　　　　　营销推广模式的优劣势（对比互联网零食企业）

优势	劣势
受众面广	消费者是被动的，难以与消费者进行互动沟通

---

① 中国食品网-互联网对食品行业传统营销模式的影响．[2020 年 5 月 15 日检索]．https://wenku.baidu.com/view/463a4cbbb8f67c1cfbd6b820.html.

续表

优势	劣势
市场启动较快、消费者认可度高	有地域等因素影响，成本较大，不易管理
销售的商品都是可见可摸的，消费者更信任	花费较长时间在营销推广上、反馈信息较慢
一般来说，营销渠道和销售渠道都很短，比如做推广，反映快，服务及时，便于现场控制	

传统的食品营销模式虽然有许多优点，但随着网络信息时代的快速发展，其缺点慢慢地暴露出来。时代发展的趋势下，食品行业不能固守传统营销模式，需要在互联网和电子商务平台的新一轮冲击下进行变革。

二、重视销售型的代工贴牌模式

"代工+贴牌"的模式即 OEM，是三只松鼠和良品铺子这类互联网零食公司的共同特点。

OEM 是伴随着社会分工的细化而产生的一种现象，说明时代进步下分工观念的加强和市场竞争强度的上升，最明显的优势是将品牌与生产合理地拆解开来。制造商可以更加关注在自己的产品研发和制造上，品牌和商标所有者就可以更注重品牌的经营而不是制造技术。

所谓轻资产经营，是指企业不进行大规模固定资产投资，而是将需要大规模固定资产投入的生产制造环节进行外包，集中资源拓展研发和营销环节的业务运营模式，目的是通过"轻"资产形态获得"高"利润回报。资产轻量化经营能够提高利润率的根本原因是资产轻量化经营本身形成了企业的独家资源、市场营销和研发水平。[①]

---

① 王智波，李长洪(2015). 轻资产运营对企业利润率的影响——基于中国工业企业数据的实证研究. 中国工业经济，06，108-121.

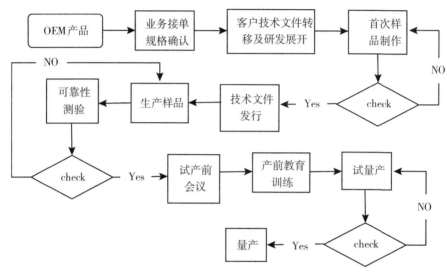

图 7.3 代工贴牌流程图①

从某种程度上说，这类企业是单方面的分销商，而不用作为既负责制造又负责营销的传统企业。然而，这也说明企业直接放弃了产业链中的制造环节，面临因议价权不足带来的成本上升的风险。

这种模式容易导致产品严重同质化。企业更专注于产品设计或宣传而非实质内容，事实上，产品和口味是否具有足够的竞争力，这才是零食行业最重要的。

三、代工贴牌模式与过度营销

代工贴牌模式容易引起企业过度的营销投入。当一款新产品上市时，在投入的初始阶段，品牌的管理者只会听到销量快速增长的好消息。首先，是由于生产同类商品的企业基数比较小，在生产曲线中处于边际增长

---

① 郭胜利（2012）．中国 OEM 生产模式研究，学位论文．咸阳：西北农林科技大学．

率较大的时期；其次，消费者的第一次接触和选购该商品对客户印象的形成至关重要，对接下来布局的消费者触及的广泛程度和最后形成的实际效果影响颇大。所以，在新行业情境下，先入为主的过度宣传战略不失为成为先性企业的妙方。但是，这种方法暂时模糊了消费者、商品定位、产品、销售价格、进货渠道等多方面的缺陷，扩大市场接受度，企业的管理人员很容易认为目前企业已经步入采用扩大广告就能扩大销售额的营销套路，所以就会毫不顾忌地加大广告的投入力度。但这样做会使销售量的边际效率会下降。一段时间后，顾客的体验及评价不及预期、竞品的同质化等问题使得消费者对原企业产品的购买欲望会明显下降。但此时，企业却难以壮士断腕减少广告投放，最终导致成本无法收回。总结可得，新产品刚进入市场的销售量飞涨，诱使企业管理人员采取了扩大宣传投入和扩大生产的战略。双重损失之下，往往是最初生产的企业的资金链出现问题，先发优势丧失。①

综合上述讨论，学会适度营销对企业来说至关重要。在采用广告进行营销和消费者中的信息传播时，一方面，产品要有实效和好品质，另一方面，不要因为宣传时对自身品牌产品定位点进行盲目吹捧，从而使消费者在收到商品前有过高期许，否则消费者对商品满意度的失望落差会很大，回头选购的可能性下降。优秀的营销企业要学会平衡产品价值和消费者满意度。②

四、代工贴牌模式与食品安全

"代工+贴牌"模式是一把双刃剑。零食企业合作的 OEM（Original Equipment Manufacturer）工厂规模不同，但很多 OEM 工厂都是中小型企业，现有的生产设备、生产规范和质量检测技术难以保证产品质量。三只松鼠

---

① 谭娟，曹文峰，李晓云(2019). 过度营销情境下的消费者偏好翻转. 商业经济研究，20，82-84.

② 李飞，李达军，路倩(2017). 避免新产品由"先驱"变"先烈"——适度营销理论的引出. 清华管理评论，06，56-60。

这类互联网食品企业频繁出现的质量安全问题与其 OEM 商业模式有很大关系。

在"代工+贴牌"模式下，尤其是面临跨区域、跨国这样的食品安全问题的时候，只要食品供应链的某一环节存在影响食品质量或安全因素的问题，整个食品供应链中的相关企业都会受到影响。监管部门追查问题的具体环节的难度大、成本高，一刀切的方式加重或模糊处理往往是最后的解决方式，但这样对社会的负面效应较重，顾客的信任与信心受到打击。

第三节　三只松鼠自身特点

三只松鼠不仅具有代工贴牌行业普遍存在的共性，也有其自身区别于其他互联网食品企业的特点。

一、盈利模式

三只松鼠全渠道布局，以线上为主。盈利模式包括在线 B2C 模式、统一入仓模式、自营销售平台、线下门店销售以及大客户团购订单这五大部分，其中以在线 B2C 模式和统一入仓模式为主。

公司主要利用线上高效运营能力实现高于同行业其他品牌的复购率和用户渗透率，以达到营业收入增长的目标。因此公司利润空间主要取决于获客成本、用户复购率、用户转化率以及供应链效率这四个方面。

其中，复购率包括留存率(即今年获取的新客户到明年还会消费的比率)和消费频次。获客成本包括新客的获客成本(即每获得一个新客所花费的推广成本)和订单的获客成本(即产生每笔订单所花费的推广成本)。

二、重营销，轻研发

三只松鼠进入电商领域时正是该行业的上升期，没有大公司的垄断，故三只松鼠为获得垄断地位，制造垄断壁垒，加强了营销模式。

三只松鼠采用 B2C 的销售模式，不能与顾客见面买卖，为此，三只松鼠采用情感营销，重视网店及产品图片设计、客服、促销活动、包装、退换货等，加强与顾客的情感交流。

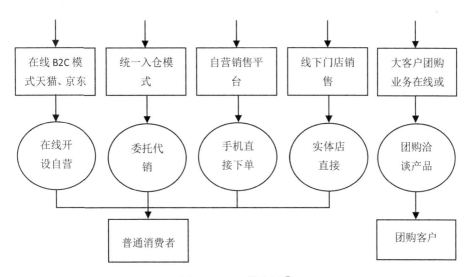

图 7.4　B2C 模式图①

然而，三只松鼠在注重营销的道路上越走越远，产生了大量的销售费用，更重视广告而非生产。从三只松鼠官方网站的信息得知，公司 2019 年营收突破百亿大关，市场占有率为行业最高，但主要是靠广告营销。根据三只松鼠 2020 年年报，三只松鼠 2020 年销售费用占营业收入比值为 17.48%。

（一）营销成本过高

三只松鼠增加销售费用是为了提升用户覆盖率、拉开与对手的规模差距，通过加强市场推广及全渠道并进等策略获取新用户及扩大市场占有率。

---

① 研报：中泰证券：三只松鼠：线上优势显著 数字化供应链赋能未来.［2020年 6 月 6 日检索］. http：//www. ec100. cn/detail--6520444. html.

表 7.5　　　　　　　　　　三只松鼠销售费用①　　　　　　单位：亿元

年　　　份	2016	2017	2018	2019
销售费用	0.82	0.99	1.05	1.16
占营收比例	20.76%	19.36%	20.87%	22.88%

　　三只松鼠过度依赖线上渠道的销售，在天猫和京东两个平台的销售额占据全部销售额的 80% 以上，线上平台运营费用也不断增加。在 2019 年，平台运营费用增速上升到了 75%。过度依赖线上渠道，导致三只松鼠的平台费快速增长，吞噬利润。

　　互联网零售企业需要借助平台进行线上销售的特性，而平台费用逐年增加，使得各大互联网零食企业平台费用不断攀升。因此销售费用高是互联网零食企业的普遍现象。

（二）毛利率低

表 7.6　　　　　　　　各公司的毛利率及其变动②　　　　　　单位：%

年　　　份	2017		2018		2019	
	毛利率	变动	毛利率	变动	毛利率	变动
洽洽食品	29.89	1.18	31.16	1.27	33.26	2.1
盐津铺子	46.83	2.36	39.13	-7.07	42.87	3.74
桂发祥	49.25	3.04	48.42	-0.84	47.57	-0.85
三只松鼠	28.92	1.28	28.25	-0.67	27.8	-0.45

　　由上表可知，三只松鼠毛利率在几大互联网零食企业中最低，主要有以下两点原因：

---

①　数据来源于 2016—2019 年三只松鼠公司年报。

②　数据来源于 2017—2019 年三只松鼠公司年报。

一是公司主要通过打造爆款的方式，制造成本端规模优势，之后通过低价促销来引流，从而使得单件利润变薄，毛利率低于同类头部企业。

二是依靠线上模式，三只松鼠获得了爆发式的增长，弊端也很明显，过高的平台服务费蚕食了毛利率。从三只松鼠披露的招股书来看，平台服务费在销售费用中占比越来越高。

（三）研发投入较低

表7.7　　　　　　　　　　各公司研发投入占比①

年　　份	2017(%)	2018(%)	2019(%)
洽洽食品	0.59	0.6	0.63
盐津铺子	2.19	2.1	1.92
桂发祥	0.62	0.83	0.94
三只松鼠	0.3	0.49	0.5

相较于同类企业，三只松鼠的研发投入较低，在研发的细分领域上讲，企业更关注食品口味的研发、包装的设计、系统(仓储管理系统、投食店系统、物流仓储系统、订单管理系统等)的开发，但是对于食品质量控制、安全监测及配方完善(产品机理类)侧重较小，这也为其食品安全问题埋下了隐患。

三、食品安全问题频发

除了上述的研发缺失，由于企业、消费者、工厂之间的信息不对称，三只松鼠代工贴牌模式也带来了很多食品安全问题。据不完全统计，从2016年7月至2020年6月，三只松鼠多次因为食品安全问题被监管部门通报，涉及甜蜜素过量以及霉菌超标等，具体见下表。

---

① 数据来源于2017—2019年三只松鼠公司年报。

表7.8　　　　　　　　　　　**食品安全事件①**

时间	重大事件
2016.7—2017.6	产品不符合食品安全标准
	标有"促销价"非促销误导消费
	产品保质期标注与食品安全标准不符
	标示脂肪含量与实际含量不同
	含糖量不符合等级要求
	配料未在标签中标注
2017.8.10	因生产不符合食品安全标准的食品，被芜湖市食品药品监督管理局处罚款5万元、并没收违法所得2505.89元
2017.8.15	检测出的食品里的霉菌值为70 CFU/g，较国家标准规定的最大值25 CFU/g多处1.8倍

表7.9　　　　　　　　　　　**供应商食品安全问题②**

时间	供应商	问题
2018年12月10日	杭州鸿远食品有限公司	生产、销售不符合食品安全标准的松子
2018年10月22日	杭州临安新杭派食品有限公司	涉嫌暂时未对不利用或不能利用的工业固体废物建设贮存设施、场所进行安全分类存放，或未采取无害化处置措施

截至2019年11月29日，关于三只松鼠的投诉多达264件，位居同类品牌之首。三只松鼠被投诉的原因主要为卫生和质量问题，如产品发霉、

① "代工+贴牌"弊端渐显，三只松鼠的食安之思.[2020年6月6日检索]. https：//baijiahao.baidu.com/s？id=1651775310893905228&wfr=spider&for=pc
② "代工+贴牌"弊端渐显，三只松鼠的食安之思.[2020年6月6日检索]. https：//baijiahao.baidu.com/s？id=1651775310893905228&wfr=spider&for=pc

含有头发、虫子异物等。

对于互联网食品企业食品而言食品安全问题是头等大事，企业必须重视食品安全，履行社会责任。单从企业自身角度来看，食品安全直接影响消费者购买行为的意愿，忽视食品安全问题的后果就是降低客户黏性、降低复购率，从而损伤业绩。因此，互联网食品企业应该注重食品安全问题，维护企业品牌，树立食品安全文化。

四、三只松鼠发展规划

(一)数字化进程

2018 年，三只松鼠创始人章燎原曾带领员工拜访了 20 多家为三只松鼠供货的食品生产企业，并与工厂端建立了联系，将原本规模小、业务分散、同质化高的食品生产企业聚合起来。此后，三只松鼠进一步深入供应链，与第三方检测认证机构 ITS、全球最大的香精香料企业奇华顿、特种植物油脂生产商 AAK 等公司建立了战略合作关系，从而改善了食品生产的"基础设施"建设，三只松鼠也由此打通了产品的整条供应链，得以全面参与研发和生产，形成了三只松鼠独特的"造货"模式。

2019 年，三只松鼠搭建了全供应链质量管理体系架构，实现节点式质量管理。

2020 年，公司计划深入推进数字化技术的发展、实现供应链前置与组织新效率，用大数据指导生产研发和企业决策，以期实现流程中心、制度中心和人/财/物全生命周期的数字化建设。

(二)联盟工厂

联盟工厂模式将形成四个联盟：资本联盟、资产联盟、渠道联盟、品牌联盟。将原来的简单的合作关系升级为"共生关系"。

在联盟工厂模式下，由三只松鼠和当地政府沟通后对土地进行整体规划、建设成标准工厂，将制造加工、仓配、TOC 的物流统一起来。除此之

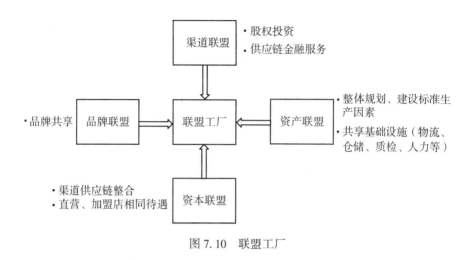

图 7.10　联盟工厂

外，三只松鼠同时也会提供包括共享检测、共享仓储设施、人力服务、金融支持等统一于一体的基础设施支持。同时，公司也有计划对合适的联盟工厂进行投资，建立资本连接。利用三只松鼠渠道、品牌优势，通过联盟工厂实现供应链的整合。联盟工厂模式是三只松鼠的再一次创新，其本质是以联盟的方式，通过数字化和在线化，最终实现零售和制造一体化，形成一个更加成熟完整的产业生态。①

(三)契约种植基地，产品可溯源

因为与原产地达成的合作订单是契约式的，三只松鼠的食品溯源具有稳定性，且三只松鼠的现金流充裕，为了降低原产地的风险，维持供货稳定，可以对原产地预付款。并在原产地委托加工，形成半成品后，再送至本公司在芜湖的总部工厂，完成质量检测。封装后，分别从四个分仓(芜湖、北京、广州、成都)运向全国各地，由此可以减少货架期一个月，实现以销定产，其货物周转速度远高于传统加工企业。

---

① 　三只松鼠：首次公开发行股票并在创业板上市招股说明书.［2020 年 6 月 6 日检索］. http：//dwz.date/aWgR

但是，虽然三只松鼠作为首家 IPO 的互联网零食企业在市场占有率保持领先地位，但是其代工贴牌的运营模式却带来一些食品安全隐患。根据其自身现状与溯源规划以及区块链技术的特性，三只松鼠可以结合区块链技术应用代工贴牌模式下互联网零食行业的食品的质量安全管理。

第四节　区块链在食品领域的应用研究

一、食品安全问题的本质与现状

（一）由信息不对称导致的逆向选择问题

食品大多具有信任品属性，但信息不对称往往带来"劣币驱逐良币"问题：当消费者对真实质量无法明确区别的情况下，往往选择从性价比角度出发选择更便宜的选项，从而导致生产者收益无法弥补高质量食品的高成本，高质量食品被低质量食品挤出市场，提升交易成本，降低市场资源配置的效率，造成较为严重的逆向选择问题。

（二）由信息不对称导致的道德风险问题

由于消费者难以直接观察到生产者的生产行为，加之消费者在购买后即使发现产品存在质量问题，也只能反馈到销售商处，难以获得有效的信息，从源头上找出问题企业，使得某些生产者在利益的驱动违规降低成本，使用一些不合格的原料和设备等，危害消费者的身体健康，存在一定的道德风险。

（三）食品质量安全管理困境

我国的上游食品企业数量大，生产规模小，地域分散，且供应链长，生产环节多，生产所用的食材来源复杂，国家相关法律法规标模糊性较大，执法力度不足，公民食品安全及维权意识不足等一系列问题都给企业内部管理和社会监管带来较大的困难。

二、区块链技术适用于食品质量安全管理的特性

区块链技术具有分布式、不可篡改、信任共识等特点，在食品质量安全管理方面有较好的应用前景，有利于企业信息化建设，也可以减少治理的成本，解决企业、消费者及监管部门之间的信息不对称问题。

(一)信息共享，易于追溯

传统的中心化存储的信息存在无法共享、难以追溯等问题，而区块链技术使得企业可以把供应链上所有节点的信息生成带有时间戳的链式区块，系统内成员可利用共享账本查看产品信息，从而实现食品全周期的可信数据安全共享，使得消费者可以查询商品全生命周期的流转情况，监管机构可以实时对生产到消费全流程关键信息进行把控，便于事后追责，提升监管效率，充分发挥数据价值，降低信任成本，有助于形成各方之间互信协作的生态。[①]

(二)公开透明，不可篡改

区块链的共识机制使得供应链上各环节的信息存储在共享账本上，各成员只参与维护各自所对应的节点。而在共识机制算法的约束下，整个系统将由所有成员共同维护，且信息不可篡改。[②] 这种公开透明、不可篡改的特性增加企业造假成本，使不合格企业暴露的机会增加，从而促进企业加强自我监督，提高食品质量水平，助力市场健康发展。

三、区块链技术在食品领域的应用探索举例

2016 年 10 月，零售业巨头沃尔玛联合清华大学和 IBM 以中国猪肉供

---

① 张梦涵(2020).区块链技术在食品供应链中的应用.中国物流与采购，3：73.
② 肖程琳，李姝萱，胡敏思，任腾(2018).区块链技术在食品信息溯源中的应用研究.物流工程与管理，40(08)：77-79.

应链和美国芒果供应链为试点，将超级账本（Hyperledger）区块链系统应用于食品供应链管理，探索区块链技术的实际应用方式。

2017年8月，为了更快捷地帮助食品供应商完成追溯，沃尔玛、雀巢、多尔和金州食品等全球10家在食品快消领域的供应商与IBM达成合作协议，将在其供应链中使用区块链技术。2017年12月14日，为了进一步加强在食品追踪、可追溯性和安全性等方面的合作，借助区块链技术提升国家食品供应链的透明度，维护消费者利益，保证食品安全，沃尔玛、京东等联合清华大学共同宣布成立中国首个安全食品区块链溯源联盟。

2018年成立于新加坡的Wine Chain，是全球首个基于区块链和物联网技术的红酒公有链去中心化溯源追溯体系。2018年年初，大数有容针在河北唐山市进行了区块链项目的方案规划，获得唐山市十大民生工程——智慧食药监项目的落地建设机会。2018年年底一期平台正式上线运行，并在2019年向唐山全市的机关、学校食堂和大型商超进行部署和培训。

四、食品供应链区块链体系架构

如图7.11所示，区块链在食品供应链体系的架构包括以下部分：

首先由供应链上各企业上传经过共识机制验证的食品特性，交易流通等。

然后通过特定的算法和数据结构，将相关数据上传到按照时间顺序衔接而成的区块链系统。网络层封装了区块链系统的组网方式（P2P网络）和数据验证机制等要素；共识层包含PoW等共识算法，建立共识机制，应用更加契合的股份授权证明（DPoS）和实用拜占庭容错算法（PBFT）等来实现各节点针对食品数据的有效性达成共识；合约层封装了建立的食品供应链上各节点执行的合约脚本代码，基于区块链的智能合约的执行在达到预期触发条件时自动执行；应用层主要由客户端构成，其中包括食品供应链各企业客户端、用户和相关监管部门。

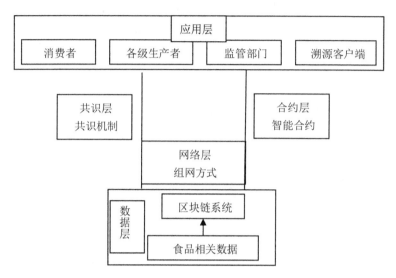

图 7.11 区块链在食品供应链体系的架构①

五、区块链应用于食品溯源网络架构

区块链的食品溯源供应链研究设计的具体操作如下：

在食品全周期各个环节如原料采集、生产加工、包装、质量检查、储藏、物流等，都可以区块链技术录入并查看相关信息，在各关键环节可嵌入政府相关部门的检测数据，提升监管效率，及时将监测信息反馈给企业和消费者。

六、区块链技术对企业成本控制的作用

以三只松鼠为代表的互联网零食企业其原料采购成本近年来不断上升，三只松鼠主打的坚果品类食品成本上升尤为明显。为保证产品的高质

① 董云峰，张新，许继平，王小艺，孔建磊，孙鹏程. 基于区块链的粮油食品全供应链可信追溯模型［J/OL］. 食品科学：1-11［2020 年 4 月 13 日检索］. http：//kns. cnki. net/kcms/detail/11. 2206. TS. 20200401. 0911. 002. html.

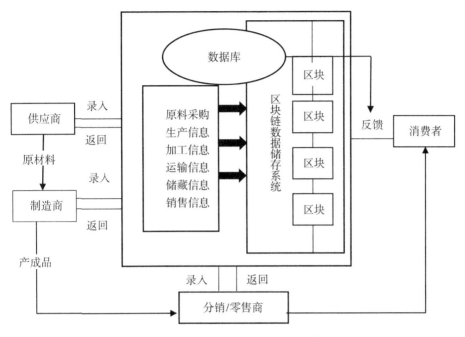

图 7.12 食品溯源供应链网络图①

量，三只松鼠的坚果原料采购价格略高于同类企业。但是近年来出现的食品安全事件，如开心果霉菌超标等对该企业的坚果口碑产生了一定的负面影响。利用区块链技术可以帮助互联网零食企业加强监管，对问题产品追溯到坚果生产供应厂家，实现对相关厂家的优胜劣汰，加强成本控制。

第五节 针对三只松鼠问题的"区块链+"实现机制

三只松鼠近几年因为质量问题频发，接连受到消费者的投诉。其中，食品添加剂的使用以及生产过程中的霉菌、异物方面出现的问题最多，这

---

① 肖程琳，李姝萱，胡敏思，任腾（2018）．区块链技术在食品信息溯源中的应用研究．物流工程与管理，40（08）：77-79.

些也是互联网食品企业都会出现的问题。相关的区块链机制设计可以帮助解决这些问题。

一、"区块链+食品添加剂"信息溯源

(一)现有问题

1. 生产源头污染

食品添加剂与食品生产的投入产出比较高，约为 1 比 75，使得大量趋利性强、职业操守度低的企业进入，而这些企业的进口压力较大，容易为了压低成本而降低食品添加剂的质量，造成源头污染。

2. 超量超范围使用

该行业中的很多企业缺乏法律意识和自律意识，政府监管和惩处力度不够，为了让食品更加美味吸引顾客或者延长保质期，有些食品厂商会超量使用、任意搭配添加剂。

3. 外界压力充斥

随着环境保护税法的逐步完善，食品添加剂企业面临的环保、舆论压力加大，很多消费者本来就对食品添加剂有负面印象，更青睐少放甚至不放添加剂的食品，使得食品添加剂企业承受着较大的外界压力。

(二)现有模式——以"食品添加剂溯源系统"为例

2019 年，刘窈君、杨艳萍提出的"食品添加剂溯源系统"可用于解决食品添加剂相关问题。具体步骤如下：

每个阶段都设置传感器并且关口都有一个观测点，以在生产环节得到信息。产品完成后，在加工环节将得到专属溯源码。在供应环节，员工扫描产品专属的溯源码，将信息上传至统一管理平台。最终，在销售环节，消费者和员工都可以扫描溯源码查看产品全周期信息。

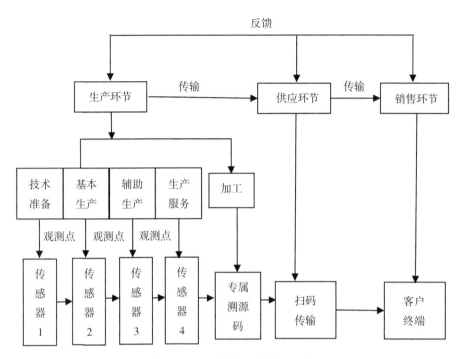

图 7.13 食品添加剂溯源系统①

二、"区块链+霉菌、异物"信息溯源

(一)现有问题

食品加工过程中容易造成霉菌污染,如高湿度和水汽、空气流动传播的霉菌污染、水环境、人员、包装等引起的霉菌污染。② 此外,原料处理不当,食品加工过程中加工方法不正确、加工用设备破损混入等因素也会

---

① 刘窈君,杨艳萍(2019).食品添加剂行业运用区块链技术的可行性及实施路径分析.创新科技,19(02):79-83.

② 食品厂常见的霉菌原来是因为这几个原因产生的.[2020年4月23日检索].
https://www.sohu.com/a/330834181_100265778

造成异物混入。① 尽管食品企业会采取一定措施应对霉菌和异物,但霉菌污染和异物混入事件仍频频发生。

(二)现有模式——以武汉大学"食品质量安全保障系统"为例

武汉大学大数据与云计算实验室于 2018 年研发了"食品质量安全保障系统",该系统建立了食品生产全产业链,对食品中的危害因子进行全面监控,有助于解决食品生产、储存等过程中出现的霉菌污染和异物混入问题。

具体操作如下:

将货物与物联网连接,具体是在货物上贴上记录产品信息的标识码,包括生产、加工、运输、销售等各环节信息,员工可以在其负责的环节录入信息。此后,整个系统可以实现全程溯源。

根据该系统的食品真实性溯源功能,可以确定食品包装内容物与其标签内容是否相符,包括营养成分含量、配料,是否含有未标识的防腐剂、生产规范、原料产地等。利用这一功能可对出现霉菌问题的食品进行筛选排查和信息溯源,厂商可据此改善车间环境、包装和保存方式、运输方式和保质期设置等,并对食品相关投入物进行排查,防止异物的混入。② 该系统与上个系统存在类似之处,但是该系统的特别之处在于已经在湖北多家企业得到了实际的应用,且更加注重溯源后的反思过程,而霉菌问题的解决要依靠企业对食品全周期各环节以及环境的反思和改善。

三、"区块链+"食品信息溯源的信息安全机制

区块链技术具有信息上链后无法篡改的特性,但无法避免上链前人为的数据作假,因此使用区块链技术时需要结合一物一码、智能合约以及奖

---

① 食品企业异物来源分析.[2020 年 4 月 2 日检索]. https://wenku.baidu.com/view/bc6ac4d1c1c708a1284a4417.html

② 武汉大学大数据与云计算实验室:区块链如何提升食品安全?[2020 年 4 月 23 日检索]. http://www.foodblockchain.com.cn/details/id/120.html.

惩机制等信息安全机制，以帮助数据安全上链。

（一）一物一码

二维码具有防伪特性，每个二维码的编码不会重复。利用一物一码技术，消费者扫码后就可以识别产品的真假，并获知产品信息。在产品溯源体系中，该技术可保障产品质量，打击仿冒伪劣行为，增强客户的信任。[1]

（二）智能合约

智能合约一方面可以使得企业的各项规定以编程语言的形式储存，各项约定可以自动被系统识别、执行，另一方面可以结合传统的法律条文，设置"黑名单"，增强对违反规定企业的惩处力度。[2]

（三）奖惩机制

以相关的法律合同为基础，借助第三方相关部门、政府的共同力量，建立奖惩机制，提高数据造假的成本。[3]

第六节　总　结

食品安全问题是全世界都在研究的问题。食品安全事件频繁发生的根本原因在于政府、企业、销售商和最终消费者之间的信息不透明、不对称。世界各地的食品厂商利用不同的记账方式，很难统一，且有的厂商记账方式不规范，以传统方式进行全球食品溯源难度极高。

---

[1]　王翠竹(2019). 借助"一物一码"，打造"以消费者为中心"的生态圈. 食品安全导刊，16：51-53.

[2]　刘窈君，杨艳萍(2019). 食品添加剂行业运用区块链技术的可行性及实施路径分析. 创新科技，19(02)：79-83.

[3]　王鹏飞(2018). 上链信息真实性是区块链落地的关键. 企业管理，2018(06)：17-20.

食品电商行业的消费渠道较传统食品行业更为便捷，但面临的食品安全挑战也更为严峻。需要对传统模式进行剖析并在其基础上探寻新思路。

一、互联网电商食品行业的模式及问题

食品电商行业的现有运营模式以互联网食品企业为核心，联合代工厂、物流以及营销平台三大主体。这种模式在快速高效的同时也存在一定问题。

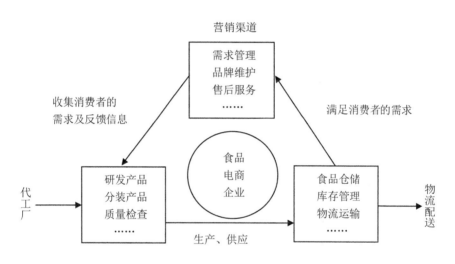

图 7.14　食品电商行业的现有运营模式

(一)社会环境方面

1. 监管方面

政府还未理清监管与社会治理的关系，而且权力配置过于分散，监管仍主要以问题为导向，监管力度也不够。

2. 法律法规

食品安全相关法律体系虽逐步完善，但可操作性仍不高，因此并没有强制的法律执行力，也很难起到规范和威慑作用。

（二）信息溯源方面

采用代工贴牌模式的企业缺乏对代工厂的信息溯源，消费者、代工厂和企业之间仍存在很强的信息不对称性，无法切实保证消费者的权益。即使可以得到信息，也是有限的，消费者很难从生产日期、保质期、储存运输环境等方面鉴别商品，一定程度上使得购得商品的质量具有不确定性。

（三）物流配送方面

物流配送环节缺乏保障。大多数互联网零食企业采用的仍是第三方物流进行配送的方式，如顺丰、申通等，一些企业借到订单后直接发货，不考虑商品的配送过程，对储存和运输条件的监管不到位，而在这个过程中很容易产生食品安全问题。

二、"区块链+"食品信息溯源

（一）模式

"区块链+"食品信息溯源机制的总体设计思路是：相关主体将各自环节有关的产品信息录入到该系统中，信息不可篡改，由于区块链技术具有分布式账本，每个成员可以通过个人私钥查询信息，最终达到全周期信息溯源的目的。

（二）问题及解决方案设想

区块链在食品电商行业应用的现有模式并未得到广泛使用，也反映了诸多问题，如现阶段市场标准不统一、企业上链动机不足、上链数据的真实性难以保证等，需要政府建立健全相关奖惩机制，也需要该行业在未来使用区块链技术防控食品安全问题时，结合物联网、大数据等技术监控食品生产的过程。

1. 缺乏统一的市场标准

现阶段的应用主要体现在以大型企业为中心串联各个环节构造的商业化联盟链，中小企业由于技术和资金问题难以参与。受到参与主体数量较少，数据不足的限制，目前尚未形成社会化服务公链，不能对不同联盟链中需要"上链"的信息作统一要求，使得不同联盟链上链信息有所差异，未形成统一的市场标准，因此监管部门也难以发挥作用。①

2. 企业上链动机不足

相关上游生产企业常常因为成本等问题不愿搭建区块链网络将内部数据共享，需要借助强势企业或政府机构的推动力。针对以三只松鼠为代表的生产和营销分离的互联网零食企业，其上游生产企业信息披露及支付构建区块链网络的费用的动机较弱，三只松鼠建立区块链网络可能面临很多问题。如果供应链企业参与积极性较低，不愿承担成本，那么部分成本最终会分摊给消费者，影响消费者购买意愿。

3. 上游数据真实性难以保证

区块链技术只能保证信息上链后的可信传输，无法避免上链前人为因素对源数据的影响。因此，区块链技术的作用是有限的，它必须与物联网、遥感、RFID、快速反应码(QR)技术和智慧农业等有机结合，依靠机器采集、记录、输入和处理数据，尽量减少人为因素，确保数据准确、真实、可靠、安全。

具体模式设想为：利用物联网和大数据技术监控食品生产的全过程，设置传感器，收集所有能导致食品安全问题发生的因素的信息，加以监控，这些因素包括灰尘颗粒、温度或湿度等。对于天气、输运环境等数据，可以利用大数据技术进行信息采集和分析，及时发现隐患并加以预防。

(三)优势

结合物联网、大数据的区块链技术可以解决企业、代工工厂、消费者

---

① 黄文礼，郑瑜琦(2020). 区块链技术铸造食品供应链"防火墙". 杭州，2020(Z1)：136-137.

之间的信息不对称问题，通过对食品生产到销售各环节进行可溯源的监控，减少食品安全问题的发生，如帮助三只松鼠类的代工贴牌食品电商解决添加剂超量超围使用、霉菌污染、异物混入等食品安全问题。此外，也可以解决传统电商的信任问题，防止电商平台的商家刷单造假等。

第八章　基于平台大数据构建用户信用画像的应用研究

第一节　信用风险与个人征信系统

一、信用与信用风险

在广义社会学领域中，信用是一种"诚实守信"的行为准则和道德约束。人们通过守信行为，进行商品和货币交换，维持正常商业秩序，推动社会持续发展。本章研究的"信用"集中在狭义的经济学领域。在经济学中，信用指代不同经济主体之间资金的借贷和商品的赊销、预付等行为，反映的是由于货币或商品使用权的暂时转移使用而产生的债权债务关系。①授信人的信用以还本付息为条件，并不能改变商品和资金所有权，只能在限期内获得商品或资金使用权。

但对信用产生原因和应用范围，不同经济学派却有不一致的理解。古典学派的经济学家奠定了信用理论的基础。他们整合了货币、信用、利息、银行等金融市场要素，提出了货币与信用理论。以大卫·李嘉图为代表的信用媒介派认为信用不能创造新的资本，只能转移现有的资本，实现资源的再分配，银行被认为是"银行作为信用融通者，银行业务是在信用

---

① 程鑫著(2018). 互联网环境下农户诚信评价研究——基于支持向量机方法. 武汉：武汉大学出版社.

授予人和信用被授予人之间进行的融通。"①以近代信用创造论的继承者和代表人物马卢克斯在《信用的理论》中提出的信用不仅能融通现有资本，还能通过借贷关系创造资本。银行就是创造和发行信用的机构。

制度经济学和行为经济学者则提出了不同的见解，他们进一步解释、完善信用理论。制度经济学将信用关系与制度预期相联系，认为制度变革会引起经济人的预期变化，进一步影响经济决策。因此，合理的制度会使经济人形成守信选择的制度预期，而不合理的制度则会造成失信行为。

行为经济学则以信息不对称和经济人非完全理性假设为前提，利用心理学和风险偏好理论重新解释信用。他们认为，在不同风险偏好下，授信人会做出不同的选择。风险厌恶型更倾向于选择守信；而风险厌恶型则会倾向于违约。在信用理论发展的过程中，古典学派建构了信用理论的基础，整合了信用与银行、货币、商品等关系，从而建构了金融业。因此以制度经济学、行为经济学理论为主的研究则丰富了信用理论的内容，为信用理论研究提供了更加多维视角。

综上所述，学界对信用理论的研究已较为丰富。但总体来说，信用理论的本质仍是研究还本付息的借贷行为。在借贷行为中，借方通过金融机构获取商品或货币，并按照提前拟定的合同在限期内还本付息。在借方借贷、用贷、还贷的过程中，金融机构聚集社会的闲散资金，借给需要的企业和个人。社会闲散资金持有者、金融机构、需要资金的企业和个人都在借贷行为中受益。如果借方是企业，信用行为还可以降低投融资成本、在经济下行压力下推动经济发展，缓解企业的现金流压力。因此，还本付息的借贷行为可以优化资源配置。

但在信用行为中，借方和贷方并不是存在理想情况下的完全知情，大多数情况下借方与贷方间信息不对称。在贷方放贷时，贷方并不能清楚了解借方的信用状况和资产质量。在双方信息不对称的情况下，信用较差和

---

① （奥）路德维希·冯·米塞斯著，孔丹凤译(2018).《货币与信用理论》.上海：上海人民出版社.

信用较好的借方可能获得同等数量的商品或是货币，即借贷关系并不能体现出信用质量的差异。这可能导致在借贷市场上，信用较好的借方退出市场。信用较差的借方驱逐信用较好的借方，出现借方客户质量下降的逆向选择。

在借方还贷的过程，贷方还要面临信息不对称造成的道德风险。一方面，贷方无法知悉借方取得使用权后对货币、商品的处置行为。例如借方在银行获得资金后，很可能用借款从事高风险的投机行为。借方的违约风险增加；另一方面，放贷时产生的逆向选择也增加了借方的违约行为，进而增加贷方的资金压力和经营风险。

表 8.1 　　　　　　　　　　信用风险示意图

信息不对称			
逆向选择		道德风险	
借贷	放贷	用贷	还贷

信息不对称导致的逆向选择和道德风险是信用体系运转时面临的信用风险。规模较大、程度较深的信用风险可能威胁金融业的正常运转。例如美国 2008 年的次贷危机，就是 CDS 等金融衍生品的发行利用了信用行业的制度漏洞，降低了消费信贷的进入门槛。在房地产市场崩盘后，消费信贷的低收入者的大量违约使得高杠杆的银行体系濒临崩溃。

为了解决借贷行为中的信息不对称问题，降低信用风险，贷方逐渐尝试构建征信体系。征信体系可以分为企业征信体系和个人征信体系。企业、个人征信系统的构建有助于减少借贷行为中的逆向选择和道德风险，帮助贷方筛选质量较高的客户，抑制借贷市场的系统性风险。针对企业的借贷和信用行为，借贷双方构建了企业征信系统，企业征信系统利用企业的借贷行为为企业提供信用背书。而针对个人信用行为，借贷双方构建个人征信系统，通过家庭收入、资产、借款、信用状况等多项指标，构建用户的信用画像。

而现代个人征信体系应该是由负责收集个人信用信息、提供征信服务的征信中介机构、管理信用行业的管理机构构成，除了信息收集和管理机构，个人征信体系的运行还需要有相对客观的评价体系和完整的制度规范。在机构逐渐完备、制度逐渐健全的情况下，还需要社会公众的广泛参与，才能建立起完整的个人征信体系。

二、各国征信体系比较

纵观英、美等发达国家的征信体系，都以征信公司的出现为标志。征信公司的出现使得个人信用被广泛收集，从而建立了个人征信体系。在个人信用广泛收集的基础上，信用行业的管理机构逐步形成。随着个人信用行业发展，个人征信评价体系也进一步完善，评价体系逐渐客观化、标准化。由"5C"等专业传统评价手段和以定性为主的综合评分手段向利用统计学方法和数学规划方法的现代信用评分手段和利用大数据技术发展的大数据模型进行演变。在行业发展较为成熟后，关于信息采集、个人隐私权保护和信用行业发展的法律制度又进一步完善。因此，信用中介机构、管理机构、征信评价体系、相关法律都是研究个人征信体系的重要维度。

个人征信体系可分为以美国为代表的以信用局为主导的市场化征信体系、以德国为代表的政府主导的联邦征信体系、以日本为代表的行业协会为主导的征信体系。这三种征信体系各有特点。

美国个人征信体系始于18世纪60年代。1860年，美国纽约成立了第一家信用局，信用市场开始建立。20世纪30年代。美国个人消费信贷的增长使商业银行不得不引入个人征信评价体系，以此控制客户违约风险。个人征信体系得到发展。在激烈市场竞争中，市场化的信用公司(如标准普尔、惠普、穆迪)和三大征信机构(益博睿、艾克菲、环联)逐渐占据主导地位。时至今日，以上公司几乎垄断了美国个人信用行业，他们从事个人信用信息的收集、加工整理、量化分析、加工评价。并为金融机构提供信用服务和衍生品购买。

表8.2 美国三大信用局概括

征信机构	开发的产品与服务	使用的信用评分模型
EQUIFAX	个人支票担保、个人信用服务	Beacon, Das
EXPERIAN	信贷风险评估、个人信用服务	FICO, GOLA Report
TRANS UNION	个人信用评分、风险评估	DELPHI, EMPIRICA

美国信用局呈现高度市场化特征。从事个人信息收集整理的信用局通过市场化运作,并不需要政府的经营许可。而信用局则通过信息中介服务赚取收益,金融机构向信息局购买相关服务防范信用风险。信用局、以商业银行为主的信用机构形成了完整的信用行业的产业链。在全行业市场化运作下,美国政府也不设信用管理局进行管理。管理工作被拆分为银行系统和非银行系统两部分,财政部货币监理局、联邦储备系统负责银行系统的信用业务监管工作;而联邦贸易委员会、司法部等机构则负责非银行系统的相关业务。

二战后,随着征信机构规模的扩大和个人征信行业的成熟,美国逐渐完善了个人信用行业的法律法规。美国个人信用行业的法律的核心是保护公民的隐私权,随着信用交易规模逐渐扩大,如何保护隐私权成为美国信用行业发展的重要课题。美国出台了《公平信用报告法》和《格雷姆—里奇—比利雷法》等专门法案,保护个人信用用户的隐私权,进一步规范信用行业的发展,打击信息黑产问题。而英国等国家也与美国一样,采用市场化的运作模式。私人主导的信用局作为信用中介机构,广泛收集信用数据,构建数据库和用户画像,通过客观的评价系统为商业银行提供第三方信息服务。

而德国个人征信系统则与美国的个人征信系统差别较大。德国的个人征信系统分为公共征信系统、私营征信系统、行业协会。德国的个人征信模式较为多元化,个人信用数据通过三个并行系统进行收集,实现了个人信用信息收集的全面性。

德国的"公共征信系统包括德意志联邦银行信贷登记中心系统以及工

商登记信息、破产法院破产记录，地方法院债务人名单等行政、司法部分的信息系统。"①以德意志联邦银行为核心的信贷登记中心系统主要负责个人信用数据的收集、整理、加工，是德国个人征信系统的核心。而私营征信系统和企业征信系统则为公共征信系统提供补充，Schufa 等公司已构建成熟的信用评价系统。私营征信系统"通过个人的基本信息、信贷信息、银行账户信息、租房信息、犯罪信息"②，对用户画像进行评分，并向商业银行提供信用服务。

在法律体系上，德国并没有颁布像《公开信用报告法》一样的专门法。德国更多的是利用基本法法条制约个人信用行业中的非法行为。《联邦数据法》《信息和电信服务法》和《欧盟数据保护指南》等多项基础法令为用户隐私权提供保护。虽然德国与美国的法律体系差异较大，但他们在用户隐私权、信用行业的规范上的法律保护是较为完备的。

在监管体系上，德国以德意志联邦银行为监管机构，收集以商业银行为主的金融机构的信贷业务数据。以德意志联邦银行为主导，政府信用为背书的个人征信体系能够有效防范银行系统的金融风险。政府主导的联邦金融服务监管局下属的联邦银行监管局、联邦保险监管局、联邦证券监管局管理私营征信系统的业务行为，监督私营的信用局对个人信息的使用，而个人数据保护局对个人征信数据进行监管，防范非法的征信数据泄露。

20 世纪 60 年代，日本建立个人征信体系。个人征信系统建设较晚的日本吸收了德国、美国等诸多发达国家的经验。一方面，日本建立以行业协会为中心的个人征信体系，行业协会通过自由竞争，与商业银行合作，建立完整的个人信用评价系统。另一方面，政府主导的全国银行个人信用中心行业协会主导的信用卡信息中心、全国信用信息中心作为主要的信用机构，收集个人信用信息，建立市场化的评价体系。经过 40 年的发展，2000 年前后，日本先后出台了《信用信息服务机构的个人信息保护方针》

---

① 廖勇刚(2009). 德国社会信用体系建设对我国的启示. 青海金融，4：52-54.
② 李晓刚(2017). 互联网金融个人征信体系建设研究，硕士学位论文. 杭州：浙江大学.

《关于独立行政法人单位所持有个人信息保护法》等相关法律，规范用户数据的管理和信用产业的发展。

纵观发达国家的个人征信系统，无论是以市场化的信用局主导、还是由中央银行政府主导或是行业协会为中心的商业银行主导，虽然信用机构的运作模式和市场化程度不同，但公民个人的征信意识较强，为个人征信体系的完善创造了良好的条件；同时关于信用行业发展的法律法规较为完善，为信用行业发展提供了良性监管。

三、中国个人征信体系建设历程

在发展中国家中，中国的个人征信体系建设较晚。1994年，中国的市场经济改革渐次展开，国企改制使得私企借贷需求扩张，经济改革带来了人均可支配收入与个人消费信贷的增长。企业和个人信贷的快速增长推动了银行的征信系统的建设。商业银行也通过个人征信体系了解企业和个人的信用情况，防范借贷的信用风险。

1997年，上海资信有限公司和金诚国际信用评估有限公司成立，中国开始建立个人征信体系。1999年，中国人民银行颁布《关于开展个人消费信贷指导意见》，明确"逐步建立个人消费贷款信用中介制度，信用制度是个人消费信贷业务发展的重要条件"。[①] 2000年，国务院进一步颁布《个人存款账户实名制规定》，为建立个人信用数据库做准备。2002年，上海和北京开始推行个人征信系统。2004年，中国人民银行个人征信系统正式开始建设。2005年，《中国人民银行个人信用信息基础数据库管理暂行办法》颁布，进一步明确个人征信系统建设中的具体问题。2006年，商业银行全部接入全国性的个人征信系统，部分农村信用社机构也接入个人征信系统，个人征信系统通过全国联网，覆盖范围进一步扩大。2006年后，人民银行的核心已经由东部沿海地区向全国拓展，个人征信系统的覆盖范围不断扩大。2019年，个人征信系统已经接入商业银行、城商行、农村信用

---

① 中国人民银行(1999). 关于开展个人消费信贷指导意见.

社、信托公司等金融机构，全面覆盖全国线下的信贷市场。随着个人征信体系建设，相关法律法规也进一步完善。

表 8.3   **部分征信系统法规**

年份	事件
2007 年	国务院办公厅颁布《关于社会信用体系建设的若干意见》，加大组织协调力度，促进信用信息共享，推动金融业统一征信平台的完善
2013 年	国务院颁布《征信业管理条例》，这是我国首部征信业法规
2014 年	国务院印发《社会信用体系建设规划纲要（2014—2020）》，建立以信息资源共享为基础的覆盖全社会的征信系统
2015 年	中国人民银行颁布《个人信用信息基础数据库管理暂行办法》 国务院颁发《关于运用大数据 加强对市场主体服务和监管的若干意见》
2016 年	国务院印发《中华人民共和国网络安全法》
2017 年	湖北试行《湖北省社会信用信息管理条例》
2019 年	国务院办公厅印发《国务院办公厅关于加快推进社会信用体系建设构建以信用为基础的新型监管机制的指导意见》

四、中国个人征信体系特点

我国的个人征信系统以中国人民银行为主导，国家政府为核心。第一，我国个人征信系统与中央银行密切相关。央行监管四大行、商业银行、城商行、农村信用合作社等金融机构，形成人民银行分行和省支行向地方性金融机构，而商业银行的总行向省分行进行传导的传输链条。第二，中国人民银行通过地方银行和总行的各类借贷信息，建立个人信用信息基础数据库。第三，我国金融机构大多是国有控股企业，金融机构与政府的双向沟通较为顺畅。

但我国的个人征信系统虽然覆盖人数多，但有效信息不足。"2014 年底，接入的机构数为 1811 家，其中包括小微金融企业 1236 家，征信中心已经为 8.57 亿人建立了信用档案。"但由央行为主导的个人信用信息基础数据库主要涵盖银行登记备案的个人消费信贷、住房信贷、信用卡使用及私人借贷行为。① 由于我国居民的高储蓄率，居民的消费信贷并不普遍。因此大部分用户并没有有效的信贷信息。

在传统金融机构，虽然用户数据较为丰富，但是有效信息较少。新兴的互联网金融领域，虽然用户的借贷信息较为丰富，但对 P2P 机构的管理并不完善。虽然央行下属的上海资信公司的网络金融征信系统收集了部分 P2P 机构信息，但较 P2P 的规模，收集有效信息依然有限。消费分期、网络借贷等有效信息没有被完整收入，影响了现有征信系统数据的有效性。

央行主导的个人征信系统有诸多局限性。因此，在互联网快速发展的背景下，我国征信系统逐渐市场化，大数据征信成为个人征信系统新的发展方向。2015 年，人民银行向芝麻信用、深圳前海征信中心、腾讯征信、鹏元征信、中诚信、中智诚征信等八家征信机构颁发个人征信牌照。2015 年 1 月，蚂蚁金服推出国内首个个人信用评分系统——芝麻信用分。以大数据为代表的互联网个人征信体系开始快速发展。2018 年，央行受理百行征信有限公司申请。2 月 22 日下发百行征信个人征信牌照，个人征信走向市场化。目前我国市场上存在两种征信模式，一种是向第三方征信机构购买信用信息，如北京安融惠众公司为各类互联网金融公司和小额信贷公司开发的信息共享平台；另一种则是建立以自身业务为基础的封闭式的信息共享平台，如芝麻信用。② 个人征信系统的有效信息数量和质量正在全方面增加。

但由于我国征信体系建设较晚，个人征信的评价体系仍然不完善。在央行主导的个人征信系统中，并没有基于 5C 和 FICO 的评价体系。受制于评价体系，个人信用质量难以量化，商业银行等金融机构在使用相关信用

---

① 李晓刚(2017). 互联网金融个人征信体系建设研究，硕士学位论文. 杭州：浙江大学.

② 李梦月(2018). 互联网金融背景下的征信体系建设研究，硕士学位论文. 天津：天津财经大学.

数据时面对的逆向选择、道德风险等信用风险增加。此外，由于评价体系并不统一，各个机构采用的标准各异。这也影响了个人信用信息在商业银行间的流转，制约了个人征信系统的运转效率。

我国个人征信系统的相关法律法规不完善，监管也相对滞后。2013年前，我国个人征信行业的相关法律法规尚不成熟，失信惩戒存在执行难的问题。尤其在隐私权、互联网征信行业、失信惩戒制度方面，个人征信行业缺失较大。2013年后，《征信业管理条例》等一系列行政法规的出台填补了个人征信系统的空白，一定程度上规范了传统征信行业的发展。但总体上，个人征信行业仍缺乏相关法律规范。失信行为违约成本较低，守约行为缺乏合理制度预期。在实际监管过程中，由于相关监管方面缺位，存在法律的执行难的问题。

第二节　用户信用画像相关内容介绍

一、定义

用户画像是指定义一连串的用户属性（教育程度、性别、年龄等），从而给用户一个简单而有用的描述（喜爱什么，会购买什么），从而对用户进行个性化推荐、精准营销。从此定义出发，用户信用画像就是指定义出一系列与个人信用水平相关的用户属性（例如5c模型中的品德、经营能力、资本、经营抵押能力、经营环境），并通过挖掘出用户互联网个人行为数据，采用一定的信用评估方法，从而对用户个人信用水平做一个比较客观合理的描述，这就是用户信用画像。

二、互联网数据和个人信用的关系

在构建用户信用画像之前，本章将解释互联网数据和个人信用之间到底是怎样的联系，它们实际上是一种相互影响、相互反映的关系。

(一)个人借贷数据可以反映出信用水平

用户在银行等机构中进行借贷时，相应的借贷数额、还款能力、是否按期还款等都会有所记录，并通过电脑储存在相应的数据库中。信用评估人员在对用户进行信用评级时，自然可以通过查询这些数据库中的用户信息，提供一些判断依据。

(二)个人消费数据可以反映信用水平

用户在专卖店、连锁店、酒店等场所消费时，消费的额度、频率等信息被储存到商家电脑中。信用评估人员在进行信用评级时，可以通过这些信息侧面判断出用户个人的财富状况，间接反映出用户的信用水平。

(三)个人社交数据可以反映信用水平

一方面，用户在社交平台上提到的自身年龄、工作类型(反映用户经济稳定性)、用户工作年限、用户工作过的公司数量(反映用户是否是一位有经验的雇员)、受教育水平、被关注数(反映用户受教育程度)，这些都可以体现出用户的能力水平；另一方面，用户在社交平台上表现出的表情符使用情况、微博、朋友圈等转发链长度(反映用户是否是创造性的发帖者)、重复发布微博数、朋友圈数等、一跳邻居节点的平均度数(反映用户是否谨慎和有责任心的)则可以反映出用户的个性；然后，用户每天中各个时段发布的微博、朋友圈、推特等；情感极向分布(反映用户生活条件)则可以反映出用户所处的环境等；因此，从社交数据中，信用评估人员可以得到用户信用评级指标的相关印证，进而反映出用户信用水平。[①]

(四)个人统计学数据可以反映信用水平

个人统计学数据指的是个人简历的相关描述，包括年龄、性别、是否

[①]　郭光明(2017).基于社交大数据的用户信用画像方法研究,博士学位论文.合肥：中国科学技术大学.

已婚、政治背景、学历水平、受教育经历、工作经历、获取奖项等，相关描述可以反映出用户个人的能力水平，描述中有关用户的个人经历也可以反映出用户自身的成长环境，从而侧面反映出用户的信用水平。

三、构建用户信用画像的必要性

（一）互联网金融蓬勃发展带来的推动作用

"用户信用画像构建"的兴起雨近年来的互联网金融，特别受到了P2P借贷平台的应用驱动。一系列互联网金融应用蓬勃发展，造成网络环境下的个人信用风险管理变得越来越重要。举例来说，在支付宝推出余额宝应用后，仅通过一年时间的发展，余额宝用户规模已上升至1亿以上，金额规模则上升到5700亿，一跃成为世界第四的货币基金。

（二）融资借贷更为方便

传统银行、金融平台缺乏数据累积，对于缺乏信用记录的人群（大多是一些小微企业或者个体用户），融资借贷成为阻碍。但如果信用评估人员利用大数据技术、挖掘用户提供的社交数据，从而评估相应信用，就能使得信用好的用户进行融资借贷变成可能，开始自己的事业，并摆脱贫困状态。

（三）社交数据广泛而具有时效性

随着基于社交大数据的用户画像技术发展越来越快，越来越多的互联网金融行业从业人员开始使用社交大数据来衡量用户信用水平。相对于使用有限数量的信用消费记录、个人账单或用户提供的背景信息等，多源异构、弱联系又反映用户个性的社交数据，特别是可以推测用户社会地位的社交网络结构，是一个良好的数据源；此外，社交数据具有非常高的时效性，这可以有效实时地评估个人信用状况。

（四）有效约束个人行为

"用户信用画像"可以通过互联网个人行为数据反映个人信用状况，这可以约束个人在网络社交平台或者手机应用上的失信和不当行为。

四、构建用户信用画像将面临的挑战

（一）用户属性与社交数据联系弱

一方面，用户在网络平台上产生的行为数据、文本数据等与用户信用水平关系并不是特别明确；另一方面，依据用户社交数据，仅能推测用户社会地位、好友关系等，并不能直接得出借款者何时还款、是否存在违约可能性等。这些难题实际上源自于用户属性与社交数据的联系不强，需要找到一个适当的方法，基于社交数据这一弱变量，在保持一致性和有效性的前提下，准确得出用户信用水平这一强变量的相关信息。

（二）社交数据质量参差不齐

社交数据的主体内容：朋友圈、微博上的动态、留言状况、个人回复情况等等都是一条条独立的事件存在且随着时间变化的，因此具有数据流的特性，信用评估人员难以从传统的文本分析手段处理；同时，因为用户在网络平台发言的随意性、语言的碎片性，并不能构成一个完整的主题或者一致的叙事，这些都导致社交数据质量参差不齐，对反映个人真实信用水平有一定阻碍。

（三）多噪声导致用户行为模式不清晰

多噪声指的是社交数据通常用词不正式、随意，同时用户在社交平台上发言质差、口语化、长短不一、包含表情符、标点符号等非正式信息，但这些信息也包含了相对文本内容来说并不少的信息量，这些参差不齐的表达方式便是多噪声的含义，由于这种特性，在分析社交数据时常常难以搭建一个合适的分析框架，准确分析用户的行为模式。

(四)数据融合困难

除了用户个人在网络平台上留下的行为数据、内容数据外，用户个人信息页面、社交网络结构等也是非常重要的信息来源，举例来说，通过用户的好友组成，征信人员便可以看出用户所处的环境及相应能力，这些对专业人士分析用户的信用水平也有较大帮助，但是这些不同类型的数据之间关联性几乎没有，这就导致信用评估人员在分析社交数据时，常常难以将用户这种多源的社交数据融合在一起。

五、理论基础

(一)大数据挖掘及云计算技术的发展

基于互联网数据的"用户信用画像"的构建离不开技术支持，近些年来飞速发展的大数据挖掘和云计算技术，可以帮助征信人员从庞大繁杂的互联网数据库中获取想要的个人信息，并进行相应处理，从而为评估个人信用水平服务。

(二)社会资本理论的发展

1. 引言

社会资本理论(Social Capital Theory)[1]是由美国学者卢里(Glenn Loury)提出，并引入现代经济学，他定义社会资本为：促进或帮助获取市场中有价值的技能或特点的人之间自然产生的社会关系[2]。而第一个将社会资本概念系统表述的是法国社会学家布迪厄(Pierre Bourdieu)，他认为：

---

[1]　Glenn C. Loury(1976). A dynamic theory of racial income differences (Discussion Paper 225). United States：Northwestern University

[2]　王冠(2015). 基于用户互联网行为数据的个人征信评估体系建设分析，硕士学位论文. 北京：北京交通大学.

社会资本是现实或潜在的资源的集合体，这些资源与个人所处的关系网络相关。此后，在社会学家、经济学家、政治学家等的持续完善下，社会资本理论已成为社会科学中最突出也最具争议的概念和理论之一。社会资本理论也是征信人员能从社交大数据分析用户的信用水平的理论基石，下文将对该理论做出具体阐述。

2. 主要特性

社会资本在定义过程中便有了资本的性质，如生产性、规模效应性等，此外，社会资本还具有自身的特殊性质：

公共物品性质：社会资本是公共物品，它仅只有在用户处于某种社会关系、社交网络上才存在，它的存在是以用户为载体，但又不完全依赖于用户，虽然是通过社会关系为用户所用，但又不受用户支配。因此，社会资本既具有私人物品的特征，也具有公共物品的属性。

使用强化性：社会资本不像物质资本，它是一种社会关系带来的效用，因此不会随着使用而减少，只要社会关系继续维持，社会资本便会不断强化。

不可转让性：社会资本的所有者可以是用户个人，也可以是用户所处的某种组织，但它都是两者特定社会关系所凝结的产物，仅为所有者内部的私人行动提供方便，具有不可转让性。同时，社会资本也是可以借用的，举例来说，一个人以借着另一个人的名号或者承诺办成某种事情，这便是社会资本在被借用的情形。许多社会资本便是通过借用不断延申和拓展开来。

可传递性：社会资本是基于社交关系、社交网络的，所以可以通过同一平台下用户间的信任进行传递，用户不需要与他人或其他组织发生直接关系，便可以获取相应社会资本。

可转化性：社会资本是可以和经济资本相互转化的，但经济资本转化为社会资本容易且高效，而社会资本转化为经济资本则需要一些条件和手段。在人情社会，拥有较好社会关系的人则更容易、更及时的获取有利的信息和便利而获取更多的利益。

3. 主流观点

经过几十年的发展，社会资本理论已经形成了许多从多种角度、不同层面解释社会资本这一概念的观念和学说，以下便从国内外各种有关社会资本理论的主流观点进行介绍。

（1）社会资源观：布迪厄将资本划分为三种类型：经济资本、文化资本和社会资本，因此，它认为社会资本是资源的集合体，也是个人所处社交关系所带来的效用的体现。特纳则认为社会资本形成于三个方面：一是足够数量的个人通过相应平台或方式组织在一起，从而获取生产、再生产和管理合作的需要；二是组织内部成员之间地位的差异由组织内个人资本所有量大小决定；三是组织内社交活动通过相互互动形式开展。纳哈皮特（J. Nahapiet）等人则将社会资本视为用户在社会关系、社交网络上获得的资源总和。

（2）社会规范观：科尔曼认为社会资本是社会结构的一个体现，他将社会资本分为三个类型：①义务与期望型，用户所拥有的社会资本受被信赖程度影响；②信息网络型，用户可以通过社会关系网络更加快捷、便利地获取想要的信息；③规范和有效惩罚型：社会关系组织所制定相应规矩、制度可以有利于组织人员采取集体行动。Burt 认为社会资本是使用户联系在一起并更高效地追求同一目标的社交网络及规范。张文宏则认为社会资本是一种基于信任的社会网络规范，在这种规范下，个人和组织可以更加协调，从而提高社会效率。

（3）社会能力观：Kwon 认为社会资本是个人获取稀缺资源的能力，这种能力是个人嵌入社会关系网络中所带来的结果。Kwon 进一步将这种嵌入分为两类，理性嵌入和结构嵌入：前者指的是基于社会关系中双方强迫对方承认某一事情的预期能力的情况下，双方对达到互惠的预期；后者指的是双方通过加入更大的社会关系网络从而实现相互扶持、增加彼此信任程度。

（4）社会资源观：林南认为社会资本是嵌入社会关系网络的资源中获得的，他认为社会资本包括三种成为：①嵌入社会结构中的资源；②个人干涉后获取这些资源的能力；③通过相应手段或行动，个人获取这些社会资源。此外，林南还认为社会资本的理论模型包括三个过程：①在社会关系网络上投资；②摄取和动员社会资本；③社会资本给个人或组织带来的回报。

4. 应用领域

社会资本理论作为一个较为成熟的理论系统，在人类社会的多数领域都有所应用。总的来说，目前有关社会资本理论的研究主要集中于以下几个领域：

（1）劳动就业与移民：格拉洛维特（Mark Granovetter）在研究社会网络关系对个人求职过程中所带来的作用后，发现人们在就业和求职过程中，会更多依靠于自身所处的社会关系网络来获取相应信息和便利[1]。而波特斯、桑德斯和尼等研究者发现移民在原住地或迁入地所拥有的社会资本对他们是否决定迁移、迁往何处、移民至迁入地后的适应程度等都有着至关重要的影响[2]。

（2）教育与家庭：科尔曼认为儿童在成长过程所受到的家人、老师等大人的关爱，这些都是儿童成长过程中的社会资本。而随着现代社会快节奏生活方式的发展，越来越多的家长迫于工作压力，逐渐减少对儿童教育的关注，这些都变相减少了儿童成长的社会资本。同时，福山（Francis Fukuyama）在《大分裂：人类本性与社会秩序的重建》一书中指出：极端情形下，由于发达国家现代家庭观念的不断淡薄，离婚率的上升，使得许多儿童面临处于"单亲家庭"等不健全家庭环境的教育当中，这些都是社会资本削弱的重要表现。

（3）社会参与和民主政治：普特南（Hilary Whitehall Putnam）认为公民对公共事务的参与程度影响着社会关系网络的构建和成员间的信任、规

---

[1]　Mark Granovetter (1995). Getting a job: A study of contacts and careers. United States: University of Chicago press.

[2]　赵延东 (2003). 社会资本理论的新进展. 国外社会科学，3：54-59.

范，而这些成员间的信任、规范则是组成市民社会的基石之一。奥菲和帕克斯顿等人则认为社会资本是市民社会的"基石"和"粘合剂"，社会成员不仅可以通过自愿组织或直接参与社会政治生活当中，还可以通过参与这些活动后体验到民主程序的规范和实质，这些都是民主制度建立和健康发展的基础。

（4）科学发展和技术创新：社会资本对科学技术发展创新也有着重大作用。"科学无国界"，正是各国科学家们通过国家内部的社会网络和国际之间友人、合作伙伴、兴趣共同爱好者等的社会网络，将各自所见所得发布到相应科研平台上，实现信息共享，才使得科学技术蓬勃发展。

（5）经济与社会发展：学者们在研究社会资本在经济社会发展中所起的作用时，将社会资本定义为社会成员之间形成信赖和合作关系以及在此基础上形成的社会规范和社会关系网络。学者们发现，社会成员间的信任关系及合作关系，可以有效降低经济运行的"交易成本"，同时，通过形成的社会规范和社会关系网络可以有效防止"搭便车"行为的发生，解决之前难以解决的"集体行为的逻辑"悖论。具体来说，纳克和基弗发现国家内部公民之间的信任程度越高，公民遵守规范的意愿便更强烈，该国的经济发展水平便越高，三者是互相正反馈影响的关系。而纳拉扬等人在研究坦桑尼亚农村地区的经济发展过程中，发现社会资本对人均收入的影响要显著大于教育、医疗、交通等其他因素的作用。

5. 与用户信用画像构建的关系

综合上文有关社会资本理论的介绍，社会资本实际上就是个人所处社会关系、社交网络中所拥有的分量及相应获取资源的能力，体现的是所拥有资源的实际和潜在的综合。从这一点出发，可知利用社交数据判断个人社会资本大小，两者之间存在相互转化的可能，社会资本越大，所拥有的话语权和获取资源的能力越强，相应的经济资本自然更容易获取；经济资本越大，所拥有的话语权和社交网络上的分量也越重，相应的社会资本也越大。

既然如此，基于社会资本理论，构建用户信用画像，实际上主要就是通过社交数据，辅以其他交易类数据，量化评估个人的社会资本，从而转化成一种对其偿还能力、信用水平的信用评估。

(三)对解决信息不对称问题的迫切需求

在传统征信过程中，征信机构对个人的信用评估依赖于信用申请者主动提交的相关信息，并且信用审核大多是一次性并且结果是相对静态的，因此评估过程中存在着严重的信息不对称问题。而互联网征信则能在一定程度上解决这一问题，一方面，数据来源非常广泛，用户在社交网络上的各种网络行为、发言等都可以产生行为数据、文本数据，这些数据在信用评估时可以随时调用。这样就保证了信用申请者在审核信息上难以作假，同时，征信机构在信用评估过程中也有着丰富的数据选择权从而更好地掌握信用评估过程中的主动性；另一方面，互联网征信拥有着丰富的使用场景，用户在不同社交网络平台上产生的行为数据、文本数据可能是变化的、动态的，因此结合不同社交网络平台下用户的行为数据、文本数据，进行信用评估可以得出相对动态的征信结果。所以，互联网征信可以让征信机构更加实时而又准确的知晓用户的真实信用水平及其变化情况，从而降低征信过程中的信息不对称。

(四)多种信用评估方法的不断发展

要构建"用户信用画像"当然离不开各种信用分析和信用评分的方法支撑，主要方法便包括"5C"(Character、Capacity、Capital、Collateral、Condition)模型分析法、"5W"模型分析法(Who 借款人、When 还款期限、How 通过何种途径还款、Why 借款用途、What 抵押担保物)等判断出借款人的还款能力和还款意愿。此外，近些年来，一些随着技术发展不断更新的信用评分方法手段，包括多元判断法、神经网络模型法等也在不断应用在信用评估领域当中，并获得一定的效果。

第三节　信用评分与信用体系

信用风险评分模型已经广泛地被应用于信用贷款，成为许多金融机构例如银行用来进行风险管理的工具。早在 20 世纪 40 年代，随着概率论的发展和应用，很多金融机构就开始尝试对信贷等方面的违约概率进行研究，用于对大量信贷事件的到期支付额进行估计。在 1956 年，工程师 BillFair 和数学家 EarlIsaac 共同发明了一个著名的信用评分体系，也即 FICO 评分方法①。该方法的内核是逻辑斯蒂回归方法，直到今天依然被许多金融机构沿用。随着信息科学等学科的蓬勃发展，信用评分模型在许多我们今天可以看到的方面，例如个人信贷、企业信贷、个人信用情况打分等。

大数据和互联网金融 21 世纪以来成为了热潮，机器学习、深度学习、随机森林等算法开始在各行各业得到了广泛应用。这些方法走出了学术领域，开始被银行用于信用风险的评估和信用风险资产的配置。在这些方法刚刚被应用于信用风险的时候，包括 Zestfinance 等在内的很多公司试图在信用风险评分模型中填入机器学习的内容，直到今天依然被业界广泛关注。在调查研究不同公司如何利用大数据对信用风险加以评估预测的时候，我们组对应用互联网和大数据技术的新型信用模型的技术方法较为感兴趣，因此我们在这里对这一部分做较多分析。在对比传统信用模型和新型信用模型的基础特性之后，我们还将对两个模型的优劣之处加以比较，明确不同模型的不同应用环境，最后我们将对现有的几个公司的信用评分体系加以比较。

一、新型信用模型和传统信用模型的差异分析

新型信用模型和传统信用模型的差距主要根源于它们获取数据的方式

---

① 美国 FICO 评分系统简介．［2020.6.2 检索］．https：//www. cnblogs. com/nxld/p/6364341. html

不同，因此相应地对它的处理方法也要有所不同。两个模型在许多方面均存在一定差异，下面我们将对每一个方面具体讲讲它们的区别。

(一)数据来源及数据特征的差异

传统信用模型的自变量数据主要来源于商业银行和人民银行的征信中心：包括用户申请、金融机构历史记录、征信中心提供的宏观数据。这些数据信息密度大(每个数据都和客户的违约概率息息相关)、维度相对单一(种类较少)、可验证性较差(数据与数据之间没有什么显著关系)、数据采集渠道来源可持续性好(这是因为金融机构大都具有一定权威性)。对于数据来源是以上这些的金融机构而言，它们研究出了传统信用模型，已经广泛在业界被应用，其表现优异的同时可以保持一定的稳定性。

而在大数据时代，关于客户的方方面面信息都可获得，不同信息来源在掌握一定量数据的同时，还互相交换的客户信息，这就造成了大数据时代的数据十分广泛，其数据特征包括这样几个方面：

(1)数据较为稀疏。数据采集渠道没有很强的目的性和导向性，所以客户很多数据都是空白的，数据很多方面的数据采集并不完善，基本所有用户都有自己缺失的信息。

(2)单一变量价值较少。由于数据和违约概率的相关性较低(但也不是没有相关性)，所以每一项数据说明不了关于违约概率的太多信息。

(3)数据覆盖面广。互联网机构覆盖范围极广，包括每个人生活中的方方面面，因此互联网机构所提供的数据也具有这样的特性，包揽了一个人生活中出行、社交、居住等信息。

(4)单变量风险区分能力弱。同样是由于数据本身和违约概率的相关性较低，因此，尽管有很多互联网公司通过各种渠道收集了各个方面的用户数据，对用户各个维度的描述表面上很全面精确，但是这样的分析都只是很间接地和用户的信息之间有影响，对用户违约概率方面的内容描述较少，相较于传统金融机构的用户申请、历史记录等信息，这些数据和风险的相关性并不是很高。我们一般将这类和不能较精确预测风险的变量称为弱区分能力变量；将和违约与否息息相关的变量称为强区分能力变量。互联网公司收集的数据一般都是弱区分能力变量，因此互联网公司若想实现整个模型较为高效，需要对海量的弱区分能力能力变量进行综合分析。

（5）数据来源规范性不足。有很多互联网公司采集数据是通过不合法或不合规的方式收集数据，这些隐私数据在被相关部门查封之后就没有了数据来源，因此数据往往不可延续。

（二）模型变量生成和挑选方式的差异

传统信用模型的输入数据一般维度很低，每一个独特的模型的数据维度一般在几百个左右，最后实际应用的数据维度一般为数十个。数据维度较小，而人工清洗需要人的精力和主观知识对数据进行改正，这就相当于加强了人为先验知识对数据的清洗能力，加强了数据的干净程度。也正是因为数据维度较小，传统金融机构可以使用应用回归分析和时间序列分析等方法，对数据中有用的维度进行筛选和分析，用计量的方法对各个维度进行反复研究和分析。而在寻找数据中有用的维度的时候，并不仅仅是因为变量是强区分变量还是弱区分变量就决定这一个维度是否放入最终模型；金融机构里面专业人士的金融先验知识也很重要。

而在互联网和大数据都发展较为完好的今天，本来数据的维度就很大了，数据的不同维度之间作用还可以生成数据的更多维度，导致数据的维度较多，体量较为复杂。因此一个独特的模型里数据的维度可以达到数万个。由于对这些数据进行干预和清洗需要巨大的人力物力，通常使用一些固定的明确的逻辑对数据的维度进行挑选，金融机构中的专家的先验知识干涉清洗较少；同时，由于数据维度过于巨大，数据很容易有一些维度没有经历很好的数据清洗就进入了实际应用，导致整个程序执行效果不稳定。

（三）建模技术方法的差异

新型信用模型和传统信用模型差距较大。传统的信用风险评分模型内

197

核是逻辑斯蒂回归。逻辑斯蒂回归方法处理结果是非零即一的数据较为方便，且其结果也具有较直观的金融学意义。从统计学上讲，逻辑斯蒂回归模型对数据没有过高的要求，对大多数数据分布都有很好的应用。

大数据信用风险评分模型更多采用了一些新颖的机器学习的方法，例如神经网络、支持向量机、随机森林等算法①。这些机器学习方法在解决特定问题时具有优势，神经网络拟合效果较好，支持向量机善于处理二分类问题，随机森林可以防止过拟合。和传统的逻辑斯蒂回归方法相比，新的方法往往有更好的表现，但是其可解释性一直是一个大问题。

(四)模型技术架构的差异

传统信用模型大多采用逻辑斯蒂回归这一层计算，也就是输入数据经过一层计算之后直接得到我们想要的违约可能性。这种模型的特点是简单，其应用和拓展也较为简单，但是很有可能出现某个变量对模型结果影响过大的现象。如果随着时间流逝，某个在模型中有很大比重的变量开始无效，需要对模型整个重新修改来更换评分方法。

大数据信用风险评分模型的模型结构具有两大特点：

(1)采用母子模型结构。也就是将整个算法分为子模型和母模型两个部分。前者将维度较大的自变量加工成维度较小的中间变量，而后者将中间变量进行进一步运算作为最终的输出。前者更多使用聚类分析、随机森林等新颖的方法，后者一般使用已经在业内广为应用的逻辑斯蒂回归方法。

(2)采用动态挑战者模型挑选和淘汰机制②。在前述的模型体系下，一旦正在体系内的子模型中有效果不精确的，就会被库中选出的表现较好的模型给替换掉。这样的挑战者机制有助使整个模型线上的表现，但是模型上线应用和修改也会更加麻烦。

---

①　信用风险计量模型汇总.［2020.6.2 检索］. https：//blog. csdn. net/baidu_41605403/article/details/83141847

②　淘汰模型.［2020.6.2 检索］. https：//www. it1352. com/1532480. html

（五）模型上线运行方式的差异

由于新型信用模型和传统信用模型的技术上的差异，这些技术具体如何应用也有很大差异。传统信用模型通常将模型和线上应用直接结合与应用；而在新型信用模型中，可以通过并行计算应用大量的模型同时运行。

（六）模型应用方式的差异

传统信用模型其实是把对有金融先验知识的人的判断过程进行模仿，因此使用这样模型的公司一般是使用电脑和专家结合着来应用传统信用模型。对数据维度较全的客户，不需要借助专家，可以直接根据模型运行出的结果对信贷流程进行判断和决策；对数据维度相对来说不太全的客户，公司需要结合金融先验知识进行判断和决定。

一般来说，大数据公司更喜欢应用新型信用模型，除了申请放贷较多的情况之外，大数据公司的信用模型一般都只使用机器进行判断，不雇佣有金融先验知识的人进行干涉。应用传统模型的机构需要人工干涉，原因是如下几个方面：首先是在使用传统风险模型的机构中，尽管自动化的信用模型是整个体系中的一部分，但是如果要让机器在这方面完全取代人脑来判断信贷决策，这些专家就不再被需要，这些有金融先验知识的人需要接受这一现状；二是使用传统模型的企业对用户的数据了解并不多，数据的维度较低，很多用户的风险情况难以判定，因此很有必要结合专家的金融先验知识加以辅助决策；三是使用传统模型的企业一般每次信贷的规模都很大，这就需要每一次错误的判断有人承担责任，客户数据维度不丰富的条件下，可能的损失更大。

（七）模型应用目标的差异

传统信用模型目标和新型信用模型在目的方面有很大不同。可将传统金融机构应用的模型所求得的结果看做客户违约的可能性、即客户的违约概率，而新型信用模型所求得的结果可以认为是广义的信用，衡量了客户的用户品质、信用品质等较广义的信用，而不仅仅是违约概率。因此，新型信用模型也可以使用于很多周边领域。

（八）模型开发和运行效率的差异

传统的信用风险评分模型模型简单，数据较小，运行与维护也因此相对简单，对模型的鲁棒性要求并不高。而新型信用模型，需要大量的迭代运算，模型的时间复杂度和空间复杂度都较高，对硬件的要求也因此更高。

二、基于大数据的信用风险评分模型的优缺点辨析

在前面讨论了新型信用模型和传统信用模型的多方面差异之后，我们可以对新型信用模型和传统信用模型加以多方面比对。在讨论它们之间的优缺点之前，我们首先需要定义什么是一个好的模型、好的模型包括哪几个维度的评判标准，从而比较不同模型的优劣才有意义。我们小组认为，评判信用模型是否是"好"应当包括下面这样几个方面。

（一）区分能力优秀。一个准确的合理的优秀的信用风险评价模型应当给具有较好信用品质的用户打分较高，给具有较差信用品质的用户打分较低，因此它应该有能力给信用品质好的用户打分高，给信用品质差的用户打分低，并且按照信用品质给这些用户排序。所以模型的区分能力是最重要的能力。

（二）运行稳定。模型运行稳定包括两个维度的稳定：模型表现的稳定和持久运行的稳定。模型表现的稳定性体现在模型所发现的自变量和用户信用品质的关系较为稳定，在一定的时间范围内几乎不变化，因而在长期具有稳定的效果；它意味着模型不仅在历史数据中具备良好的表现，在上线运行的一段时间以后也可以将这样的表现延续下去。模型可持续运作能力主要是因为数据来源往往不稳定，很可能之前来源稳定的某个数据因为不合法不合规就不再可以获得，因此它主要取决于变量信息是否可以长期被获取。如果这项信息从此不能获取，模型的持久能力将面临稳定性威胁。

（三）具备可解释性。模型的可解释性主要是向目的是减小风险的监管方解释清楚该模型的预期收益与波动性。因为一个不可解释的模型的预测结果是不确定的，利益相关方承担的风险较为巨大，且归因往往不明确。这就要求最后的产出不仅有较好的拟合效果，也要有直观的经济学解释，以便向人解释其中的内部机理。

（四）统计显著。一般来讲大数据模型都是基于机器学习等统计方法。如果要长期使用该模型，那么需要对该模型进行应用回归分析和时间序列分析等方面的工作。

（五）复杂度尽可能低。如果几个模型的表现比较类似，一般使用复杂度低的模型，这是因为简单模型的运行维护更为容易。

如果根据前述的几个维度来判定的话，新型信用模型是一种优缺点兼有的模型，既有其它模型无法比拟的优点，也有难以弥补的缺憾。优点主要为如下几个方面：

（1）模型区分能力较佳。模型对于过往数据的拟合一般较好，这是因为深度学习等算法本身的拟合能力极强。

（2）模型运行的自动化程度较高。模型不需人工干预，只需人工事先设计模型架构。它以互联网技术作为基础，通过使用人为设定的评判标准，自动对输入的自变量判定是否符合信贷标准，从而建立全自动的信贷体系。如此，模型便几乎不需要专家干预，维护成本近乎于为零。

缺点包括以下几个方面：

（1）可解释性不佳[1]。传统信用模型的体系复杂度低，体系架构、模型数据和归因系统有一定直观性，更能被风控相关部门接受。事实上，除了被应用于信用决策、风险控制等部门，信用模型还需要应用于资本监管，受到来自公司内和公司外的严厉监管控制。所以如果传统金融机构将黑箱效应极为明显的新型信用模型用来决策信贷、风险管理，由于其可解

---

[1]　Christoph Molnar（2019）. Interpretable Machine Learning. United States：Lulu Press.

释性差，必然需要面临严峻的约束和调查。而若无法向有关部门介绍清楚、甚至连风险都难以预估的话，可能会受到监管部门的处罚。

（2）模型关系的稳定性有待检验。大数据技术中模型的目的仅仅在于寻找变量和变量的关系，而不是探求其金融学、保险学含义，这是新型信用模型的基本理念。然而在金融经济等社会科学领域，这样的关系往往不一定成立。一方面，由于人们的行为模型在不停变化，所以规律一般都不稳定，短期内的统计学关系可能长期内不复成立，经济周期、人们思想观念转变等长期因素都可能导致统计学规律发生改变，所以它的稳定性往往较差，可能只能发现存在于某一短时间内的相关关系，而在某些条件变化以后该关系就不成立了。另一方面，根据爬取客户购物数据、社交数据等不规范的大数据建立的架构体系，反映的规律可能仅仅在短期内有效，但是长期判断客户违约可能性上依然不够。理论上只要有足够多维度的自变量数据，总能找到模型内隐含的函数关系，但事实上数据的维度永远是有限的，且只能局限在目前或历史的某一特定时期，因此纯粹只有数据而发现规律往往是不稳定的。

（3）复杂度较高造成模型管理任务加重。首先，架构复杂的体系需要更多的算力和硬件资源，如决策引擎、数据环境等，来帮助模型长时间持续，而模型一旦崩溃业务就会重创。并且，新型信用模型中的输入数据维度极大，可获得性、数据质量十分关键，将直接影响模型结果。但伴随着我国对隐私权和数据管理的重视，数据的可获得性风险较大，模型的运行开放面临较大难题。除此之外，模型的复杂度高就要求从业者不仅需要对模型组成成分充分了解，还对经济、金融、信贷等领域的知识乃至计算机水平和算法能力提出了较高的要求。

三、从传统信用风险模型到大数据信用风险评分模型的转变

随着互联网和大数据的火热，这些领域在信用风险方面有了新进展，对使用传统风险模型以及专家建议的公司构成冲击。当然，传统金融机构在应用新型信用模型的时候，也应当对模型理性评价、随时调整。

(一)理性看待大数据信用风险评分模型，准确分析其利弊

研究表明，对信用模型产出有主要影响的是变量信息的来源和数据质量，而不是模型本身是否"高大上"——在相同数据质量下，新颖的机器学习模型和传统的逻辑斯蒂回归模型差异不大。而在具体应用的技术方面，模型的区分度也只是一个方面，还需考虑稳定性、可应用性、可解释性等多重方面；而模型的表现好、技术优势大也不代表一定要使用它，还需考虑不同方法之间的收入成本平衡等多种问题。

(二)传统机构对大数据时代的适应

使用传统信用模型的机构并不会被新时代抛弃，依然可以在如下几方面对旧有模型进行改变以适应新时代的要求。

(1)优化现有的模型开发和部署方式。改变旧的、手工作坊式的模型开发流程，把信贷过程流水化、机械化、自动化。在这个互联网和大数据兴起的时代，数据的维度高、模型更新需求大，旧有的人工决策、手动添加数据很难满足现在的需要，只有通过工业化、流程化加快信贷决策的效率，以流水线的形式将模型训练、上线、运营，提升整体流程效率。

(2)适当调整当前的模型架构。传统信用模型使用简单的一层模型，信息缺失、部分信息占比过高时有发生。因此可以借鉴新型模型的方法，维持传统逻辑回归方法的同时，实现母子模型架构，将更多有价值信息纳入模型。

(3)建立数据积累和交换机制。模型表现的提升需要依靠数据的干净程度。对于没有过往数据的新用户，不论是传统信用模型还是新型信用模型都难以对客户有较好的识别能力。对这类客户进行信用风险评价，需要考虑通过和其它互联网公司对接交易、补充客户信息，来解决数据不足的问题。

(4)逐步试点，积累大数据模型应用经验。新型信用模型的可解释性较差、缺乏成熟经验和相应的科学的研究方法，因此需要传统信贷机构在

大多数风险较小的金融产品中试验性地试用新模型，跟进算法能力、加强对算法的理解，积极学习模型的应用方式和可能存在的问题。

四、现有的信用风险体系

随着互联网和大数据越来越普及，新型信用模型的可使用数据越来越多，例如购物数据、社交数据、政府数据等，很多官方数据也都成为了新型信用模型的信息来源，这些来自互联网的数据将帮助信贷机构更科学地评价客户信用品质。不同信用评分机构的主要区别在于其数据来源不同，因此将其列举如下：

（一）侧重电商：芝麻信用

芝麻信用中，这个体系主要通过用户在电商里留下的购物行为数据进行收集、运算之后得到信用打分，分值最低是 350，最高是 950，用户可以利用自身良好的信用打法来或许信贷服务或者其它服务。芝麻分纳含了五大部分，即信用历史、行为偏好、履约能力、身份特质、人脉关系①，其中来自淘宝等电商 App 的数据占 30%~40%。

（1）信用历史：用户的信用账户还款的历史记录。用户的信用账户还款的历史记录。目前它主要来源于支付宝转账历史和信用卡历史。

（2）行为偏好：通过购物记录、App 使用记录分析用户信用品质。例如经常买游戏皮肤的人，那么就会被认为是不好好工作，无所事事；经常买奶粉的人，结合年龄数据就会被认为是一个父亲或者母亲，因此也更加持家、责任心好。

（3）履约能力：各种信用服务是否履约，比如租用共享单车是否按时归还，所在小区物业费电费是否有拖欠等。

（4）身份特质：使用政府提供的相关服务过程中留下的信息，例如学校、法院等部门获得的资料。

---

① 芝麻信用 .［2020.6.2 检索］. http：//www. xin. xin.

（5）人脉关系：主要是在看好友的信用品质与和好友是否亲密。主要通过物以类聚、人以群分，通过该人身边的人估计该人信用品质。

（二）侧重社交平台：腾讯信用

主要是在聊天平台中获取信息，通过 QQ、微信等聊天 App 上的海量信息，比如每次在线时间、登录频率等，寄托于大数据技术分析，最终得出用户的风险分析判断①。腾讯信用信用星级一共 7 颗星，亮星颗数越多代表信用越良好，星级主要由四个维度构成：

（1）消费：用户在各个 App 的支付、消费偏好。

（2）财富：在腾讯产品内各资产的构成，财产越多履约概率越高。

（3）安全：账户是否实名认证和数字认证。

守约：消费贷款、信用卡、房贷是否按时还等。

（三）侧重运营商：聚信立

聚信立主要是寄托于互联网上面存在的海量信息，综合吸收运营商数据、公积金社保数据、学信网数据等，形成个人信用报告②。聚信立的底层 IT 架构是对所有数据源网站进行实时监控来获取数据。它的特点之一是用类似爬虫的方法，通过需要信用评分的人的授权，利用爬虫技术存储下来用户的个人数据（而非自己储存数据）得出用户基于互联网信息的个人征信报告。报告主要由四个维度构成

（1）信息验真：验证用户是否是真实存在的人。

（2）运营商数据分析：分析用户生活、工作及社交范围。

（3）电商数据分析：根据用户的购买记录分析用户消费能力及消费习惯，判断用户是否有能力还款。

---

① 摆脱拮据，从提高腾讯信用分开始．［2020.6.2 检索］．http：//nb. ifeng. com/a/20170323/5492848_0. shtml.

② 聚信力．［2020.6.2 检索］．https：//www. juxinli. com/tuling. html.

（4）其他数据分析：包括公积金社保数据、学信网等数据，判断用户是否存在欺诈风险。

（四）侧重信用卡：51 信用卡

51 信用卡主要是基于用户信用卡电子账单历史分析、电商及社交关系强交叉验证。[①] 51 信用卡风险等级由四个维度构成：

（1）账单管理时间：信用卡有效存续时间越长，用户风险越低。

（2）账单表现：根据用户的授信卡数和账单完整度判断用户的还款能力和诚信程度。

（3）手机入网期限：手机连接网络的时间越久，越说明用户可信。

（4）运营商：观察是否该用户有联系其它信用品质低的用户。

第四节　"芝麻信用"评估体系与分析

一、"芝麻信用"介绍

芝麻信用管理有限公司是中国国内第一批涉足个人征信业务的第三方民营机构。2015 年 1 月 5 日，央行发布《关于做好个人征信业务准备工作的通知》，在 1 月 28 日，芝麻信用评分正式上线。芝麻信用管理有限公司是一家信用科技企业，2015 年 1 月 8 日在浙江省工商行政管理局正式登记成立[②]，是蚂蚁金服生态体系的重要组成部分，隶属于阿里巴巴集团。芝麻信用是独立的第三方信用评估与管理机构，向企业和个人提供征信服务。利用用户的互联网数据作为评估依据，结合大数据与云计算的方法，对用户信用画像做出完整客观的评估。2015 年以来，芝麻信用构建了芝麻

---

① 51 人品贷 App 下载．[2020.6.2 检索]. https：//www. u51. com/product/renpindai

② 刘烁(2018)．我国互联网金融个人征信体系构建研究，硕士学位论文．合肥：安徽财经大学.

信用分、芝麻认证等应用于个人征信,芝麻评级、行业关注名单等应用于企业征信,形成了完整的产品体系。芝麻信用拥有截至 2020 年 4 月中国第三方征信机构最宽泛的应用场景,包括在线申请信用卡、现金借贷、消费分期、移动信用套餐、免押金信用租赁、出行和住宿、信用租房、社交和诊疗等应用场景。①

二、"芝麻信用"评估体系

芝麻信用的个人信用评估模型,借鉴了国际通用的 FICO 评分。由于芝麻信用的评估场景是网络第三方征信,因此场景同 FICO 评分差异较大。在 FICO 评分模型基础上,构建新的"芝麻信用分"评估体系,运用大数据和云计算技术加工、整理、计算后形成个人信用的第三方评估得分。

(一)芝麻信用分

芝麻信用分(后文简称芝麻分)是"芝麻信用"评估体系的信用得分。芝麻信用管理有限公司参考 FICO 评分的评估体系,并基于互联网行为的"5C"模型,将用户的身份特质、履约能力、信用历史、行为偏好、人际关系五个维度作为评分依据,分析用户海量的网络大数据,经复杂算法的加工形成最终用户信用评分——芝麻分。芝麻分在评分的区间上,也参考了 FICO 评分 300~850 分的区间范围,设定了 350~950 分的区间。依据评分区间,芝麻分被划分成 5 个信用水平等级,从高到低分别是极好(700~950)、优秀(650~700)、良好(600~650)、中等(550~600)、极差(350~550)。② 表 8.4 给出了芝麻分与 FICO 评分的特征对比。由表 8.4 可见,芝麻分在信用水平上划分更细致,FICO 评分没有严格的分级,仅有经验而论的三种信用水平,而芝麻分的五种信用水平,给芝麻分在不同场

---

① 余丽霞,郑洁(2017). 大数据背景下我国互联网征信问题研究——以芝麻信用为例. 金融发展研究,9:46-52.

② 芝麻信用官方网站[EB/OL] [2020.6.2 检索]. www. xin. xin, 2018.

景中的应用提供了更多可能性。另一方面，FICO 评分在评分维度上更注重信用方面的数据信息，而由于芝麻分的第三方征信业务属性，暂时不能接入中国人民银行征信中心的信用数据，因此芝麻分的评分维度较为宽泛复杂。

表 8.4 芝麻分与 FICO 评分的特征对比

	芝麻分	FICO 评分
评分区间	350~950	200~850
评分维度	身份特质、履约能力、信用历史、行为偏好、人际关系	信用使用年限、信用账户数、信用偿还历史、新开的信用账户、正在使用的信用类型
信用水平	极好(700~950)、优秀(650~700)、良好(600~650)、中等(550~600)、极差(350~550)	经验而论，680~850 为信用较好，620~680 为信用状况需求深度评估、200~620 为信用较差

(二)"芝麻信用"评估模型

芝麻分评估模型是芝麻信用评估体系的核心。为保护企业机密，也防止用户恶意"刷分"行为影响芝麻分的公正性和有效性，芝麻信用并未提供芝麻分评估模型的详细内容。根据公开信息，芝麻分的五个评分维度权重不同，表 8.5 给出芝麻分与 FICO 评分维度权重对比。芝麻分和 FICO 评分均给予信用历史最高的权重，不同的是 FICO 评分更关注个人信用履约能力，即信用账户数量，而芝麻分作为互联网大数据信用评估服务，倾向于利用大数据总结用户行为偏好，并给予行为偏好较高的权重。①

---

① 芝麻信用元素表(DAS)列表及含义 . [2020.6.2 检索]. http://yinshihao.com/post/zhi-ma-xin-yong-yuan-su-biao-daslie-biao-ji-han-yi/

表 8.5   芝麻分与 FICO 评分维度权重对比

	芝麻分		FICO 评分	
	名称	权重	名称	权重
评分维度	身份特质	约 15%	信用使用年限	15%
	履约能力	约 20%	信用账户数	30%
	信用历史	约 35%	信用偿还历史	35%
	行为偏好	约 25%	新开的信用账户	10%
	人际关系	约 5%	正在使用的信用类型	10%

(1)身份特质。包含用户的年龄、性别、职业、家庭状况、收入水平等基本信息。身份特质信息是用户信用评估的基本盘,也是评估模型的主要辨识数据。身份特质信息的二级分类为就业类信息和稳定性指标。就业类信息约 6 个评估元素,包括所在公司、职业类型的就业类信息和消费稳定度、最近一年使用手机号码数、手机号稳定天数、地址稳定天数的稳定性指标。就业类信息中,芝麻信用利用阿里集团掌握的企业信息,间接判断个人信用状况。职业类型可以依据不同的职业进行评估模型的细化,进而给出符合性好的信用评估。但同样会带来信用评估的先验问题,引来社会公义的讨论,后文将给出分析。稳定性指标将时间稳定和空间稳定结合,利用手机号和用户地址进行稳定性分析,虽然数据的计算工作量较大,但是数据处理并不简单,应用马尔可夫链,在征信这一考虑历史效应的领域,其模型指标的说服力得到了增强。假如芝麻信用使用除神经网络之外的机器学习模型作为评估模型的一部分,那稳定性指标可以很好地提供一个模型难以自动选择的方差指标。现实而论,如果一个用户经常性换手机,或者经常性更换常驻地址,在大数据角度下,其信用水平是值得深思的。总之,一个职业类型得到细化的稳定用户,其身份特征将对信用评估带来正向影响。

(2)履约能力。综合考虑用户的资产信息和各类信用服务来判断用户履约能力。履约能力主要评估用户的偿还债务的能力,包括固定资产、流动资产和流水数据 3 个二级分类共 21 个评估元素。固定资产简单包含是否有车、是否有房。流动资产包括最近一、三、六、十二个月流动资产日均值、理财产品总收益和历史理财铲平总收益。流水数据包括最近一、三、六个月的消费和支付总金额，最近一年手机支付总笔数和总金额，生活缴费和消费档次。从固定资产看，评估元素是比较简单的，并未考虑车房的具体价值，只是对有、无进行分类。这也是大部分信用正常用户的芝麻分均在 710 分上下的一个原因。而流动资产和流水数据的评估元素方面，芝麻信用依托阿里集团的蚂蚁金服金融服务、淘宝天猫电商服务和支付宝支付服务等，拥有着海量且准确的数据。这方面的评估元素丰富，例如同时包含支付总金额和总笔数，单笔高金额的支付并不能对履约能力有很高的正向推动力，长期稳定的流水才能够体现较高的履约能力。但另一方面，芝麻信用在履约能力的评估元素中，行为数据较为欠缺，仅有生活缴费和消费档次的简单分类。

（3）信用历史。如过往的履约记录，用户在过往发生债务活动中的表现，是信用评估中最重要的部分。无论是 FICO 评分还是芝麻分，都给予了信用历史最高的权重。芝麻分信用历史包括信用查询数据、信用还款历史、逾期历史 3 个二级分类共 29 个评估元素。信用查询数据由最近一、三、六个月主动查询金融机构数组成，信用还款历史由最近一、三、六、十二个月信贷类还款总金额，最近一年信贷类还款月份数，信贷类还款历史月份数，信用账户历史时长天数和最近一年履约场景数组成。逾期历史包括最近一、三、六、十二个月逾期总笔数、总金额，最近三、六、十二个月 M1、M3 状态和最近二、五年 M3、M6 状态（状态即一定时间内是否出现逾期的状态）。信用查询数据的评估元素，主要目的是检测用户尝试在多个平台多次借贷的目的，以及用户更换现有金融服务的意图。多次借贷的用户存在较高的信用风险，因此将这些评估元素纳入评估体系是合理的。这部分数据可以依托于蚂蚁金服提供的金融服务，以及和阿里集团共享数据的其余金融机构。关于信用还款历史，金额数、月份数、历史月份数均可以体现用户还款的持续性，用户忠诚度也由信用账户历史天数侧面反映。阿里集团旗下的花呗分期消费服务、借呗小额贷款服务和还呗信用卡还款分期服务都为信用还款历史的数据提供了强有力的后盾。但值得一提，芝麻信用只同蚂蚁金服旗下金融服务进行信用还款历史数据的合作，信用还款历史数据比较不完整。[①] 逾期历史部分，是信用历史中最为重要的部分。芝麻分逾期历史包含了大时间跨度下各类型逾期记录，最长可到5年，还进一步从金额和笔数、从短期到长期，全面地评估逾期历史。也因此，信用历史部分是芝麻信用相对于其余互联网第三方征信机构优势最大的地方。一方面因为蚂蚁金服旗下金融服务应用的广泛性和小微性，尤其是花呗服务，另一方面因为阿里集团阿里云成熟的产品线，可以详实记录用户的大数据。

(4)行为偏好。主要是用户消费、缴款、转账、理财等活动中体现的特点偏好。行为偏好的评估元素基本上属于消费行为，共12个评估元素。包括最近一年在母婴、游戏、家具建材、汽车、航旅度假类型上消费的总金额和总笔数，消费区域个数(使用的收获地址个数)，最近一年支付活跃场景数(包括支付、转账、缴费、充值、红包、收款等)。这部分也是芝麻信用的优势之一，阿里集团下淘宝、天猫等电商服务保证了消费数据的充足。但芝麻信用的行为模式只包含消费数据，是较为偏颇的。值得分析的是支付活跃场景数和消费区域个数。从这两个评估元素，分析可知芝麻信用关注用户使用阿里支付服务的多样性和丰富程度。芝麻信用的评估体系中比较关键的缺点就是评估数据存在不完整的可能，而芝麻信用通过支付活跃场景数和消费区域个数，确定阿里集团的数据对该用户信用评估所需完整数据的覆盖程度。覆盖程度较高的用户，其芝麻分的置信程度自然会较高。

(5)人际关系。芝麻信用综合考虑用户在人际往来中的影响力、好友的信用等级和用户与好友的互动度，包含近一年人脉圈稳定度、社交影响

---

① 证券时报(2019). 蚂蚁金服：芝麻信用将不再与其他金融机构合作. 深圳：证券时报.

力指数和信用环境指数这 3 个评估元素。人脉关系的 3 个评估元素均是芝麻信用依据模型得到的评分型元素。近一年人脉圈稳定度由支付宝联系人个数、关系紧密程度、关系持续时长、关系结构稳定度等计算得到，社交影响力指数由资金往来关系依据影响力算法推断得到，信用环境指数由亲密关系人的芝麻分依据社交关系模型计算得到。但人脉关系部分仍然是芝麻信用最薄弱的环节——由于腾讯系和头条系占据了互联网社交圈几乎所有的生态位，阿里集团的社交难以跻身进入，因此芝麻信用的社交数据是较为匮乏和不可靠的。由此导致的就是人脉关系维度在芝麻信用评估中占据最低的权重。

表 8.6   **芝麻评估维度权重和元素数量**

评估维度	身份特质	履约能力	信用历史	行为偏好	人际关系
评估权重	约 15%	约 20%	约 35%	约 25%	约 5%
评估元素数	6	21	29	12	3

表 8.6 给出芝麻信用不同维度的评估权重和评估元素个数对比，可以直观看出芝麻信用评估模型的主要参量。芝麻信用对于指标不完整的信息或者外部信息空缺的指标，可以进行模型预测。这涉及预测结果的置信和不确定度的问题，对评估得分的符合程度和可解释性也会产生一定影响。芝麻信用采用的详细模型很难得到，但从芝麻信用工作人员访谈中可以得知，芝麻信用是在传统银行征信服务的成熟模型基础上加以修改，使得其更适合互联网征信模式。而且，从芝麻信用算法工程师的招聘广告中可以看到，芝麻信用需求在数据处理中应用多种算法，包括随机森林、逻辑回归、支持向量机、神经网络、对抗生成网络、决策树等。考虑到信用评估的数据类型和结果的主要应用场景，随机森林、逻辑回归、神经网络、对抗生成网络和决策树有一定可能是芝麻信用模型的一部分。

(三)"芝麻信用"数据来源及处理

传统征信体系其数据来源单一,以金融信贷机构及公共机构数据为主,仅仅包含基本的一些个人信息和信用卡、借记卡等受用记录。这些单一、不完整的数据难以客观描述一个人的信用状况。另一方面,央行的个人征信服务覆盖人群基本只包括有信贷记录的人群,覆盖率仅约 35%。[①]而这些问题在互联网大数据征信中,都可以在一定程度上得到改善。互联网平台拥有大量用户数据,除了信贷历史数据,还有大量的用户互联网行为历史数据,涵盖电商网购数据、线上支付转账数据、互联网金融理财数据、快捷缴费数据、租赁出行数据等,以及可以凭借手机、电脑定位信息,提供用户稳定性分析所需要的数据。而由于我国互联网普及度较高,互联网服务覆盖人群面广,且主要用户是传统征信难以覆盖的小微企业和大众群体。除此之外,互联网平台可以 24 小时记录用户行为和信用数据,因此具有较强的时效性,能够准确及时反映用户的信用水平。这也正是芝麻信用等互联网第三方征信平台相对于传统征信体系的最大优势所在。

事实上,芝麻信用来源广泛的数据,得益于阿里集团的多年积累以及其在电商市场、移动支付市场的高占有率。芝麻信用的主要数据来源有:阿里集团旗下淘宝、天猫等电商平台和合作参股电商平台的交易数据、蚂蚁金服积累的互联网金融服务数据、支付宝移动支付平台的支付交易数据、与阿里集团有合作关系的企业机构提供的数据和用户自主提供的个人信用数据等。表 8.7 给出芝麻信用评估数据分类及来源。

(1)阿里集团自有数据。结合表 8.7 和之前关于评估模型的分析可以发现,芝麻信用评估数据的主要来源是阿里集团自有数据,并吸纳来自于合作、参股企业的服务数据和政府部门的公开信息。阿里集团自有数据中,首当其冲的是电商平台交易数据。阿里集团旗下有众多电商平台,包

---

① 于晓阳(2016). 互联网+大数据模式下的征信——以芝麻信用为例. 北方金融, 11, 73-76.

表8.7　　　　　　　　芝麻信用评估数据分类及来源

芝麻信用评估数据					
类别	社交数据	电商交易数据	金融服务数据	其他数据	用户个人信息
阿里集团自由数据	阿里旺旺的社交数据	淘宝、天猫等电商平台交易数据	蚂蚁金服金融服务数据	支付宝支付缴费数据	
合作参股企业数据	新浪微博等参股社交平台部分社交数据	合作参股的电商平台部分数据	合作金融机构的金融服务数据	使用"芝麻分"企业的合作数据；政府部门的公开信息数据	
用户个人提交数据					用户自主提供的个人信息

括淘宝、天猫、聚划算、菜鸟网络等，拥有海量用户，截至 2020 年 3 月，中国零售市场移动月活用户数已达 8.46 亿。[①] 这些用户的电商活动是芝麻信用数据库的重要来源，提供了庞大的数据储备。其次是互联网金融数据和移动支付数据，依托于蚂蚁金服花呗、借呗、还呗等金融信贷服务和支付宝移动支付服务。花呗、借呗作为普遍使用的消费分期、小额信贷服务，其用户数据是芝麻信用评估数据量的保证；另外，支付宝作为中国移动支付的龙头，也有着详实充足的信用数据。

（2）合作机构数据。然而，阿里集团自有数据中的社交数据是极为匮乏的，不仅因为腾讯系和头条系挤占了互联网社交的空间，也因为阿里集团在互联网社交服务上缺少明星产品。因此，与阿里集团具有合作、参股关系的其他企业机构供给的数据和政府部门的公开信息也是十分重要的。

---

① 　Alibaba Group（2020）. Annual and Transition Report. Hangzhou.

很多公安机构，如公安网、银行系统等均提供当局的公开信息，包括公安、法院、工商、金融信贷等信息①；另外，芝麻信用同中国国内主流P2P、O2O 平台开展数据分享合作，这在一定程度上拓展了数据的广度和深度。其中值得注意的是，阿里集团虽然对新浪微博有一定参股、可以得到部分数据，但也很有限、难以弥补其社交人脉数据的欠缺。因此，芝麻信用在信用评估时，赋予人脉关系维度的权重不高。

（3）用户个人提供数据。此外，芝麻信用的评估数据还有用户个人提交的信息。这一部分数据需要得到交叉验证，否则需要评估置信程度。

芝麻信用管理有限公司总经理兼董事胡滔曾接受采访表示，芝麻信用团队大部分是数据和分析团队，引入了 FICO 的首席科学家和 Equifax 的优秀员工。② 考虑到芝麻信用面对的是日流量 PB 级别的数据量，其数据处理和数据清洗十分必要。芝麻信用的数据从采集到生成结果，使用的是阿里通用的大数据平台，该平台由三个层次业务组成。一是阿里云业务，用于提供数据采集、储存和处理的基础设施服务。截至 2020 年 3 月 31 日，阿里云位列中央国家机关云计算采购市场第一，份额超过 50%。③ 强有力的阿里云使得芝麻信用在面对 PB 级数据流量时具有处理能力。二是数据平台事业部，对数据进行结构化处理和清洗，使得合适的数据能够被评估元素所度量；三是商业智能部，对清洗后的数据进行分析。芝麻信用依托阿里大数据平台，可以对海量数据进行快速、及时、常态的分析处理，为更多、更基层的群众提供征信服务。

（四）"芝麻信用"应用场景

芝麻信用征信服务的重要环节就是芝麻分的应用。芝麻分通常会作为

---

① 陈铃，彭俊宁（2016）. 芝麻信用的发展现状及问题探讨. 当代经济，38-40.
② 芝麻信用胡滔：互联网大数据力助征信. ［2020.6.2 检索］. https：//business. sohu. com/20150711/n416606232. shtml，2015-7-11.
③ 中央国家机关政府采购中心.［2020.6.2 检索］. http：//www. zycg. gov. cn/，2019.

阿里产品与合作企业对用户资质的审核参考。芝麻信用同各企业、机构合作，对芝麻信用线上线下同步进行推广，涵盖百余个生活应用场景。主要应用场景可以分为出行、住宿、运营商、金融和其他场景等。

（1）出行方面。芝麻信用同悟空租车、大方租车、一嗨租车、神州租车等公司合作，芝麻分达标用户可以享受免押金租车；同联动云等公司合作，达标用户有机会免押金共享用车；同高德打车、滴滴出行等合作，可获得部分优惠；同哈罗出行、永安行等合作，可免押金骑行共享单车；以及可免押金办理 ETC 服务和办理国际驾照认证件。

（2）住宿方面。芝麻信用同去哪儿网、飞猪网、华住酒店、锦江酒店等合作，推出住宿免订金、免押金的快速入住退房服务。高芝麻分用户还有机会获得更高品质的住宿条件。

（3）租赁购物方面。芝麻信用同阿里集团旗下电商平台合作，可以免押金租赁手机、数码、充电宝、珠宝首饰、充电宝等物品；也推出先试用后付款的购物服务；以及凭芝麻分享受星巴克、肯德基、滴滴出行、大娘水饺等店面的部分会员优惠。

（4）金融方面。芝麻信用同蚂蚁金服合作，用户可凭芝麻分申请花呗、借呗、还呗等信贷服务的不同额度，还可凭芝麻分申请蚂蚁金服优质金融服务投资资格。

（5）其他应用场景。芝麻信用同全国部分医疗机构合作，提供"先看病，后挂号"和信用医疗贷款服务；推出信用签证服务，用户可以快捷提交收入证明和户口信息等；以及用户可以凭借芝麻分，无需登记快捷进入部分租借体育场所，先使用后付费。①

综上所述，芝麻信用的应用场景相对于传统征信服务更为广泛。截至目前，芝麻信用的应用场景主要集中于线下的信用免押金服务和线上的信贷评估服务。

---

① 全国首家体育信用场馆上线 . ［2020.6.2 检索］. https：//www. thepaper. cn/newsDetail_forward_6599014，2020-3-19.

三、"芝麻信用"体系分析

芝麻信用对用户大量的互联网数据进行收集,采用传统信用评估模型和机器学习模型结合,利用云计算和大数据技术进行综合处理,计算得到用户的芝麻分,并扩展丰富的信用评估应用场景,下面对芝麻信用个人征信体系进行分析。

(一)"芝麻信用"优势分析

芝麻信用作为互联网第三方个人征信服务的成功产品,其相对于传统个人征信服务有以下几种优势。

(1)数据采集维度广。传统征信服务数据类型单一、功能相似、来源相同,难以得到交叉验证、难以完整描述用户的信用状况。而芝麻信用依托阿里集团完整成熟的互联网生态,和众多的合作企业、机构,数据采集维度远远广于传统的征信机构。

(2)数据处理方式先进。传统征信机构的数据处理方法较难分析大数据的相关性,难以得到置信程度较高、符合性好的结果。而阿里集团有着中国国内第一梯队的云计算、大数据处理技术,在数据挖掘领域也有着成熟的技术,因而芝麻信用在面对 PB 级数据流量时,可以充分利用数据之间相关性,能够得到量化不确定性的评估结果,使大量信用数据能够得到充分的利用。

(3)信用评估时效性强。传统征信服务评估间隔周期长,而芝麻信用采用了动态的评估模型,其信用评估元素也多为动态指标,因此评估结果不再是独立和固定不变的,能够保持实时的更新,从而在某些应用场景中具有较传统个人征信更强的时效性。

(4)应用场景丰富。央行征信服务需要用户填写表格,经过长时间的审核后方可以得到信用服务。而芝麻信用用户只需要快速的授权,就可以得到线上线下的多场景应用。芝麻信用作为第三方征信机构,其追逐利益的属性驱动芝麻信用扩大应用场景——即使 2019 年芝麻信用对外宣称短期不以盈利为目的,① 但其为阿里集团的互联网生态做出了巨大贡献,其未来的间接利润将是难以估计的。

有些观点认为数据收集成本低、覆盖人群广也是芝麻信用相对于传统征信机构的优势。这是需要谨慎分析的。部分分析认为,芝麻信用可以从支付宝、蚂蚁金服、淘宝天猫等阿里旗下产品几乎没有成本的获得数据,数据收集成本低。但是,阿里集团在构建支付宝、蚂蚁金服、淘宝天猫等产品中也进行了巨量的投入,因此,芝麻信用的数据获取并不是没有成本的,只是以阿里集团产品前期投入成本的形式出现。同样的,传统征信机构的数据获取成本,其伴随的也是信贷产品、金融服务的形成,不能简单给出芝麻信用数据收集成本低的结论。部分分析还认为,芝麻信用覆盖人群广于央行征信。但数据显示,截至 2019 年 6 月,央行征信系统已收录9.9 亿自然人、2591 万户企业和其他组织的有关信息,② 而支付宝的中国用户约 7 亿人,芝麻信用用户可能更少,因此难以得到芝麻信用覆盖人群广且覆盖草根群众和小微企业的结论。

芝麻信用作为第三方征信机构,其相对于其他第三方征信机构也有着一定优势。首先是充足的电商交易数据,得益于电商龙头淘宝平台,但最近也受到了京东旗下京东白条分的冲击。其次是先进的云计算和大数据处理技术,但腾讯系云计算技术相对于阿里云计算也并没有较大差距。还有成熟的互联网金融服务(蚂蚁金服)、完整的移动支付数据(支付宝)和芝麻任务(引导用户培养信用习惯以提高芝麻分)等优势。

(二)"芝麻信用"存在的问题

第三方征信服务存在很多争议,类似腾讯信用全国公测 1 天即遭到央行叫停。同样,芝麻信用现阶段也存在较多问题。

---

① 芝麻信用的任务从来都不是盈利,而是推动商业信用进步.[2021.4.28 检索]. https://baijiahao.baidu.com/s? id=1649307775257877771&wfr=spider&for=pc.

② 征信系统收录 9.9 亿自然人.[2021.4.28 检索]. https://baijiahao.baidu.com/s? id=1636371621297185774&wfr=spider&for=pc.

（1）用户信息隐私权益和信息安全保护。《征信业管理条例》中规定"采集个人信息应当经信息主体本人同意，未经本人同意不得采集"，而芝麻信用存在通过大数据挖掘方式获得间接的行为模式数据，且自动记录用户在各平台的踪迹。这部分过程具有较强的广泛性和隐蔽性，且大部分没有获得用户主观上的主体授权。另一方面，用户应当有权利决定在应用场景中是否允许企业对用户的芝麻分进行查询以及查询信息的范围与限度。而这方面，芝麻信用并未给出成熟的解决方案。另外，用户应当对是否参与芝麻信用评估有决定权。而在2020年4月6日前，芝麻信用会固定在每个月对用户进行信用评估，尽管4月6日芝麻信用评估升级之后，用户可以自行选择是否评估，但用户权利的保障需要进一步观察。最后，是用户个人隐私的安全问题。由于互联网行业用户隐私泄露已成常态，过往已经发生过互联网公司保存的用户身份证、户口信息、出行住宿信息、账号密码信息、关联手机号信息等重要数据的泄露事件，芝麻信用针对用户数据的保护是最为关键的问题。

（2）核心信用数据欠缺。响应国家要求，芝麻信用正在逐步解除同其他信贷、金融机构的合作，这导致信用评估的核心信用数据逐渐减少，最终仅依赖于蚂蚁金服的信用数据。由于大部分核心数据都被央行和其他银行以及政府部门掌握，芝麻信用需要寻求与这些机构共享数据。然而互联网公司与银行的合作并非易事。银行都有自己的违约概率模型，数据来源是央行征信中心或银行自身，数据类型都是和信贷违约息息相关的核心数据。中国银行业风控效果良好，低于世界平均水平，因此银行很难有激励同芝麻信用进行合作。而且，蚂蚁金服旗下蚂蚁小贷业务、网商银行等都是银行的竞争者，很难将核心数据同竞争企业共享。

（3）"刷分"行为与黑盒模型解释力间的矛盾。由于芝麻信用是独立的第三方征信机构，没有同政府部门和银行机构共享用户隐私数据，在某些场景下，芝麻信用没有办法交叉验证用户自主提交数据的真伪性。因此网络上存在芝麻信用"刷分"和骗贷的黑产业链。为了防止用户"刷分"的欺骗性行为，芝麻信用在评估模型中加入了黑盒模型保证模型的可靠性。但与此同时，评估模型的可解释性便出现问题——难以解释评估结果的因果性和权重参数。因此，如何平衡"刷分"行为和黑盒模型使用是芝麻信用的问题之一。

（4）芝麻信用独立性保证。芝麻信用需要保证所采集的信用信息并未被违规传递给其余企业或机构，且信用信息仅为用户授权范围。但是仅通过单方面强调显然难以达标，而必须形成完整的架构和体系，构建授信业务和征信业务之间有公信力的防火墙。制定合适的机制和规则，才能使得用户对信用服务产生信赖。

（5）信用服务公正性考虑。深度考虑芝麻信用的信用服务，会牵扯到社会公平问题。由于信用评估元素包括个人资产信息和人际网络中好友的信用状况，富人会往往有更高的芝麻分。2017 年 4 月 20 日，央行征信管理局局长万存知在"个人信息保护与征信管理国际研讨会"上表示，征信应该坚持政治正确，不应当将人群划分成三六九等后赋予不同的待遇，甚至歧视性待遇。① 所以社会公平的议题仍然是芝麻信用需要考虑的问题，不能成为固化社会阶级的推手。

（6）异常违约逾期弥补。在 2020 年 4 月 6 日芝麻信用升级之前，针对异常的违约或逾期记录，用户很难申诉解决或淡化处理。虽然 4 月 6 日芝麻信用升级之后，公告显示用户可以对异常记录进行申诉，但是可靠性和处理效率等值得进一步考察。

（7）用户人群类型单一。芝麻信用主要的服务用户是阿里集团旗下产品使用用户。如果用户不曾使用阿里集团任何产品，包括支付宝、淘宝、蚂蚁金服、花呗等，则芝麻信用很难采集到用户的信用数据，难以提供足以置信的信用评估服务。

（8）社交数据的缺乏。由于互联网社交领域，腾讯集团的地位难以撼动，芝麻信用缺少足量的社交数据用以评估。最近，腾讯征信旗下第三方

---

① 万存知演讲全文：八家个人征信试点机构无一合格，合格机构应该是这样．［2021.4.28 检 索］．https：//baijiahao.baidu.com/s？id = 1565704350845515&wfr = spider&for = pc

征信服务"微信支付分"重新上线，在 2020 年微信支付逐渐赶上甚至超越支付宝支付在移动支付领域地位的情况下，考虑到腾讯所掌握的海量社交数据，芝麻信用在社交数据上的缺乏值得重视。

（9）应用类型扩大。芝麻信用的主要应用场景虽然十分多样，但归根结底大部分还是凭借芝麻分享受免押金服务，应用类型略显单一。

（三）"芝麻信用"综合分析

作为互联网第三方征信服务的明星产品，芝麻信用充分利用优势、正面面对问题的态度是值得肯定的。芝麻信用正在不断扩展数据来源，尽量减少阿里集团自有数据，保证数据能够得到交叉验证，也能够缓解用户人群类型单一的问题。而用户信息隐私权益和信息安全保护问题，尝试在第三方征信服务中应用区块链技术带来新的可能性：区块链技术的不可篡改性保证了信用历史的真实性和可溯源性；其存储方式可以部分确保用户数据在授权后方可访问；区块链共识算法的实践也可以在一定程度上缓解"刷分"行为与黑盒模型解释矛盾、保证芝麻信用独立性。当然，区块链技术的短板也扩大了芝麻信用异常违约难以弥补、社交数据缺乏和应用类型需扩大等缺点的影响。另外，第三方信用服务引起的社会公正性思考也是值得关注的，但这部分牵涉领域过广，市场监管、法律条文需要进一步完善。总而言之，在监管、法律尚不完善的环境下，芝麻信用有其独有优势，但仍然有很多尖锐的问题亟待解决。

第五节 对互联网征信的评价

整体而言互联网征信具有传统征信所不具备的独特优势，是对传统征信的良好补充。互联网征信用户数据量大、时效性强，能够更好地描绘用户的信用风险评级随时间的变化；数据种类多样，对用户的信用评级可以从多个维度综合分析，更具有代表性；获取方式相对简单，只要用户联网，便可以随时收集调用相关数据，人力需求小；目前 5G 服务已经在国内全面铺开,5G 网络拥有超大的网络容量和峰值速率,以及更低的网络延迟,并使物联网的普及成为可能,未来更多样化的数据值得期待。

一、互联网征信与传统征信的比较

(一)数据来源区别。公共机构,信贷机构和金融机构是传统征信的数据来源,而用户的网上足迹是互联网信贷的数据来源。后者易于获取,种类繁多,比传统征信的数据来源更加丰富。

(二)评估维度的区别。传统征信通过考察用户的财务状况判断用户在经济上的还款意愿及能力,而芝麻信用更综合地考虑用户的品质、行为偏好、社交人脉等信息,相比于衡量经济信用,芝麻信用对用户广义信用——即个人的践约能力进行评价。

(三)个人信用用途的区别。传统征信的评估大多针对贷款买卖、房屋交易等使用场景,而芝麻信用让用户信用有了更加广泛的用途,涉及互联网服务、互联网产品等新兴领域,使用户的信用产生更大的价值。

(四)评估体系灵活性的区别。相对于传统征信静态的分析用户信用,芝麻信用建立了动态的分析系统,通过对用户网上足迹的检测和数据交互,不断调整用户信用评分。

二、大数据征信应用展望

(一)征信多元化。互联网行为数据不仅是央行征信的重要补充,还可以强化征信数据的时效性,使其更加全面而具有层次,提高信息的利用率和有效性,更能反映用户的实际支付能力。①

(二)授信审批自动化。随着大数据研究的不断深入,征信评级体系不断完善,金融机构可将评分/评级结果更多地应用于用户授信和审批,为银行和金融机构提供更有价值的信息。大数据风险模型的风险排序和区分

---

① 林汉川,张万军,杨柳(2016).基于大数据的个人信用风险评估关键技术研究.管理现代化,36(02),95-97.

能力，为我们提供了自动化审批的可能，这会使在线审批更为便捷而精准，同时促进线上产品的更新迭代，大大提高线上审批效率。

（三）风险监控与预警精确化。风险监控与预警是指借助各类信息来源，通过对信息与数据进行分析整合，可以及时发现授信客户及业务的早期风险征兆并准确识别风险的来源并作出反馈。

三、大数据征信面临的问题

（一）数据孤岛问题。芝麻信用在用户互联网行为数据上的优势来自于网络购物、互联网金融等数据，但在搜索引擎、社交、网络游戏等行为上，数据来源相对匮乏，而且这些行为数据所在领域由少数几家企业占据支配地位，阿里巴巴难以通过入股、兼并来获取该行为数据，这会影响其对用户信用评价的准确程度，制约芝麻信用的发展。[①]

（二）用户隐私问题。随着我国法制的完善，相关的法律法规也会逐步出台，一旦重要的评估数据被列为个人隐私，将对互联网征信评价体系的建立产生负面影响。

（三）随着时代发展，短视频、语音交友等社交软件层出不穷，突如其来的疫情更是让全国人民居家抗"疫"，产生了大量的非结构化数据诸如图片、视频、音频等内容，这些会为数据的准确分析带来困难。对于这些非结构化数据，目前的计算机技术只能进行语言文字的识别和提取，对于更进一步的图片内容、音视频内容分析则需要神经网络技术和人工智能的进一步发展。

（四）将传统征信评分体系移植到互联网征信的过程中可能出现适应性问题。互联网征信的发展仍处于探索阶段，只能以传统征信的相关理论和评估技术为基础，但由于互联网用户行为与社会行为具有差异，传统的信用理论和技术未必完全适合互联网征信，想要其适应互联网的各种特征，

---

① 王冠(2015). 基于用户互联网行为数据的个人征信评估体系建设分析. 硕士学位论文，北京：北京交通大学.

还需要大量的制度创新和技术创新。

四、对大数据征信未来发展的建议

(一)从国家层面设立数据交易市场,由此避免互联网征信被大公司垄断。用户行为数据难以在公司之间交流,使得用户数据利用效率低下,对整个征信行业的发展不利。如果在国家层面设立数据交易市场,允许公司间买卖,这样从事互联网征信的公司将不再受到自身产品拥有的用户数据规模的影响,这会促进互联网征信的发展。

(二)尽快通过法律手段明确数据采集和使用范围,明确数据所有权。对于涉及用户隐私的信用数据如财务账户、社交关系等,一旦泄露以致被非法利用,会对用户带来损失。因此,明确用户隐私范畴、划定数据所有权,是互联网法规完善的重中之重。国家一定要制定相应政策法规对行业发展设立标准和规范,确保用户隐私不受侵犯。

第九章　大数据时代下 K12 在线教育行业的发展模式分析

在大数据时代，随着互联网技术的不断发展以及社会对教育重视程度的提升，在线教育作为教育的一种创新模式，正处在时代发展的"风口"。K12 在线教育是整个在线教育行业的重要组成部分，对 K12 在线教育进行行业研究具有重要意义。本章从用户概况、市场情况、对比分析、盈利模式和头部企业竞争分析五个方面进行行业解析，分析我国 K12 在线教育行业的基本情况和发展趋势。

第一节　用户概况

一、用户群体

K12，即 kindergarten through twelfth grade，是学前教育至高中教育的缩写，现在普遍被用来指代基础教育。我国 K12 用户群体主要是普通小学、初中及高中生。根据国家统计局的数据，截至 2020 年 7 月，全国 K12 涉及的普通小学、初中及高中在校学生总人数已经超过了 1.8 亿人。自 2012 年以来，这一数字都保持在 1.6 亿之上。这个庞大、稳定的人群都是 K12 在线教育市场的潜在用户，我国 K12 人群基数大、行业用户存在巨大的拓展空间。

表 9.1   **2012—2019 年中国 K12 在校学生人数①**   单位：百万人

年份	2012	2013	2014	2015	2016	2017	2018	2019	2020
普通小学在校学生数	97.0	93.6	94.5	96.9	99.1	100.9	103.4	105.6	107.3
普通初中在校学生数	47.6	44.4	43.9	43.1	43.3	44.4	46.7	48.2	49.1
普通高中在校学生数	24.7	24.4	24.0	23.7	23.7	23.7	23.8	24.2	25.0

二、用户规模

K12 在线教育行业的相关数据显示，2015—2019 年，我国 K12 在线用户从 1383.2 万人增长至 2477.7 万人，年均增长率为 15.8%。在 K12 人群基数整体变化不大的情况下，K12 在线教育用户规模不断扩大，渗透率显著增加。排除 2020 年新冠肺炎疫情的影响，2020 年活跃用户超过 3700 万人，全国中小学生中超过五分之一将成为 K12 在线教育用户。

表 9.2   **2015—2020 年中国 K12 在线教育用户规模及预测②**

	2015 年	2016 年	2017 年	2018 年	2019 年	2020 年
K12 群体规模（单位：百万人）	170.7	170.3	170	166.5	164.1	162.3
K12 在线教育用户规模（单位：百万人）	13.8	15.3	17.5	20.2	24.8	37.7
渗透率	8.10%	9.00%	10.30%	12.10%	15.10%	23.20%

---

① 数据来源于国家统计局。

② 2020 年中国 K12 在线教育行业图谱、用户规模及趋势分析．［2021.8.11 检索］．https：//www.iimedia.cn/c1020/70561.html.

根据 2015 至 2021 年 K12 线上教育用户的增长规律，在升学竞争压力长期存在、升学竞争越来越激励的背景下，K12 教育市场呈现出强烈的刚需，以应试目的为主的 K12 线上教育行业，有望保持迅猛增长的态势。

三、用户调查

对 K12 在线教育用户进行用户调查，根据艾媒数据中心在 2020 年 2 月的市场调查显示，我国 K12 在线教育用户分布存在明显的地区差异。在这项城市线级调查中，一二线城市学生占比接近 70%，而三四线城市及以下乡村地区仅占三成。与一二线城市行业成熟的发展相比，三四线城市及以下乡村地区市场发展尚不完善，存在很大上升空间。2020 年由于新冠疫情影响，在线教育渗透率急速提升，三四线城市的线下机构迟迟不能复课，用户转而开始关注和了解线上教育。2020 年的暑期大战中，各大 K12 在线教育品牌也将目标对准了三四线城市。在一线城市市场趋于饱和，进军下沉市场成为扩张野心明显的在线教育企业必然的选择。随着三四线城市家庭收入增加、家长对教育重视程度不断提高，下沉市场开发将会迎来更好的机遇，K12 在线教育市场的份额将进一步扩大。

此外，来自易观分析的调查显示，K12 在线教育用户消费能力以中等消费人群为主。K12 在线教育市场的家庭往往拥有较强的消费能力，中等消费人群占比达 81.1%，这部分家长往往也具有较高的学历水平，非常注重孩子的教育，舍得为孩子的教育投资，是 K12 在线教育的消费主力军。

表 9.3　　　　**2020 年中级分布国 K12 在线教育用户城市线**①

城市和地区	一线城市	二线城市	三线城市	四线城市及以下乡村地区
占比	17.00%	37.70%	17.00%	15.10%

① 2020 年中国 K12 在线教育市场现状分析与发展趋势分析．[2021.8.11 检索]．https：//baijiahao.baidu.com/s？id＝1671798751508311144&wfr＝spider&for＝pc.

表 9.4 　　　　　　　　**K12 在线教育用户消费能力①**

消费人群	低消费人群	中低消费人群	中等消费人群	中高消费人群	高消费人群
占比	14.1%	31.1%	23.7%	26.3%	4.8%

四、用户画像

根据以上调查结果以及相关数据，得到一份 K12 在线教育用户的用户画像。K12 在线教育的受众群体多为女性，以中等消费人群为主，且集中在 00 后年轻用户，一、二线城市趋于饱和，三四线城市及以下地区存在巨大的增长潜力。总的来说，K12 在线教育是以应试升学为主要目标的刚性需求，用户基数大、分布广泛。

表 9.5 　　　　　　　　**K12 在线教育用户画像**

性别	女性用户多于男性：女性 六成；男性 四成。
年龄	主要是 00 后年轻用户
地域	集中在一、二线城市 三四线城市及以下地区用户存在增长空间和发展趋势
消费能力	以中等消费人群为主

第二节　市场情况

一、市场规模

数据显示，自 2012 年以来，我国 K12 在现教育的市场规模年增长率

①　中国 K12 在线教育用户消费行为报告. ［2021.8.11 检索］. https：//blog. csdn. net/shifanfashi/article/details/107675198.

基本保持在30%之上。2015年，教育部出台了相关措施，严厉打击公办教师外出补课的行为。一大批以公办教师培训补课为主的作坊由此消失，整个 K12 课外培训市场增速减慢。但是，对于 K12 在线教育市场，增速除了在2015年降到21.4%，之后迅速反弹，保持快速增长，在2017年到达了51.8%的市场规模增速。K12 在线教育市场规模增速在2019年逐步递减，反映了在线教育行业的用户红利逐渐消退。2020年，"黑天鹅"事件发酵促使在线教育迎来新的转机，在"停课不停学"的政策扶持下，在线教育市场规模增速回暖。

表 9.6 **2012—2019 年 K12 在线教育市场规模**[①]

年份	2012	2013	2014	2015	2016	2017	2018	2019
K12 在线教育市场（单位：亿元）	63.7	85.2	117.1	142.2	196.7	298.7	443.2	648.8
K12 在线教育市场规模增速		33.80	37.40	21.40	38.30	51.90	48.40	46.40

在课外补习面临着严格的监管，而 K12 群体应试补课刚需依然存在的情况下，线上 K12 培训百花齐放、涌现出一批新品牌，承接这部分存量需求，行业市场规模在进一步快速扩增。2020年以来，突如其来的新冠肺炎疫情使得在线教育的优势更加凸显：在线教育突破了时间和地点的局限，让知识的获取有更多的形式与内容。未来几年，在 K12 群体保持旺盛需求，K12 在线教育市场"价格"和"数量"不断提升的背景下，在线教育市场规模短时间还难以触及 K12 课外培训行业的天花板，K12 在线教育市场规模还将保持较快的增长速率。

---

① 数据来源于中国科学院、前瞻产业研究院整理。

二、行业投融资情况

K12 教育行业一直受到资金看好，在经济大环境资本收紧的情况下，
2010 年以来 K12 在线教育市场融资规模仍然在不断增加。2010—2013 年
四年总融资额不超过 20 亿元人民币，而 2018 年仅一年融资规模就接近
120 亿元。

表 9.7　　　　**2010—2020 年 K12 在线教育市场投融资情况①**

年份	2010	2011	2012	2013	2014	2015	2016	2017	2018	2019	2020（1—10 月）
融资资金（亿元）	2.72	8.46	2.01	4.36	21.32	88.32	62.71	46.84	118.47	115.6	328.7
融资笔数	2	10	9	19	70	111	81	30	29	148	

2015 年后，K12 在线教育市场的融资笔数下降，而单笔融资额呈显著
上升的趋势。行业在经历了初步探索后，资本重点投资对象从初创企业，
转移到了行业格局明朗后的成长期企业。这些具备独特核心竞争力、经历
了市场考验的企业，备受资本青睐。如掌门 1 对 1、猿辅导、学霸君等商
业模式成熟的企业，在获得 C 轮、D 轮，甚至 E 轮融资后，企业估值已经
超过 10 亿美元，成为了行业"独角兽"。

提出 2016 年为 K12 在线教育"元年"的李勇，他创立的 K12 公司猿辅
导，2020 年"晋升"为全球一级市场 top1 市值的教育科技公司。今年累计
获投超过 30 亿美元，估值已超过百亿美元。不仅是猿辅导，还有同一赛道
的作业帮、在印度的 byju's 公司，均再获资本投资，进入百亿美元队列。

---

①　Fastdata 极数：2020 年中国 K12 在线教育行业报告．［2021.8.11 检索］.
https：//www.sohu.com/a/435960567_114819.

国内一级市场除了双师大班模式的高额融资，差异化模式的、一对一模式的掌门 1 对 1，也会获投数亿美元。二级市场上市的跟谁学、网易有道，自 2019 年上市至今，市值以倍数增长。传统线下巨头好未来，线下线上业务双矩阵并行，在二级市场，更是增长至高达 400 亿美元的市值，当下无两。

表 9.8 　　　　　　　**2017—2019 年 K12 在线教育融资金额 TOP10**①

教育机构	轮次	融资资金	主要投资方
掌门教育	E-1 轮	3.5 亿美元	CMC 资本、中金甲子、中投公司
洋葱数学	D 轮	3 亿美元	春华资本、昆仑万维等
DaDa 哒哒的英语	D 轮	2.55 亿美元	华平投资、好未来
作业盒子	D 轮	1.5 亿美元	阿里巴巴
掌门 1 对 1	D 轮	1.2 亿美元	华平投资、元生资本
猿辅导	E 轮	1.2 亿美元	华平投资、腾讯
核桃编程	A+轮	1.2 亿美元	高瓴资本
三好网	B 轮	数亿元人民币	立思辰华海资本、国中创投等
溢米辅导	C 轮	1500 万美元	精锐教育、蓝湖资本、德晖资本
翼欧教育	A+轮	1 亿元人民币	新东方、好未来、ATA 教育

第三节　K12 在线教育与传统教育模式对比

一、概念界定

在线教育是指借助互联网和信息技术有效实施教学和学习活动，谋求打破教育垄断，这是一种新型教育形式。随着信息技术迅速发展，特别是

---

① 　2020 年中国 K12 在线教育行业图谱、用户规模及趋势分析 . [2021.8.11 检索] . https：//www. iimedia. cn/c1020/70561. html.

从互联网到移动互联网，创造了跨时空的生活、工作和学习方式，使知识获取的方式发生了根本变化。教与学可以不受时间、空间和地点条件的限制，知识获取渠道灵活与多样化。在线教育最早起源于美国，一位名为萨尔曼·可汗的孟加拉裔美国人在美国创办了可汗学院，利用视频技术改革传统教学手段，向全世界提供免费的高品质教育，全球有 5600 万中小学生观看他的教学视频，每月 600 万学生登录网站。1998 年后在世界范围内兴起，从北美、欧洲迅速扩展到亚洲地区。越来越多的国内企业对在线教育表示了浓厚兴趣，并开始实施在线教育解决方案。

二、在线教育与传统教育模式对比

(一)师资力量

传统教育行业有一个很大的问题，即师资力量分布不均衡，受地域经济各方面的制约。同时在传统教育中教师授课薪资和场地租金等经营成本，在传统教育中往往占一半，这加重了师资力量的分散。跟传统教育培训机构相比，在基础设施完善的情况下，在线教育能轻易的跨越地域限制把一线城市的优质资源扩展到全国，与此同时，在线教育甚至可以将国外的教育资源充分整合到国内，与最快的速度让学习者了解到国外的学习动态。

(二)师生关系

传统教育主要以教师为中心，教师根据自己学习方式和自身的理解来准备教案。虽然学习过程中教师与学生紧密联系，但是从学生个人而言，与教师的关系不会太过特别，主要还是"教"与"学"的关系。由于传统课堂一般为"一对多"模式，即一位老师对应多名学生，也无法满足学生的个性化学习需求。在线教育又分为直播课和录播课两类，录播课在教学过程中教师会经过精心的教学设计，把学习内容制作成利于学生自主学习的教学课件，学生根据自己的个人需求去选择学习内容、形式、时间和进度。而直播课教师能够更加针对学生的需求和反馈来设计教学内容。在整个学习过程中，与老师关系主要在于学习之后的内容，比如作业答疑等多种形式对话和交互反馈机制。

(三)教学内容

传统的教育内容具有地域及个性特点，学校课堂上的内容是教师根据班级学生的基础，适应地域或个性特点加工成的内容，是给学生"挑好"的内容。尤其是面临升学压力的初中、高中，所学习的内容大部分是贴合本省考纲范围，对于应试教育而言具有很强的适配性。而K12在线教育就对教师具有很强的要求，除了要熟悉不同版本的教材，更要清楚各省不同的命题思路和命题范围，较难起到完美适配的作用。当然，在线教育也有相较之传统教育的优势，如能够获得更广的学习资源，补充到课堂上难以接触的知识，更加向素质教育的方向发展。

(四)学习效果

传统教育具有时间和地域强制的特性，学生在课堂上可以跟随老师的学习节奏，在计划好的时间内完成所学内容，这对于自觉性较差的学生们更好。相比之下，K12的用户群体决定了未成年人在线学习的难度，互联网上的教育资源千差万别丰富多样，学生需要主动挑选适合自己的学习，并且对于自控力较差的未成年人，很难保证按时按量完成进度，想要主动去学习难度较大。

与传统教育相比，直播课也容易遇到卡顿、掉线、延时严重、线上教学工具有限等各种问题，从而影响教学效果。而在线教育的优势也在于时间灵活，自主性好，可以利用碎片化时间来学习。若作为学校教育的有效补充，对于学习自主性较强的学生，在线教育可以发挥其时间灵活的优势，学生可以反复回看所学内容，可以通过一遍一遍的反复来理解所学知识点，加深记忆。达到更佳的学习效果。

K12不同于成人教育、职业培养等，它既包括知识、技能教育，又包括了人格教育。K12 教育不只是信息的流动与驱动，学生也不只靠直播课、做作业就完成学习，线上教育无法承担人格教育的工作。这决定了它线上教育仅能成为 K12 传统教育的一个补充或辅助部分，不可能完全取代传统教育。

第四节　盈利模式

K12 在线教育快速发展，不同类型的企业已经形成一定的盈利模式，主要包括内容收费、服务收费、平台佣金以及广告收费四种模式。

一、内容收费

内容收费已经成为 K12 在线教育企业的主要盈利模式，通过提供学习视频、教育工具以及文档资料等多种类型的资料以及在线服务，获得利润。这些企业往往是内容提供商或者技术提供商，同时具有自己的特点，比如原创性或专业性。

学习视频是线下教学向线上授课的转移，其授课内容没有发生变化，只是授课形式发生转变，利用互联网为课程服务。通过提供学习视频获取收益是 K12 教育头部企业的主要盈利模式。这类产品的提供方包括传统教育企业(新东方、好未来等)、在线教育企业(猿辅导、跟谁学等)、互联网企业(腾讯、网易等)。提供内容主要包括双师大班课、一对一课程、在线小班课程。此外，AI 互动课的出现也是在线教育的一次创新。AI 互动课利用了 AI 机器人的图像视觉能力、语音和语义分析能力，辅助老师授课。AI 互动课可以根据学生的学习情况，动态分析规划学习路径，有选择性地给学生推送合适的学习内容以及学习重难点。[1]此外，AI 互动课的听音、录音、纠正读音的功能，对语言学习有促进作用。表 9.9 中列出了目前涉

---

[1]　松鼠 AI 官网：课程体系 . [2020. 5. 22 检索]. https：//www. songshuai. com. cn/courseSystem.

及 K12 在线教育部分企业主要提供的课程服务情况。

表 9.9 **K12 在线教育相关企业及提供的服务内容①**

	机构名称	双师大班课程	一对一课程	在线小班课程
传统教育企业	新东方	✓	✓	✓（东方优播）
	好未来	✓（学而思网校）	✓（大海一对一）	✓
	精锐教育	✓（巨人网校）		
	卓越教育	✓（果肉网校）	✓（牛师帮）	
	猿辅导	✓		
	跟谁学	✓		
	作业帮	✓		
	掌门	✓（掌门优课）	✓	
	VIPKID	✓（VIP 蜂校）	✓	✓（SayABC）
互联网企业	腾讯	✓（企鹅辅导）		
	网易	✓（有道精品课）		

　　双师大班课主要是通过主讲教师授课和助教课后辅导的方式进行。作为一种良好的盈利模式，传统教育企业、在线教育企业以及互联网企业均开设了相关课程。大班课相对获客成本高，但课程费用低，可以形成规模效应。随着学员人数增加，边际成本降低，企业可以获得较高的经营收入。一对一课程相对投入少，但是对教师要求高，家长对于机构和教师选择会根据学生上课效果频繁变化，可持续性受到影响，无法获得持续营收。同时随着行业竞争加剧，获客成本变高。在线小班课是互联网教育企业逐步探索的模式，相对于一对一教学而言，课程单价较低，又满足个性化的要求。但是因为机构侧排课复杂、家长侧对课程要求高，教育机构普

---

　　① 数据来源于普华永道 2019 年报告《中国 K12 线上教育发展的三大困惑及应对》，并根据 2020 年数据更新。

遍面临退班率高以及满课率低的困难。新东方旗下的东方优播是运用小班课模式中比较成熟的机构。通过 2019 年 K12 在线教育头部企业营收对比可以看出，从 2019 年营收规模上看：猿辅导>学而思网校>跟谁学>新东方在线。学而思网校、猿辅导、跟谁学主要为大班课模式，新东方在线旗下东方优播为小班模式。大班课模式盈利模型优于小班模式优于一对一模式。

表 9.10　　　　**2019 年线上教育头部企业 K12 营收对比①**　　单位：亿元

	猿辅导	学而思网校	跟谁学	新东方在线
2019 年公司营收	36	24	21.15	1.59

教育工具是指辅助学生提高记忆力和学习效率，帮助学生查漏补缺的工具类产品。这类产品形式多样，比如语言学习类(乐词、扇贝等)、题目讲解或题库类(小猿搜题、猿题库、作业帮等)、笔记类(印象笔记)。这类工具主要是通过免费的服务积累流量，然后将业务拓展到直播课程，从而获利。表 9.11 展示了 2019 年 3 月 K12 教育场景下主要 APP 的活跃用户规模。比如作业帮最初是"拍照搜题"的功能，拥有良好的客户口碑后拓展到学习视频辅导业务，从而将流量变现。此外，猿辅导在线教育公司旗下的小猿搜题、猿题库等产品为学生提供搜题和题库业务，积累大量的学生资源，然后将客户引流到猿辅导的视频学习业务，从而使企业获利。

二、服务收费

服务收费主要是在课程学习之外通过提供解决问题的咨询服务或其他线上支持辅导获取增值服务的收费方式。这类企业一般会通过提供免费的学习资源吸引大量用户，用户学习后往往会产生一些免费学习内容中无法

---

① K2 在线教育流量转化、行业格局、运营模式分析——全市场教育策略报告.[2021.8.11 检索]. https://www.doc88.com/p-50859404080342.html.

解决的问题，从而企业为这些用户提供增值服务，获取收益。一般兼具平台提供商和内容提供商环节的企业会通过服务收费的模式盈利。

表 9.11 **2019 年 3 月中国 K12 教育场景下主要 APP 活跃用户规模**①

单位：万人

	作业辅导类 APP				题库类 APP				在线课堂类 APP				
	一起作业学生端	小猿搜题	作业盒子	作业精灵	互动作业	作业帮	猿题库	阿凡题	学霸君	网易公开课	腾讯课堂	有道精品课	跟谁学	网易云课堂
活跃用户规模	1566.63	825.65	408.88	79.51	56.58	5188.83	258.37	169.87	145.09	291.59	162.32	58.39	37.49	28.59

以沪江网为例，沪江网为大量外语学习者提供了免费的学习互动平台，已拥有超过两亿用户。②因此平台形成了总量大并且可规模化接触的用户群体，从而催生了付费的增值服务项目。比如，沪江网 2006 年推出的咨询服务系统(小 Q 问答系统)，主要是当用户在学习使用过程中存在问题的时候，为用户提供在线答疑或保证 24 小时内解决问题的服务，按月收费。这样的方式可以针对不同用户提供个性化的服务。这种盈利方式很好地解决了网络教育缺乏互动性和个性化的问题，并且提供了区别于一般数字内容的增值服务，也很好地避免版权纠纷和降低被盗版的风险。

三、平台佣金

平台佣金是指平台提供商与相关内容提供商合作，允许他们在平台上提供产品，并向他们收取佣金或获得利润提成。一般作为平台提供商的在

---

① 2019 中国 K12 在线教育行业用户规模、融资情况及未来趋势分析. [2021. 8. 11 检索]. https：//www. iimedia. cn/c1020/65856. html.

② 用户突破 2 亿，沪江网是如何做到的. [2020. 4. 9 检索]. https：//baijiahao. baidu. com/s？id=1634311311666981040&wfr=spider&for=pc.

线教育企业会把平台佣金作为盈利模式。这类企业拥有大量的用户并且具有粘性，然后把用户变成消费者。

K12 在线教育企业主要有四种方式收取佣金。一是某些教育企业入驻相关平台，如入驻沪江网平台或作业帮等，并在平台上销售相关产品，平台可以从企业所得中获取一定的利润提成或获得入驻的佣金；二是平台与企业合作，帮助企业售卖产品并获得利润提成，如沪江网曾承接英国广播公司(BBC)、美国之音(VOA)官方内容的授权，成为卡西欧等企业的官方授权销售单位。①或者和出版社合作，如作业帮会从出版社获得一些专业的出版物，并转化为数字版本出售给用户，从而获得利润分成。2018 年，沪江网校宣布与人教数字出版有限公司、世界图书出版广东有限公司正式签约标日、泰语两套多语种系列图书，合作开发图书内容，以完善其教材书籍。三是一些教师会入驻在线教育平台，如教师会将自己的教育产品通过沪江网、作业帮等平台出售给用户，平台也会根据销售额从中抽取一部分利润提成。四是移动设备运营商以及手机厂商也会与在线教育平台合作，同时平台也能获得一定的分成。②华为平板搭载了"教育中心，通过与有道精品课、学而思网校、洋葱学院、纳米盒等头部教育应用合作，集结了海量优质教育资源，更实现了在校教育企业和科技公司的双赢。

四、广告收费

广告收费是互联网快速发展下比较常见的收费手段，当在线教育企业或教育工具拥有大量的用户时，将会拥有流量优势，从而获得更好的广告收益。相关企业或个人在平台或教育工具的广告位上投放广告并按照相关收费模式付费(按流量付费、按业绩付费或定额付费)。一般教育工具类的APP 会采取广告收费模式，如网易有道词典等。此外，在线教育平台早期

---

① 沪江网 13 年"征途"：从 BBS 到估值 2 亿美元 . [2020.4.9 检索]. http://m. dooland. com/index. php? s=/article/id/585451. html.

② 邹帆(2018). 中国 K12 在线教育的盈利模式研究，硕士学位论文 . 江西：江西师范大学.

也会采取广告收费，但广告会影响学生的学习体验，导致用户流失。同时平台也无法精准推送内容，导致广告投放企业或个人无法获得预期效果而减少投放。2006 年，沪江网运营初期主要靠广告费维持企业发展，2009 年后，通过拓展企业内容付费或平台佣金方式，广告收费模式占比下降。2017 年，沪江广告费收入仅占其营收的 20%。①

　　综上，K12 在线教育企业的盈利模式受制于其特点的影响。首先，与线下课堂相比，线上课程的运维成本并不占优势，其教师成本基本固定，研发和平台抽成比例居高；其次，大量的自媒体涌入赛道，竞争激烈，加剧了家长的选择难度；另外，地域之间课程体系和考试纲要的差异，导致K12 领域难以形成统一的整体市场。由此，K12 在线教育企业的盈利模式以内容收费为主，部分企业同时采用平台佣金为盈利模式，较少企业使用服务收费和广告收费模式。内容收费模式中，主要以学习视频获取收益，其中大班课模式盈利模型优于小班模式优于一对一模式。同时，线上课堂的课单价比较低，通过与各大平台合作，增加课程的曝光率，是其推广的最基本要求。另外，线上课堂的盈利点不一定要纠结于课堂本身，通过和相关企业协作，或者向线下模式引流，都不失为一种较好的变现渠道。

第五节　XYZ 竞争分析

　　K12 在线教育直播课领域，学而思，猿辅导，作业帮是三位主要的玩家。学而思是 X，猿辅导是 Y，作业帮是 Z。头部玩家的竞争往往意味着行业的走向。

一、竞争概述

　　在线教育企业通过多种方式，推动获客率和营收增长，包括推动新技

---

①　苏国有(2017). 我国在线教育盈利模式研究，硕士学位论文．北京：对外经济贸易大学．

术在在线课堂的深度应用、加强与短视频和电商平台的跨界合作等。在2020 年疫情大爆发的背景下，三家公司都做了一定的公益课程，而在家学习的产品瞬间成为全国中小学生的刚需。同业竞争有两个方面的结果，一是是不是能获取新用户，二是是不是能留住老用户。在线教育行业竞争的过程就是拉新和续报的过程。拉新既包含从竞争对手抢用户，还包含转化新的在线 K12 用户。拉新和续报并非是绝对分割的，有些竞争手段既能带动拉新，也能带动续报。拉新和续报直接关系着在线教育公司竞争的成败。

二、拉新竞争

获取新用户是企业扩张必须要做到的事情。在线教育行业，XYZ 三家公司在拉新方面也展开了激烈的竞争。除了通过各种渠道投放大量广告，学而思、猿辅导和作业帮还在体验课、拍照搜题、学前产品、题库更新、硬件厂商合作等方面展开拉新的竞争。

表 9.12　　　　　　　　学而思、猿辅导、作业帮拉新竞争

	学而思	猿辅导	作业帮
体验课	✓	✓	✓
拍照搜题引流		✓（小猿搜题）	✓（作业帮拍搜）
学前产品引流		✓（斑马 AI）	
题库产品引流	✓（学而思题库）	✓（猿题库）	✓（作业帮 APP）
硬件厂商引流	✓（华为平板）		

在大量投放广告的基础上，各家都推出了 0 元课，9 元低价体验课等各种形式的体验课，还有面向家长的体验课，如主题为《如何与孩子相处》《如何让孩子养成好习惯》等等，向家长直接宣传自己的平台。低价课目的是降低接触在线 K12 教育的门槛和体验成本，让更多的学生能够尝试在线教育，检验一下自己是不是可以从 K12 在线教育获取价值，提升自己对知

识的理解，增强自己的能力，提高自己的学习成绩。这是 XYZ 三家公司的共识策略。

在拍照搜题方面，猿辅导打造了自己的拍照搜题产品，有着不错的用户量，能够在一定程度上通过拍搜入口，将用户导到自己的直播课产品——猿辅导上。虽然猿辅导也打造了自己的搜题产品，但是作业帮的拍照搜题占据绝对市场优势，作业帮在 2020 年 4 月 17 日公布的数据显示，作业帮拥有 8 亿激活用户，近 1.7 亿的月活。这个数据睥睨小猿搜题。借助庞大的流量池，作业帮可以将自己的营销宣传活动迅速触及目标用户，借助巨大的流量池，作业帮大大摊薄了自己的获客成本。

猿辅导在拉新上独辟蹊径，将自己的产品目标受众扩展到学龄前。斑马 AI 课是猿辅导面向启蒙教育市场的产品，不属于 K12 在线教育。但是，随着孩子的成长，会进入 K12 教育阶段。关于在斑马 AI 课上的学龄前儿童何时步入一年级，猿辅导掌握了大量的用户数据。相比其他平台想要挖这些用户，到自己的平台接收 K12 在线辅导，无疑是猿辅导设置一些优惠，更能够获得这些用户的青睐。不仅如此，斑马 AI 课本身拥有部分正价课，是收费项目，斑马 AI 课的在读正价课用户在 2 月达到 200 万，2020年斑马 AI 课总营收在 50 亿左右。

K12 在线教育，最直接的目的是考试得到更高的分数，题海自然是各家少不了的战略储备。学而思和作业帮有自己的题库，猿辅导也有自家的猿题库。从题库找题目，自己组卷做模拟题，也是触达在线 K12 潜在用户的重要方式。

学而思作为从线下做起的教育公司，不会忽略硬件厂商的合作。在华为 2020 年 2 季度发布的平板产品上，内置了学而思网课资源。与硬件厂商合作，这个是学而思的重要拉新手段。在合作中，学而思课程均由名师录制，课程质量高，让同学们在家也能享受顶级教育资源，在家也能获得顶级教师亲自授业。此外，华为智慧屏中的网课还支持类似直播的弹幕评论，可以将不懂的问题及时反馈，让老师做出解答，这样学生就能像平时上课一样与老师深度互动。

三、续报竞争

有别于拉新竞争，续报方面的竞争更加聚焦用户的实际体验和效果。续报竞争更加考验各个公司的师资、督学服务等综合实力。续报竞争一是看基本功，行业探索到今天，该有的服务是不是都具备，如提供家长端 APP，了解孩子学习情况，双师机制，有效辅导学生，另外就是看技术实力和实际对产品和服务的打磨。

表 9.13　　　　　　　　学而思、猿辅导、作业帮续报竞争

	学而思	猿辅导	作业帮
班主任辅导老师	✓	✓	✓
家长端 APP	✓	✓	✓
RTC+RTMP	✓		✓
产品和服务	✓	✓	✓

经过整个行业的摸索，现在基本形成了主讲+辅导老师双师的运营体系。辅导老师可以通过微信群等跟家长和孩子保持密切沟通，辅导老师有三个主要的职责：第一是辅导孩子的学习问题，第二是在报名的阶段可以直接宣传，第三是遇到 APP 或者课程问题可以迅速通过辅导老师反馈给平台。除了学生在课堂当中，班主任是另外一个方式主动让学生感受到自己的服务的渠道。辅导老师如何在线管理学生、如何发挥管理的效能，这是用户在付费之后感受服务的重要环节，也是考验各家公司治理水平的一环。各教育机构都有辅导老师，但是辅导老师和辅导老师在执行层面是不一样的。

家长端 APP 基本是这个行业的"必修课"，家长端能够让家长充分了解孩子的学习情况，监督孩子的学习进度，也是还在在平台学习效果的展示窗。

RTC 是实时互动音视频通讯协议。功能上包含采集、编码、前后处理、传输、解码、缓冲、渲染等环节。一般基于 UDP 协议。RTMP 是 Real

Time Messaging Protocol（实时消息传输协议）。该协议基于 TCP，RTMP 是一种设计用来进行实时数据通信的网络协议。RTMP 是主流的直播技术，学而思、猿辅导、作业帮作为 K12 在线直播课的大玩家，自然是具备 RTMP 直播的技术积淀。而 RTC 相对于 RTMP 来说，一般拥有更低的延时，更强的可扩展性，更高的编解码效率。在用户层面的感受就是直播的样式更加丰富，流畅度更佳，延时更小。此外，借助 RTC 方式，老师的直播课还可以把课件区和老师头像视频流区域分开，将老师的头像以视频流方式推流，而课件的翻页，笔迹等操作以信令的方式随着视频流推给用户，这样的直播模式更加节约带宽。直播课对带宽的消耗也是不小的一项成本。运用新技术提升服务，同时降低成本，学而思和作业帮在这方面存在更多优势。

对于用户来说，实际在一个平台上直播课，看课后回放，体验如何，是非常重要的。下表是学而思、猿辅导、作业帮关于直播课回放功能的打磨，互联网产品在不断迭代，这个用户体验数据收集于 2020 年 3 月。虽然随着时间的推移，表中的数据会过时，但是，从表中折射出来的洞察却不容易"过期"。

表 9.14　　　　**学而思、猿辅导、作业帮直播课回放功能**

功能	学而思	猿辅导	作业帮
进度条题点	✓		
截屏		✓	✓
倍速		✓	✓
标记		✓	
护眼模式			✓
夜间模式		✓	
只看课件			✓
开关老师视频		✓	
开关讨论区		✓	

从上表可以很直观地看出，从互联网产品起家的猿辅导和作业帮更加重视产品细节的推敲，学而思在这方面只是提供了主体功能。这些细节的打磨有什么用处呢？考虑到有些用户是来自三四五线城市，当地的网络条件可能相对受限，如果产品支持只看课件或者开关老师视频，可以大大提升这部分用户的体验。这张表所呈现的洞察便是打磨产品，重视用户体验是一个公司竞争策略的实际体现。

四、竞争总结

上面分析了 XYZ 三家公司的差异化竞争。随着竞争的演化，他们都会相互学习，取长补短。如猿辅导会加强技术研发，让自己具备 RTC 的直播技术，作业帮布局启蒙教育市场，学而思更加雕琢自己的产品细节。但是，有些优势不能被轻易模仿，学而思有结合线上线下的能力，猿辅导打造了斑马 AI 课，有着更强的产品能力，作业帮则有着在线教育行业最大的流量池，可以不断尝试转化拍照搜题的用户。依靠竞争优势，他们将在未来优化盈利模式，以赢取更大的市场份额。

第六节　在线教育行业分析总结

一、政策导向

教育是个人获得独立生活的前提，是一个国家和民族的重要事业。2019 年以来，国家关于教育培训的改革文件频出不穷，在线教育行业也面临着巨大的转型空间。通过梳理 2019 至 2021 年的国家发布的关于教育改革的政策文件，可以看出教育改革面临着从"唯分数""唯分数""唯升学""唯文凭"到"德智体美劳"全面发展，以及从学生负担繁重到减轻校内作业负担和校外培训负担的两大方向。

在此政策导向下，K12 在线教育面临众多挑战。首先，K12 在线教育市场逐步萎缩。"双减"政策的试点城市为北京、上海、沈阳、广州等 9 个地区，政策中限制的时间为一年达到基本效果，最长时间三年要见效，这意味着先行实施"双减"政策地区的在线教育机构面临着巨大困难。其次，K12 在线教育资金来源紧张。从 9 月 1 日开始，监管司开启监督，学科类将被禁止在寒暑假和周末时间培训，也不允许向家长售卖这些时间的课程，由此造成 K12 在线教育机构缺乏相应的资金支撑。K12 在线教育的自身改革也迫在眉睫。

表 9.15　　　　　**2019 年 2 月至 2021 年 7 月实施的教育改革政策**

时间	政策标题	关键词
2019.2	《中国教育现代化 2035》	以德为先，人人全面发展，终身学习
2020.3	《大中小学劳动教育指导纲要》	劳动教育
2020.10	《深化新时代教育评价改革总体方案》	破除"唯分数""唯升学""唯文凭"
2020.10	《全面加强和改进新时代学校体育工作的意见》《关于全面加强和改进新时代学校美育工作的意见》	体育改革 美育改革
2021.3	习主席讲述"分数只是一时之得"	分数与育人。短期和长期，学校教育
2021.5	《减轻义务教育阶段学生作业负担和校外培训负担的意见》——中共中央办公厅、国务院办公厅	减轻，双减 校内作业负担 校外培训负担
2021.6	教育部成立校外教育培训监管司	深化校外教育，改革培训
2021.7	李克强：减轻群众生育，养育、教育负担，实施好三孩生育政策	义务教育优质均衡发展
2021.7	《教育督导问责办法》	9 月 1 日开始，问责，促进"双减"
2021.7	教育部长"易人"怀进鹏	建树平平则"易"

续表

时间	政策标题	关键词
2021.7	《校外培训学科和非学科类范围》	道德与法治，语文、历史、地理、数学、外语（英、日、俄）、物理、化学、生物按照学科类进行管理

二、资本市场

2021 年 7 月 24 日，中共中央办公厅、国务院办公厅印发《关于进一步减轻义务教育阶段学生作业负担和校外培训负担的意见》（以下简称《意见》），明确学科类培训机构一律不得上市融资，严禁资本化运作。《意见》还指出，上市公司不得通过股票市场融资投资学科类培训机构，不得通过发行股份或支付现金等方式购买学科类培训机构资产。就在"双减政策"正式发布前，嗅觉灵敏的资金正全速从中概教育股撤退。"双减政策"发布后，热门中概股多数飘绿，中概教育股集体暴跌。随着"双减政策"正式落地，学科类培训机构的资本运作之路彻底被掐断。事实上，从 5 月开始，整个教育培训行业迎来了相关政策的严格约束，股价表现陷入前所未有的危机。

《意见》发布之后，教育培训机构的商业模式、经营发展、资本运作都受到了严格限制，中概教育股遭"血洗"。截至 2021 年 7 月 25 日，好未来（TAL. N）下跌 70.76%，盘中一度触发熔断；高途集团（GOTU. N）跌 63.26%，新东方（EDU. N）跌 54.22%，3 家公司当日市值共蒸发逾 1000 亿元，好未来股价报 6 美元，相比今年 2 月 90.96 美元的股价高点，累计跌幅超 93%，总市值蒸发约 3550 亿元。此外，新东方、网易有道（DAO. N）、精锐教育（ONE. N）年内分别累计下挫 83.16%、81.94%。业内分析人士指出，中概教育股股价崩塌的主要原因是，企业需要把义务教育阶段学科的业务板块剥离、拆分出来，并将其转变为非资本化且非营利性的业务，资金担忧个股基本面出现急转直下。

此外，多只 A 股教育股基本面或受冲击。7 月 25 日晚间，主营业务为大语文学习服务的豆神教育（300010.SZ）发布公告称，本次"双减"政策将对公司营业收入、利润产生重大不利影响。学大教育（000526.SZ）也于 25 日晚间披露公告称，公司主营的 K12 教育培训业务预计将受到影响，其中义务教育阶段的学科培训业务预计受到影响可能较大。勤上股份（002638.SZ）的子公司龙文教育主要业务是为国内 K12 阶段的学生进行学科类一对一课外辅导。勤上股份表示，2020 年，龙文教育占上市公司的营业收入和利润比重已经超过 50%，教育培训行业的巨大政策变化将对龙文教育和公司的整体经营情况产生重大不利影响。二级市场表现方面，昂立教育、科德教育、学大教育、豆神教育的股价累计分别下挫 27.89%、38.63%、52.09%、47.19%，大幅跑输主要股指。

三、转型出路

新政策下 K12 在线教育机构转型迫在眉睫。众多教育机构原有业务萎缩，纷纷在职业教育、教育硬件、素质教育三个板块布局。7 月 19 日，在线教育上市公司高途上线新版 App。高途新版官网聚合了语言培训、大学生考试、财经、公考、教资、留学、管理、医疗等多类型职业教育业务，在中小学教育之外，职业教育成为高途品牌又一主线。此外，高途正式宣布其企业名称由"北京百家互联科技有限公司"，更改为"高途教育科技集团有限公司"。同时，经营范围新增"自费出国留学中介服务""人力资源服务""广播电视节目制作""健康管理""健康咨询"等。7 月 28 日，在线教育公司猿辅导宣布推出 AI 互动内容+动手探究的 STEAM 科学教育产品"南瓜科学"，该产品被称为向素质教育领域转型的全新探索。据悉，南瓜科学由猿辅导、斑马原研发团队共同打造。除南瓜科学外，猿辅导还在探索包括猿编程、斑马在内的一系列素质教育产品。

表 9.16　　　　　　　　**2021 年在线教育公司转型举措**

时间	公司	转型举措
7 月 19 日	高途	1. 聚合语言培训、大学生考试、财经、公考、教资、留学、管理、医疗等多类型职业教育业务。 2. 推出家庭教育系统班。
7 月 28 日	猿辅导	转型素质教育，推出学科启蒙教育新品牌"南瓜科学"。
8 月 7 日	VIPKID	1. 对已经报课的老用户，将保障合同正常履行。 2. 8 月 7 日起不再售卖涉境外外教的新课包；8 月 9 日起，不再对老用户开放涉境外外教的课程续费。 3. "VIPKID 成人课""双语非遗文化素养课""中教口语课"和"境内外教课"都在内测收尾阶段，即将上线。 4. 面向中国境外学员及相关的国际业务不受影响。
8 月 9 日	豌豆思维	1. 承诺预缴学费安全并将全力保障所有权益。 2. 豌豆现有课程正常开展，可放心上课。 3. 豌豆持续提供多样化创新互动式素质教育产品。
8 月 9 日	51Talk	1. 已经报名的学员，正常履行。 2. 对于境内的青少年用户不再售卖境外外教课程。 3. "语言素养课程"正式上线。 4. 继续加大成人英语业务投入。 5. 境外学员的外教课程不受影响。
8 月 10 日	高思教育	发布名为万幂体系的素质教育布局，分为"读万卷书""行万里路""探万象术"三大模块，其中涵盖了阅读、历史文化、游学和科学教育等素质教育课程。

技术推动是 K12 在线教育机构布局职业教育、教育硬件、素质教育三个板块的重要加速器，主要包括数字化协作环境、无线宽带连接以及混合学习工具。① 数字化协作环境是为学生提供更多个性化学习的一种方式，

①　2021CoSN：K-12 教育中存在哪些创新趋势 . [2021.8.21 检索]. https：//www. sohu. com/na/471859110_361784.

可以同时支持线上和线下的协作形式，使学习活动多样化并为学生提供更多的时间；无线宽带连接主要用于支持学校以及学生学习过程中使用到的基础设施，使得学校教育无需在实体校舍中进行；混合学习工具主要涉及对一些技术和教学法的运用，它将同时支持线上与线下学习，是数字化协作环境和无线宽带连接的主要组成部分。

第十章　法律科技公司商业模式分析

第一节　法律科技行业概览

一、法律科技的定义

法律科技，是一种运用高新技术来改善法律服务业态、解决法律服务难题、提高产品服务质量、完善客户体验等方面的法律行业服务方式。具体运用技术包括人工智能、大数据、区块链、云计算等，应用方式包括但不限于法律智能人工平台、案例检索系统、电子合同、智能管理数据库等专业法律服务技术和产品。

二、法律科技发展阶段

法律科技的发展历程主要归纳为三个阶段。20 世纪 90 年代中期 IT 技术开始商品化，并在 21 世纪快速发展普及，传统法律服务方式已经不能满足日趋发展的经济形势，这自然引发第一阶段法律与信息化的结合，主要表现方式是法律事务信息化管理平台的诞生，它推进了律师行业①管理和运行的动态化、信息化，提升了服务效率，也可以规避风险。本世纪初开始的互联网浪潮带来的第二发展阶段就是"法律+互联网"，通过提供在线法律咨询服务等方式加速律师与客户资源的匹配、律师服务提供信息过程

---

① 律师行业是从事律师服务的法律政策、体制机制、组织结构、运行状况、市场竞争等内在要素的分类统称。

的升级。但是在当时还没有"互联网+"的概念，而快速增长的用户需求也造成了涟漪效应，这种情况下技术创新与推动成为一种必要，初期互联网技术的要求就上升到大数据、区块链、人工智能等更加智能化、自动化的高新技术，由此发展到第三阶段，即"法律+科技"，法律服务也向更加专业化的方向发展。

三、法律科技行业现状

2014 年至 2016 年是全球法律科技公司发展的高峰期，平均每年新创立的公司有 200 多家。但是自 2016 年以来，全球外法律科技公司的创立数量开始呈现逐年下降的趋势。到 2019 年，这一趋势更加明显，创立公司的数量已经从 2015 年高峰时期的 230 多家回落至 2019 年的 30 多家。说明创业公司逐渐回归理性，开始围绕专业领域深耕细作，整个行业进入平稳发展阶段。

全球的法律科技创新最早起源于 20 世纪 90 年代中期，发展至今已经先后诞生了 1300 多家公司。2016 年和 2017 年行业的总投资额分别为 2.24 亿美元和 2.33 亿美元，而到了 2018 年这一指标一跃至 16.63 亿美元，同比增长 713.7%。2019 年，法律科技领域的投资增长势头仍然非常强劲，总投资额约 18.3 亿美元。① 这种增长趋势说明随着法律科技产品和服务的应用越来越广泛，投资者对法律科技行业的商业模式和发展前景的认可度越来越高。

第二节　传统法律服务和法律科技

一、法律服务价格高、不透明、缺乏可预测性

行业发展的一个驱动因素是旧有模式的弊端，传统法律模式存在的第

---

① 2019 年全球法律科技融资实录与观察 . ［检索时间：2020 年 6 月 10 日］. http：//www. legalminer. com/post？ id = 3531https：//www. chainnews. com/articles/0016 14812379. htm.

一个需要改进之处就是传统法律服务存在价格高、乱定价的问题。在传统情况下，一般律师不愿意接一些写审合同、法律咨询等小的案源，即使接收，价格也非常高。第二，传统法律服务存在不透明性。客户不清楚具体的法律服务进程，加上监管不完善与个人道德风险，导致的结果除了收费乱象之外，还有一些存在法外利益的"关系案"等。第三，传统法律服务一般以小时计费，导致难以预测最终总费用，这使得服务缺乏可预测性。另外，传统法律顾问模式下，案件申诉与问题解决往往存在滞后性，当客户实际面临法律风险的时候才会去寻求帮助。相比之下，法律科技可以通过案例检索与分析系统、智能法律服务系统、电子取证等技术，降低法律服务使用成本，使其相对透明化、规范化、可预测化。具体地，智能律师可以根据用户的输入检索法律条文，并给出相关的法律建议，促进法律服务的智能化发展。

二、法律资源的供求关系不平衡(信息连接性不强)

法律资源供求关系不平衡或者说信息连接性不强，主要表现在优秀的律师资源集中在大城市，而其他城市居民的大量法律需求不能得到满足。同时，我国主要部门的中小企业和普通个人数量众多、需求频率高、案件类型琐碎，法律需求不能充分得到满足，而大企业和大客户有能力为自己的法律需求给出更丰厚的价格，这吸引了法律服务资源的倾斜。相比之下，法律科技可以实现资源重新分配，跨地域为律师资源和客户需求搭桥，这样社会内部所有人都有了直接通过技术应用对接优质的律师资源的机会。以快法务为例，它搭建了一个一站式的企业综合服务平台，将供需资源连接，在一定程度上解决了法律信息连接性低的问题。

三、律师重复性工作较多、效率低

传统法律服务存在大量的基础性、重复性工作，对专业知识要求低，且耗费律师大量的时间和精力，导致服务的效率低下。相比之下，法律科技可以通过算法化、程序化等方式来提升效率。最常见的例子是电子检索，以百事通的案例检索服务为例，在多年积累的法律科技能力以及大规模法律服务运营经验的基础上，百事通在国内首家研发出多角色协同SaaS法律服务平台，开创性地将企业级SaaS技术与案件深度运营结合起来，实现大规模纠纷处理的同时，使得法律大数据运用于个案处理，显著提高纠纷解决效能。

四、律师资源零散，服务质量难保

传统法律服务的律师资源较为零散，且主要是线下的工作模式。在传统法律顾问服务模式下，一般都是律师一个人完成一整系列的法律事务，大量工作使得律师服务质量难以保证。法律科技可以重新整合相对分散的律师资源，方便律师之间进行案源交流、知识分享等，律师服务得到保障，由此也可以促进律师行业整体发展。以法律检索工具"无讼案例"为例，该网站通过整合律师群体，将法律服务通过大数据技术精准匹配给用户，不仅整合了有限的律师资源，还提高了法律服务的质量和效率。

五、小结

总的来说，传统法律服务主要是线下模式，范围也受到地域因素的限制，法律科技可以是线上模式，服务范围更广，服务也更加便捷。因为法律科技让这些服务更容易获得，同时成本更低，所以可以扩大法律服务的增量市场，刺激了需求增长，同时为个人及企业普及法律服务意识。新型法律科技的业务形态也反过来倒逼律师事务所的管理与发展。

第三节　法律科技公司案例比较分析

一、三种商业模式分析对比

在初步了解法律科技行业是什么以及法律科技行业与传统法律服务行

253

业的对比后，具体分析法律科技公司的商业模式，对了解法律科技公司的发展道路以及法律科技行业的前进方向具有重要意义。本节将介绍三家典型的法律科技公司，分别为 Atrium、LegalZoom 和 DocuSign。三家法律科技公司的商业模式不同，发展结果也各异。

第一类是 Atrium，其商业模式是法律与科技部门并行发展，依靠提供法律服务收费。Atrium 的目标客户群是初创企业，虽然其低收费的模式吸引了这类客户，但是初创企业涉及的法律问题往往比较复杂，难以实现自动化，高昂的成本加上低收费使得 Atrium 无利可图，最终走向倒闭。

第二类是 LegalZoom，其商业模式是"法律电商"模式，即利用科技手段将相对简单的非诉讼类业务产品化，然后放到互联网平台上进行服务和运营。LegalZoom 的市场定位相对于 Atrium 来说更为明确，主要聚焦于中小企业和家庭。一方面，中小客户的市场广阔，直接面对客户；另一方面，中小企业和家庭涉及到的诸如注册公司、申请商标等简单业务可以通过产品化来实现低成本运营。

第三类是 DocuSign。以科技部门为主导，通过出售开发的电子签名技术获得利润。通过大客户战略、合作伙伴战略不断扩大客户群体，最终在纳斯达克上市。

这三种商业模式的共同点是提高了法律服务的效率。Atrium 的优势在于自研自用，问题体现在低收费模式下盈利困难。LegalZoom 的优势体现在依靠技术实现低成本运营。DocuSign 的优势主要在于研发以及销售成本，随着服务客户的增加，可以形成规模经济，产生较高的利润。后两者的潜在问题都是商业模式的可复制性，竞争激烈。

纵观三家法律科技公司，从 Atrium 的失败到 LegalZoom 和 DocuSign 的成功，可以看到在法律科技行业中，一家公司必须慎重考虑其商业模式是否与业务目标、战略相冲突，以及是否具有可持续性，这些因素决定了公司能走多远。

表 10.1　　　　　三种商业模式总结（自制）

商业模式	法律与科技并轨	法律电商	科技部门为主
典型企业	Atrium	LegalZoom	DocuSign
收费模式	提供法律服务收费		出售软件等产品收费
目标客户	初创企业	中小企业和家庭	福布斯 2000 强企业
优势	自研自用，效率高	低成本、高效率	利润高，规模经济
潜在问题	低收费下盈利困难	行业竞争激烈、商业模式易被复制	

二、Atrium：法律与科技并行发展

（一）发展历程

Atrium 是一家法律与科技并行发展但最终走向失败的法律科技公司。2017 年 Atrium 作为一家初创企业在美国硅谷成立，在两轮融资中共筹集 7550 万美元。Atrium 被投资界看好，其投资者包括 Andreessen Horowitz、General Catalyst、Greylock Partners、Y Combinator 等。成立的第一年，Atrium 就为数字药房 Alto 等 250 家初创企业提供服务，服务对象融资总额超 5 亿美元。然而，好景不长，2020 年 1 月份 Atrium 进行重组，解雇公司内部律师，想要转型为利润更高的专业技术公司。这一举动使得 Atrium 的客户感到混乱，不知道到底是谁在为他们提供服务。Atrium 最终于 2020 年 3 月 4 日宣布倒闭，创始人 Justin Kan 在分析 Atrium 失败原因时表示 Atrium 没有找到比传统律师事务所更好的商业模式。[①]

Atrium 的创始成员构成也能体现其法律与科技相结合，并且本身也是初创企业的特征。Atrium 的创始人为硅谷著名企业家 Justin Kan，他本人并非法律或科技领域的专家，曾经创办流媒体平台 Justin TV 并以 9.7 亿美元

---

①　＄75M legal startup Atrium shuts down, lays off 100. [Retrieved on 2020.06.07]. https：//techcrunch.com/2020/03/03/atrium-shuts-down/.

出售给亚马逊，他投资的 Cruise Automation 也被通用以 10 亿美元的高价收购。Atrium 法律服务的领头人为 Augie Rakow，是美国顶尖律师事务所奥睿前合伙人，主要从事新兴公司业务。Atrium 技术部门的领头人为软件工程师 Chris Smoak，曾为医疗初创企业构建工作流程软件，为 Facebook 构建支付平台。最后一位投资人为 Bebe Chueh，她曾是律师，创立 AttorneyFee.com（2014 年被 Leagal Zoom 收购），致力于使法律服务收费更加透明。

（二）组织架构

Atrium 内部分为 Limited Liability Partnership（LLP，有限责任合伙）和 Legal Technology Services（LTS，法律技术服务）两个部门。Atrium LTS 主管科技，负责研发软件工具，将律师工作中的重复性部分算法化、流程化，以提高律师的工作效率。Atrium LTS 开发的软件工具包括 Atrium Record，帮助客户随时了解律师工作进度，查阅法律文件的最新版本等；Atrium Hiring，根据客户提供的信息和需求，自动生成最常见、最有利的合同条款；以及能够帮助客户自动记录通话内容的软件等。Atrium LLP 主管法律，为初创企业提供全方位的法律服务，包括 IPO、区块链、商业合同、知识产权、商标、劳动关系，以及并购融资等。此外，Atrium LLP 的律师也会从专业角度为 LTS 开发的软件工具提出建议。Atrium 的法律和科技部门并行发展，自研自用，被称为法律科技领域的特斯拉。Justin Kan 对于律师工作的认识是正确的："律师服务是一个艺术与重复性行为相结合的工作。"律师服务的重复性可以通过技术以标准化，但"艺术性"则需要律师的专业知识和从业经验作为支撑，无法被简单的技术替代。

在 Atrium 研发的产品中，最值得关注的是法律文件自动化生成技术。法律文件的自动化生成分为两个部分：第一部分是律师将以往服务中为客户定制的法律文件上传到内部结构化数据库，再用自然语言处理技术提取出法律文件中的通用条款，常见的有合同的有效期限、不可抗力、管辖条款等；第二部分是 Atrium 将以往为客户提供服务时获得的市场数据进行汇

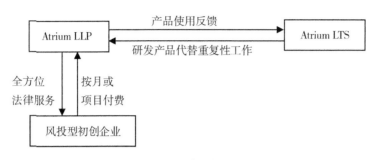

图 10.2　Atrium 商业模式(自制)

总,从而得出市场标准,包含平均的服务费率,保密义务的平均期限等,从而生成对客户最有利的条款。根据提取的通用条款和市场标准,客户只需要提供一次基本信息,Atrium 就可以自动生成多份法律文件,大大提高了律师的工作效率。

(三)收费模式和业务目标的根本冲突

尽管如此,Atrium 最终却以失败告终,关键在于其收费模式和业务目标之间存在根本冲突。大型公司通常合作的传统律师事务所按小时收费,合伙人级别的律师每小时收费通常在 1000 美元左右,而 Atrium 提供按月收费和按项目收费,每月为 2000 到 10000 美元,或每个项目 25000 到 45000 美元,远远低于传统律师事务所的收费标准。Atrium 的业务目标是为初创企业提供快速、透明且价格可预测的法律服务。从吸引客户的角度看,Atrium 的客户定位是准确的。大型企业通常拥有长期合作的传统律师事务所,作为初创企业的 Atrium 难以获得大型企业的信任;而初创企业的运营涉及诸多法律问题,但可用于支付法律服务的经费却是有限的,Atrium 对初创企业来说无疑是一个有吸引力的选择。然而,从 Atrium 本身的运营收益来看,初创企业并不是明智的客户选择。Atrium 的理念是通过 Atrium LTS 研发的技术产品降低律师的人工成本,降低律师在低效率法律服务中的参与,从而降低收费。但是 Atrium 选择的客户,即风投型初创企业，涉及诸多复杂的、难以运用技术进行自动化的服务，如投资安排、架构重组等，律师在其中的参与和成本依然很高。高成本与低收费压缩了Atrium 的利润空间，没有足够的利润支持，Atrium 也最终倒闭。

Atrium 的失败似乎从一开始就已注定，因为该公司的商业逻辑本身存在矛盾。这并不意味着法律科技公司前景堪忧，或者 Atrium 独特的法律与科技并行发展的模式走不通，而是其运营模式存在问题。对于法律科技公司，尤其是 Atrium 这样的初创企业型公司来说，获得充足的商业利润无疑是公司能够持续运营的关键。除了商业模式的矛盾外，Atrium 运营中还存在其他问题。从人员上看，Atrium 也面临员工之间存在知识壁垒的沟通问题。作为一家以公司制运营的法律科技企业，Atrium 的运营模式是法律与科技部门并行发展，但 Atrium 的运营需要两部门密切合作，但一部门的员工往往具有知识局限性，导致部门间的沟通和交流受阻。此外，法律、科技与商业都需要专业知识技能，同时具备多重知识背景的人才也比较少见，缺乏对口的人才也会成为 Atrium 长期持续发展的一大阻碍。

三、LegalZoom：法律电商

(一)公司简介

LegalZoom 是美国的一家老牌法律科技公司，致力于利用智能管理系统、文书自动化、智能合约等技术为中小企业和家庭提供法律文书在线制作、律师咨询等法律服务。该公司成立于 1999 年，并于 2001 年开始向公众提供基于 Web 的法律服务产品，服务主要集中在房地产规划、业务组建和知识产权保护等领域。经过数年的发展，LegalZoom 于 2011 年实现了扭亏为盈，当年净利润达到了 1212.3 万美元。次年，该公司申请 IPO，但上市目标最终未能实现。2014 年，LegalZoom 撤回了上市申请，并于同年获得了私募公司 Permira 的投资，投资金额达到 2 亿美元。得益于法律科技行业整体进入发展红利期和自身积累的技术、品牌优势，2018 年LegalZoom 又获得了高达 5 亿美元的巨额投资。表 10.3 给出了 LegalZoom

成立以来的融资情况。截至 2020 年 9 月 1 日，该公司已累计获得了 8.11 亿美元的投资。① 此外，LegalZoom 分别于 2015 年和 2017 年收购了英国的 Beaumont Legal 和 BCSG，以完成业务的拓展。

表 10.3　　　　　　　　　**LegalZoom 的融资情况(自制)**

时间	投资类型	融资金额	主要投资者
2018 年 7 月 31 日	二级市场投资	5 亿美元	Francisco Partners, GPI Capital
2014 年 2 月 14 日	私募股权投资	2 亿美元	Permira
2011 年 7 月 24 日	创业投资-B 轮	6600 万美元	Kleiner Perkins, IVP
2007 年 3 月 6 日	创业投资-A 轮	4500 万美元	Polaris Partners

(二)主要产品

LegalZoom 的核心产品主要分为以下三类，分别为交互式法律文书制作、订阅式法律服务计划和执业律师服务撮合。交互式法律文书制作是指用户通过动态的在线回答网站问题的方式逐步完成需求描述，在线生成法律文书。该项服务是 LegalZoom 的主打产品，主要包括中小企业的业务组建、商标注册、专利申请，个人的委托、信托、遗嘱等方面的服务。订阅式法律服务计划则是指用户先支付一定的注册费，在付费期内将享受一揽子的法律服务。该类产品可以增加客户粘性，改善公司的长期利润，因此 LegalZoom 计划增加这类服务的比重。执业律师服务撮合是指撮合分散在各州的专业律师和有复杂诉讼需求的客户进行法律咨询。② 表 10.4 列出了 LegalZoom 部分法律服务项目的价格。与传统律师事务所相比，LegalZoom

---

① LegalZoom.［Retrieved on 2020.06.04］. https：//www. crunchbase. com/organization/legalzoom-com#section-overview.

② 线上律师事务所 LegalZoom 上市路演 PPT 详解 .［检索时间：2020 年 6 月 4 日］. https：//www. 360doc. com/content/17/0607/13/5473201_660761232. shtml.

收费低廉且透明，获得了中小企业和家庭的青睐。成立以来，LegalZoom已累计获得了超过 400 万用户，用户净推荐率超过了谷歌和美国运通等知名公司。①

表 10.4 　　　　　　**LegalZoom 的部分服务项目及价格（自制）**

服务项目	价格
业务组建	有限责任公司：79 美元以上+州申请费 股份有限公司：149 美元以上+州申请费 非盈利组织：99 美元以上+州申请费
商标注册	199 美元以上+联邦申请费
临时专利申请	199 美元+政府备案费
版权注册	114 美元+联邦申请费
商业咨询计划	一年计划：每月 31.25 美元 六个月计划：每月 36 美元
基本生活信托	279 美元

（三）商业模式

LegalZoom 的成功很大程度上得益于其商业模式。LegalZoom 的商业模式被业内人士归纳为法律科技的"电商模式"②，其借助科技手段将一部分较为简单的非诉讼类服务标准化、产品化，利用互联网平台完成交易和服务，具有简洁高效、价格低廉的优势。③ 在传统的线下法律服务中，律师收费高昂，平均每小时就要收费 300 美元而且服务流程繁杂，而中小企业

① LegalZoom official website. [Retrieved on 2020.06.04]. https：//www. legalzoom. com/country/cn.

② 常昊（2015）. 论在线法律服务的法律规制，硕士学位论文. 武汉：华中科技大学.

③ 论我国法律电商的现状与困境. [检索时间：2020 年 6 月 4 日]. https：//mp. weixin. qq. com/s/MTAhfIIl2V9_cSEP0woP3A.

和家庭往往资金有限且不想花费太多时间，因而常常难以得到有效的法律服务。LegalZoom 正是抓住了这一矛盾，借助智能管理系统、文书自动化等技术将较为简单的商标申请、公司注册等易于标准化、产品化的非诉讼类业务转移至线上，使中小企业和家庭能够得到廉价、高效的法律服务。在过去注册公司大概需要 2000 美元，但 LegalZoom 的收费仅为 100 美元左右，而且花费的时间也比传统线下模式少得多。对于无法自动化完成的诉讼类业务，LegalZoom 则撮合与平台签约的资深律师为客户提供"一对一"甚至"多对一"的法律咨询服务，保证了服务质量。

LegalZoom 的商业模式之所以能够成功主要得益于以下几点。首先，LegalZoom 的市场定位较为成功。LegalZoom 聚焦于中小企业和家庭的法律服务市场，这部分的市场需求在传统法律服务体系中没有得到很好的满足。除了市场需求广阔外，中小企业和家庭所涉及的法律服务也相对简单，这使得 LegalZoom 能够借助科技手段将公司注册、商标申请等非诉讼类业务标准化、产品化，从而实现低成本运营。其次，LegalZoom 借助互联网平台能够将过去分散在各州的优质律师资源聚合起来，使法律服务由"碎片化"向"集约化"转变，使用户享受到优质、廉价、高效的法律服务。此外，LegalZoom 近年来维持了较高的用户净推荐率，具有很强的品牌效应，这也有益于该公司未来的发展。

LegalZoom 现阶段的发展虽然比较顺利，但是我们也应考虑到其未来可能面临的风险。首先，LegalZoom 影响范围有限。LegalZoom 的影响仅在美国，影响多集中在从事低端业务的律师，而无法撼动主要从事复杂交易和大公司诉讼的大律师事务所，因为其所涉及的法律问题较为复杂。其次，LegalZoom 的商业模式易被复制，行业竞争将更加激烈，且 LegalZoom 所提供的商标注册等服务多为一次性服务，客户粘性不足，这可能会对公司的长期收入造成影响。第三，从事未被授权的法律实务可能面临着诉讼风险。LegalZoom 在 2014 年上市失败很大程度上就是这一风险因素所造成的。另外，Legal zoom 最根本的问题还是动了既得利益者的奶酪。美国是一个法治国家，无数美国人和企业一生之中都要不断与法律打交道。但作为联邦制下的普通法国家，美国联邦法与州法自成系统、叠床架屋；而五十个州之间，大量法律规定差异巨大，此外还有庞杂的地市级法律横亘其中，其法律体系之复杂为常人所难把握。尽管 LegalZoom 声明自己并不是一家法律公司，所提供的法律文件不能代替执业律师的意见。但在本质上，LegalZoom 没有创造"新蛋糕"，而是从律师嘴里抢"蛋糕"，被群起而攻之是必然的。

四、DocuSign：科技部门为主导

（一）DocuSign 综述

DocuSign 是一家提供电子签名技术和数字交易管理服务的公司。其核心理念是合同流程自动化，以加快公司的业务流程，并简化客户和员工的生活。DocuSign 的核心产品是电子签名解决方案。传统的纸质合同具有手工化、成本贵、流转多和容易出错的特征，而电子合同则可以解决这些痛点，通过线上签署、云端存储实现优化成本和效率。

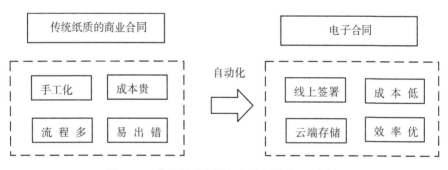

图 10.5　传统纸质合同与电子合同对比（自制）

根据招股书的披露，截至 2019 年 3 月 1 日，其拥有的用户数达到了 47.7 万。DocuSign 宣称，世界前十的科技公司中有 7 家公司、世界前二十的医药公司中有 18 家、世界前十五的金融服务公司中有 10 家都在使用

DocuSign 的服务。①

(二)发展历程

2003 年，DocuSign 成立。

2005 年，DocuSign 开始在房地产领域崭露头角，通过为房屋买卖、租赁提供在线签约的服务。一方面，房屋经纪人在家即可和客户完成签约，可以减少交易过程中产生的费用；另一方面，在线签约可以减少交易双方的时间成本，效率提高了，用户体验也得到了提升。

2010 年，增加对 iPhone、iPad 和基于电话用户认证的支持，控制了73%的 SaaS 电子签名市场。

2011 年，公司开始向大客户拓展业务。原来主要的客户群体是中小客户，在这一年招聘了第一批大企业客户销售专员。

2012 年，DocuSign 与甲骨文、谷歌建立了战略合作伙伴关系。

2013 年，与 Equifax 合作，并开始为大企业提供定制化的解决方案，业务得到迅速发展。

2017 年，完成对 Appuri 的收购。

2018 年 4 月，DocuSign 在纳斯达克上市，并收购 SpringCM，平均客单30 万美元以上大企业客户累计超 200 家。

2019 年，推出 DocuSign 协议云，公司由单一产品向整套产品销售转变。

2020 年，以 1.88 亿美元收购 Seal 软件。

(三)产品介绍

1. 电子签名技术(DocuSign eSignature)

电子签名技术的底层技术原理是数字签名技术，数字签名技术是由数字摘要技术和非对称密钥加密技术构成。主要过程如图 10.7 所示，首先发

---

① 数据来源于 2018 年 DocuSign 美股招股书。

送方在发送文件时，利用哈希函数对文件内容进行加密并生成数字摘要，然后利用私钥对生成的数字摘要进行加密操作形成数字签名。与此同时，发送方会给接收方提供一个公钥。另一边，接收方使用公钥对数字签名进行解密。如果解密后的数字摘要与发送方的数字摘要保持一致，就可以确认内容没被篡改且文件由发送方提供。①

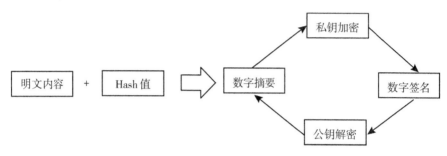

图 10.6　电子签名技术的底层技术原理（自制）

DocuSign 的电子签名在以下三个方面促进了合同的交换，便捷了客户与员工。

①做生意更快。几乎可以从任何设备安全地发送和签署协议。82% 的协议在不到一天的时间内完成，而 49% 的协议在不到 15 分钟的时间内完成。②

②更有效率。DocuSign eSignature 消除了手动任务，并为客户和员工增加了便利。

③省钱。DocuSign eSignature 通过减少硬性成本和提高员工生产力，平均每个协议可节省 36 美元。

2. 数字交易管理平台

---

① 艾媒咨询（2019）．2018—2019 中国电子签名行业专题研究报告．杭州：洲际酒店．

② DocuSign official website.［Retrieved on 2020.05.17］．https：//www.docusign.com/products/electronic-signature.

随着公司不断发展，DocuSign 开发出了数字交易管理平台。数字交易管理平台主要的模式是面向企业，对企业的数字化流程进行一个优化。传统的企业数字化流程，文件的审批、签署环节还不能够在线上完成。因此 DocuSign 把电子签名技术放到企业客户现有的工作流程中，构筑一个完整的"协议体系"，即从协议的准备、签署，到发送存储及管理。图 10.8 中最右侧一列是企业客户的一些内部系统包括企业资源管理系统、客户关系管理系统、人力资源管理系统、供应链管理系统还有企业重要流程线等。通过集成的方式，来连接客户不同的部门不同场景，满足客户对电子签约多方面的需求。

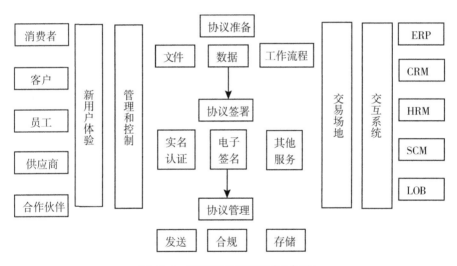

图 10.7　数字交易管理平台(自制)

(四)竞争力分析

DocuSign 有三个成功的战略。第一，聚焦于大客户。相比于大客户，中小客户存在付费能力与付费意愿较低，流失率高的问题。一开始 DocuSign 聚焦于中小客户，公司的营业收入处于一个低水平。2013 年，DocuSign 开始为大企业提供定制化的解决方案，通过链式效应带动企业上下游的供应商使用电子签名平台的服务,覆盖人群广的同时获客成本也低。第二,拥有强大的应用合作伙伴网络。截至 2020 年 8 月,DocuSign 将电子签名应用与 350 多个不同的平台与系统进行深度整合,Google、微软、苹果、Dropbox、NetSuite、Oracle、Salesforce、SAP、Workday 等大型企业均已将 DocuSign 的电子签名模板预装到他们的平台与系统中,以支持客户在现有业务系统上签名、发送和管理合同。强大的合作伙伴网络不仅成为公司重要的收入来源,也令公司得以迅速触达更广泛的行业与客户群体,极大地提升了获客效率。第三,垂直行业渗透。考虑到不同垂直领域的企业对于电子签名的流程及规定可能有不同的需求,除标准化的产品外,公司为部分垂直行业的客户提供了定制化的解决方案,比如面向房地产行业的 Rooms for Real Estate,针对抵押贷款的 Rooms for Mortgage 等。由于产品定制化的特性,垂直领域的客户可以接受更高的 ASP,客户粘性也更强。

DocuSign 也面临诸多问题和风险因素。第一,电子签名的技术门槛很低,商业模式容易被复制,市场竞争日趋激烈,Adobe 推出的 Adobesign 是其主要的竞争对手。第二,受疫情影响,企业 IT 支出大幅度缩减,宏观经济下滑导致全球企业业务量增长不及预期,潜在市场萎缩。第三,产品存在数据泄漏和信息安全风险。因此,对于 DocuSign 而言,应当完善产品和服务,继续加大力度开拓头部客户,打通上下游,扩大市场份额,把客户资源形成自己的护城河。

第四节　趋势和展望

一、法律科技公司的数量继续增长

法律科技公司相对于传统的法律行业,有着更高的处理工作的效率、更加合理的定价标准以及更好的服务体验。尤其是当市场进一步发展,市场上不仅仅是传统的律师事务所的时候,价格的高低是决定需求的一个关键因素。因此市场上对于法律科技公司的需求会不断的增加。并且如果想要成立一家合法的法律科技公司的起步并不会很困难，并不需要大量的人员和资金投入便可以成立一个初创的法律科技公司，门槛很低。法律科技公司的数量在不断增加，而且这一趋势还在不断增加。

二、整合与平台化

市场上的法律科技公司虽然运营模式和经营理念不尽相同，但运营模式和类别存在一定的相同之处。平台化是市场上的一股力量，将竞争变为合作，资源共享，不仅提供咨询还可以提供解决方案。平台化的本质，就帮助本行业的产业链从"纵队"变成"横队"，从而使本行业建立一种协同生产的机制。企业并不需要合并就可以协作发展，提供更好的，更便捷的"一站式"体验，以获得"1＋1大于2"的效果。未来，数字化法律服务基础设施将进一步解构并重构现代律师事务所运营的各组合要素，重新定义律师事务所能力，将律师事务所的核心法律服务执业活动与律师事务所管理运营活动想分离，让律师事务所聚焦于法律服务，由平台提供各类服务，从而促进律师业务分工的细化。

三、将驱动法律行业产生新的变革：分工和细化

在传统的法律服务中，在合同审核、资料调查等过程中，传统的律师事务所往往会需要投入大量的人力和时间来进行法律材料的搜集和整理。整个过程需要很长的时间，传统律师事务所付出的人力物力财力也非常高昂，成本非常的高。在法律科技行业中很多重复性、事务性的不需要过多脑力运动的工作将逐渐被人工智能系统所取代。例如合同审核，以及一些简单重复的审阅文件、生成文件、查阅案卷等工作，都是可以利用人工智能来代替律师完成的。但是一些比较负载的，需要多方沟通和协作的，并且需要多领域结合运用的法律服务，仍然离不开律师的智力劳动，一些卷宗的修改和完善仍然需要律师的审核。这种"人工智能+律师"的分工和协作可以大幅提高法律服务工作的效率。

四、法律科技行业的商业模式会更加成熟

传统法律公司的模式是以法律为主，法律科技公司的商业模式以技术为主和法律技术共同发展这两种为主。在未来不同的公司根据各自的运营情况和公司特点，选择适合自己的商业模式进行发展，或许是两种更好地结合发展，也有可能诞生更加成熟的适合法律科技公司的商业模式，但是都会对传统法律的商业模式产生挑战，使得传统法律公司为了适应市场的需求和发展进一步作出改变。